DRAMATURGIA ELIZABETANA

Coleção Textos

Dirigida por:

João Alexandre Barbosa (1937-2006)
Roberto Romano
Trajano Vieira
João Roberto Faria
J. Guinsburg

Equipe de realização – Edição de texto: Marcio Honorio de Godoy; Revisão: J. Guinsburg, Luiz Henrique Soares e Lia Marques; Produção: Ricardo W. Neves, Sergio Kon, Lia Marques, Luiz Henrique Soares e Elen Durando.

DRAMATURGIA ELIZABETANA

BARBARA HELIODORA

ORGANIZAÇÃO E TRADUÇÃO

PERSPECTIVA

ANOS

Copyright © 2015, Barbara Heliodora.

CIP-Brasil. Catalogação na Publicação
Sindicato Nacional dos Editores de Livros, RJ

D799

    Dramartugia elizabetana / organização e tradução Barbara
Heliodora. - 1. ed. - São Paulo : Perspectiva 2015.
    352 p. ; 21 cm. (Textos ; 33)

    ISBN 978-85-273-1040-6

    1. Teatro inglês - Elizabetano, 1500-1600. 2. Arte cênicas -
Europa - História. I. Heliodora, Barbara. II. Série.

| 15-26080 | CDD: 792.09 |
| | CDU: 792(09) |

01/09/2015 01/09/2015

Direitos reservados em língua portuguesa a

EDITORA PERSPECTIVA S.A.

Av. Brigadeiro Luís Antônio, 3025
01401-000 São Paulo SP Brasil
Telefax: (11) 3885-8388
www.editoraperspectiva.com.br
2015

SUMÁRIO

Nota de Edição 9

Cronologia 11

Dramaturgia Elizabetana: Uma Introdução 15

1. Thomas Kyd 29
   A Tragédia Espanhola 37
2. Christopher Marlowe 167
   Tamerlão 177
   A Trágica História do Doutor Fausto 269

Glossário 341

NOTA DE EDIÇÃO

A paixão de Bárbara Heliodora pelo drama elizabetano não se limitava a Shakespeare, de cuja obra ela foi uma de nossas mais profundas conhecedoras, tanto que ao anunciar o encerramento de sua carreira de mais de cinquenta anos de crítica teatral, em dezembro de 2013, expressou seu desejo de dedicar-se daí por diante exclusivamente à tradução de peças clássicas, informando, inclusive, que havia terminado de verter *A Tragédia Espanhola*, de Kyd, e estava transpondo para o nosso vernáculo *A Trágica História do Doutor Fausto*, de Marlowe. Essa peça, à qual juntou em seguida a primeira parte de *Tamerlão*, do mesmo autor, foram suas últimas traduções e compõem este volume. Como o leitor perceberá, ela preferiu aproximar o máximo possível os textos da linguagem de uma expressão oral brasileira, tendo em vista, inclusive, sua eventual representação no palco. Por isso, coloquializando-os, tentou propiciar uma leitura dramatúrgica tão aprazível em português como o era em inglês à época em que foram originalmente encenados, com o sucesso que assegura sua permanência no repertório do teatro de todos os tempos e culturas. Tal foi, é de se crer, o projeto que

Bárbara Heliodora teve em mente em seu trabalho, sem que isso implicasse em descurar do rigor semântico e de uma possível aproximação estilística. Por essa razão, a Perspectiva se empenhou em atender os ditames desse projeto tradutório de modo tanto mais estrito quanto não foi dado à autora acompanhar o processo de publicação da obra e dirimir as inevitáveis dúvidas inerentes a esse tipo de texto.

CRONOLOGIA

1533   Nasce, a 7 de setembro, Elizabeth, filha de Henrique VIII da Inglaterra e Ana Bolena.
        The Play of Wether e *A Mery Play Betwene Johan Johan, the Husbande, Tyb, his Wife, and Sir Johann the Preest*, ambas de John Heywood, são publicadas.

1534   Henrique VIII separa a igreja inglesa, oficialmente, de Roma.

1535   Perseguição aos católicos, Thomas Moore é executado.

1537   Elizabeth é declarada bastarda.

1544   Publicação de *A Playe Called The Foure PP*, de John Heywood.

1547   28 de janeiro: morre Henrique VIII. Eduardo VI torna-se rei da Inglaterra.

1553   1 de outubro, Maria I é coroada rainha da Inglaterra, restaura o catolicismo e persegue os protestantes.

1556   Morre Nicholas Udall, autor de *Ralph Roister Doister*, considerada a primeira comédia inglesa. Apesar de ter sido escrita nos anos de 1520 só seria publicada em 1567.

1558	17 de novembro, Maria I morre. Elizabeth (Isabel I) ascende ao trono e restaura a Igreja Anglicana.
1563	Eclode novamente a Peste Negra.
1570	Isabel I é excomungada pelo papa.
1572	23-24 agosto, na França, protestantes são massacrados por católicos na Noite de São Bartolomeu. A Inglaterra teme uma invasão.
1576	James Burbage e seu cunhado, John Brayne, obtêm permissão para construir o primeiro teatro de Londres, apropriadamente chamado de "The Theatre", que foi utilizado pelo The Lord Chamberlain's Men de 1594 a 1596.
1577	Abertura do The Curtain, anfiteatro ao ar livre.
1578	Publicação de *Euphues: The Anatomy of Wyt*, de John Lily.
1579	Francis Drake declara a soberania inglesa sobre a Nova Albion (Califórnia).
1584	25 de março, Walter Raleigh recebe ordens de explorar e povoar a América do Norte. *Campaspe*, peça de John Lily, é publicada.
1584/1585	Philip Henslowe adquire o The Little Rose, provável bordel, e dá início à construção de um teatro, o The Rose.
1586	Durante sua expedição às Canarias, o médico Thomas Lodge compõe o romance *Rosalynde, Euphues Golden Legacie*, publicado em 1590, fonte de *As You Like It*, de Shakespeare.
1587	8 de fevereiro, após uma conspiração fracassada, Maria Stuart é executada.
	Guerra contra a Espanha, que vai perdurar até 1603.
	Abertura do The Rose, anfiteatro ao ar livre.
	Encenação de *Dido, Queen of Carthage*, de Cristopher Marlowe, pela Children of the Chapel, publicada em 1594.
1588	8 de agosto, a "Invencível Armada" da Espanha é derrotada pelos ingleses.

CRONOLOGIA

1589 Ano mais provável da estreia de *The History of Friar Bacon and Friar Bungay*, de Robert Greene, publicada em 1594.

1590 *A Looking Glass for London and England*, peça de Thomas Lodge e Robert Greene, publicada em 1594.

Publicação das duas partes de *Tamerlão*, de Marlowe.

1592 O dramaturgo, polemista e satirista Thomas Nashe escreve *Summer's Last Will and Testament*.

Philip Henslowe inicia o seu diário, que cobre suas atividades teatrais até 1609.

Publicação de *A Tragédia Espanhola,* a mais famosa obra de Thomas Kyd, levada provavelmente nos anos de 1580, assim como seu *Hamlet*.

Marlowe é preso na Holanda, acusado de falsificação de moeda.

Encenação de *The Massacre at Paris* e *The Jew of Malta*, de Marlowe.

Publicação do panfleto, *The Murder of John Brewen*, atribuído a Thomas Kyd.

1593 Os teatros londrinos fecham devido à Peste Negra.

11 de maio, Thomas Kyd é preso.

30 de maio, Cristopher Marlowe é assassinado em suposta briga de bar por Ingram Frizer.

6 de julho, entrada de *Edward the Second*, de Marlowe no Stationers' Register.

1594 Shakespeare publica dois poemas narrativos eróticos, *Venus and Adonis* e *The Rape of Lucrece*.

Publicação da peça *The Famous Chronicle of King Edward the First*, de George Peele.

The Lord Chamberlain's Company (também conhecido como Lord Strange's Men) é formada.

Shakespeare publica *Titus Andronicus*.

Kyd publica *Cornelia*, pouco antes de falecer.

1595 Publicação de *The Old Wives Tale*, de George Peele.

1596	Dezembro, o ator Gabriel Spenser mata, alegadamente em legítima defesa, James Feake.
	Novembro, morre George Peele.
1597	Ben Jonson trabalha com a companhia Admiral's Men, de Philip Henslowe. Johnson e Thomas Nashe escrevem *The Isle of Dogs*, que rende a todos uma ordem de prisão.
	An Humorous Day's Mirth, do poeta, tradutor e dramaturgo George Chapman é encenada com grande sucesso.
1598	Ben Jonson mata Gabriel Spenser num duelo. O autor alcança grande sucesso com *Every Man in His Humour*.
	Lord Chamberlain's Men, companhia de James Burbage, ergue o novo Globe Theatre.
	Publicação de *The Famous Victories of Henry the Fifth*, peça anônima encenada nos anos de 1580 que serviu de base para *Henrique v* de Shakespeare.
1603	Morre Isabel I da Inglaterra. É sucedida por Jaime VI da Escócia (I da Inglaterra).
	A Peste Negra assola novamente Londres matando dezenas de milhares de pessoas. Todos os teatros são fechados.
1604	Primeira publicação conhecida do *Fausto*, de Cristopher Marlowe (texto A)
1613	John Fletcher e William Shakespeare escrevem três peças: *Henrique VIII*, *Os Dois Nobres Parentes* e *Cardênio* (perdida).
	29 de junho, durante a apresentação de *Henrique VIII*, o Globe Theatre é destruído em um incêndio.
1616	23 de abril, morre Shakespeare. É sucedido por John Fletcher como dramaturgo da King's Men.
1620	Publicação do *Novum organum*, de Francis Bacon.
1623	*Mr. William Shakespeares Comedies, Histories & Tragedies*, também conhecida como First Folio, publicação que reúne 36 peças, é lançada.
1642	2 de setembro, o Parlamento suprimi todas as peças de teatro.
1644	Os puritanos demolem o Globe Theatre.

DRAMATURGIA ELIZABETANA: UMA INTRODUÇÃO

Uma sequência cambiante mas contínua teve lugar entre a introdução nos ofícios religiosos do singelo episódio dramático de Páscoa do Quem quaerites in sepulchro (A Quem Buscais no Sepulcro), que se originou no mosteiro de São Galeno, na Suíça, no século X, e o esplendor da dramaturgia que floresceu na Inglaterra entre a década de 1580 e o fechamento dos teatros pelo governo puritano da Commonwealth, em 1642.

Os vários tropos dramatizados apresentados dentro das igrejas a seus fiéis, em grande parte analfabetos, foram desde logo recebidos com grande entusiasmo, não só porque ensinavam a história sagrada, como também porque a ação cênica os tornava agradáveis de ver, e por isso mesmo logo apareceram nas igrejas de toda a Europa cristianizada. O sucesso foi ainda maior a partir do século XII, quando a Igreja concluiu que poderia ensinar muito mais se aquelas pequenas representações fossem feitas no vernáculo de cada comunidade. No entanto, a partir do momento em que, além de ver a ação, os fiéis puderam compreender o que era dito, a ilustração virou teatro, atraindo tanto público que foi necessário sair do recinto da igreja e ir para a praça, onde seria possível acomodar multidões muito maiores.

A dramaturgia religiosa na Inglaterra não produziu grandes Paixões, como as francesas. Quando, na França, chegou o momento em que não foi mais possível mantê-las representadas apenas por monges, a atividade passou para as mãos de confrarias leigas mas de cunho religioso, cujas encenações foram aos poucos adquirindo proporções monumentais, com o sistema de palcos múltiplos, chamados *mansões*, ocupando praças em espetáculos que, no século XV, chegaram a durar quase um mês, com centenas de personagens e dezenas de cenários mudados a cada dia.

Na Inglaterra, os pequenos textos, ao sair das igrejas, passaram para as mãos das guildas, as corporações de ofícios que eram mais do que sindicatos, porque tinham nas mãos o ensino desses mesmos ofícios. Como não havia ofícios para mulheres, as dramatizações continuaram a ser representadas exclusivamente por homens, sendo essa a origem do fato de o teatro elizabetano não ter atrizes e, por consequência, poucos papéis femininos. Em várias cidades foram elaborados "ciclos", que apresentavam seu principal espetáculo, de modo geral, na época de Corpus Christi. A cada ofício cabia apresentar apenas um episódio, que era montado em cima de uma plataforma sobre rodas e, no dia da festa, seguindo a sequência da *Bíblia*, essas carroças apresentavam todo o conjunto, do *Gênesis* ao Juízo Final, em vários pontos da cidade, para que todos pudessem ver. A pouca ou nenhuma qualidade literária dos textos dos vários ciclos preservados, sendo o maior o de York, constituído por 48 peças, é explicada pelo fato de eles serem todos escritos por integrante da guilda que apresentava cada um dos episódios, quando, na mesma época, a Inglaterra já produzia um poeta da categoria de Geoffrey Chaucer.

É óbvio que em cima dessas carroças não seria possível armar grandes cenários, de modo que essa tradição cênica tem duas consequências importantes para o teatro elizabetano: a ausência de cenários, com um espaço cênico único para a apresentação de qualquer ação, e o desafio da criação de imagens visuais pela palavra, para compensar essa ausência de cenários, uma das maiores riquezas dos textos elizabetanos. Esses dois aspectos da encenação medieval, por outro lado, exigem que a plateia se habitue a completar o espetáculo com sua imaginação.

Aos ciclos bíblicos, graças à crescente popularidade dessa dramaturgia religiosa, se haviam juntado as peças sobre santos, que eram montadas nas datas a eles dedicadas, e tanto uns quanto as outras continuaram a ter imenso sucesso no decorrer dos séculos xiv e xv, com montagens cada vez mais cuidadas. A relevância da apresentação dos ciclos pode ser medida pela existência, por exemplo, de uma punição aplicada pelo município à guilda que apresentasse sua peça com algum desleixo, "fazendo, com isso, a comunidade passar vergonha diante do povo e dos visitantes".

A próxima etapa de desenvolvimento tem lugar quando aqueles membros de várias guildas, que haviam realmente gostado de atuar nos ciclos, resolveram que queriam fazer teatro e, abandonando seus ofícios de origem, se organizaram em pequenos grupos itinerantes, que circulavam em busca de plateias. Os pequenos grupos que iam aparecendo enfrentavam um problema muito sério, pois, abandonado o âmbito da atividade religiosa, ficavam proibidos de fazer as peças de tema bíblico ou mesmo os mais independentes, que falavam de vida dos santos. O resultado positivo de tal proibição é que isso determinou o aparecimento de novos autores; as populações pequenas não permitiam mais do que uma récita em cada localidade, de forma que a necessidade de novos textos era considerável. Os primeiros resultados são mostrados em algo como o *Duk Moraud*, do final do século xiii ou início do xiv, de cujo texto só resta o papel do próprio protagonista, com suas deixas, cuja soma mesmo assim é suficiente para reconstituir basicamente uma trama de incesto e assassinatos, talvez um indício da consciência de que seria preciso algo mais espetacular para atrair o público, que agora tinha de pagar.

Por volta de 1534, no entanto, quando Henrique VIII separou a igreja inglesa da de Roma, tornando a Inglaterra não só protestante como efetivamente o primeiro país inteiramente independente da Europa, já que não era mais subordinado ao papa, o repertório bíblico e hagiológico deixou de ser apresentado, não por falta de público mas por política religiosa. Já nos meados do século XV, no entanto, haviam começado a aparecer duas formas dramáticas muito significativas para o desenvolvimento da dramaturgia inglesa; a primeira foi a da moralidade. O que tornou a moralidade um novo desafio foi o fato de, mesmo que a princípio muito ligada à religião, a forma não era litúrgica, e os autores tinham que criar seus enredos, e não apenas dramatizar episódios conhecidos como nos mistérios e milagres da *Bíblia* e das vidas dos santos.

As moralidades, como o próprio nome do gênero sugere, aparecem como obras extremamente moralizantes, e em lugar de serem apresentadas em palcos-carroças, como os ciclos, utilizavam áreas circulares, com *mansões* (cenários) construídas em vários pontos, e a ação tendo lugar em um ou outro desses, com o público cercando o todo. A mais notável é *The Castle of Perseverance* (O Castelo da Perseverança), cujo texto integral foi encontrado contendo o desenho do espaço cênico utilizado, uma preciosidade para o estudo da história do teatro inglês. Tratando da salvação da alma, essa moralidade é longa e pesada, mas tem detalhes cênicos interessantes, como o fato de as armas que os anjos usam para combater os demônios serem rosas vermelhas e, fascinante, o fato de um ator passar o tempo todo escondido debaixo da cama em que a Humanidade está morrendo – e por cuja alma o bem e o mal lutam –, a fim de, representando a dita alma, sair e se afastar do corpo quando ela morre.

A moralidade, aliás, é a única das formas dramáticas medievais inglesas, em que está muito presente o método alegórico de personificação de conceitos e qualidades, comum em manifestações puramente literárias da época. A mais atraente das moralidades inglesas é *Everyman* (Todomundo), versão inglesa de um texto dramático que parece ter tido origem nos Países Baixos, com personagens como Boas Companhias, Beleza, Riqueza, Boas Ações etc. A ação mostra Todomundo se preparando para dar conta de sua vida, quando a Morte avisa que breve o vem buscar, com o domínio de valores humanos na primeira parte e os da busca da salvação na segunda. De cunho religioso em sua maioria, com o passar do tempo, e já no final do século xv e início do xvi, as moralidades passaram a tratar de temas éticos e morais, como em *Mankind* (Humanidade) e *Wit and Science* (Espírito e Ciência).

Longe dessas pesadas lições de moral, aparecem, no século xv, textos originais tratando de temas do folclore inglês, como Robin Hood, dos quais infelizmente só são conhecidos dois fragmentos, e também os ótimos "interlúdios", que seriam apresentados entre os vários pratos de um banquete. Esses textos já são pequenas comédias de costumes, porém com pouca ação física e maior preocupação com o desenvolvimento e a elaboração dos diálogos. Pelo menos três desses textos merecem atenção, *The Playe of the Weather* (A Peça do Tempo), na qual Júpiter consulta um grupo de pessoas de atividades diferentes para o ajudarem a determinar como será o tempo na Inglaterra; porém, não há dois que queiram a mesma coisa: um quer sol, outro quer chuva leve, o moleiro de vento quer vento forte, o moleiro de água precisa de muita água, o menino quer só uma brisa para soltar sua pipa, a dama quer sombra para proteger a pele, por exemplo. Júpiter, já desesperado, resolve a questão atendendo a todos ao mesmo tempo, e o que resulta é o tão caprichoso e conhecido tempo de que até hoje tanto se queixam os ingleses.

A Mery Play Betwene Johan Johan, the Husbande, Tyb, his Wife, and Sir Johann the Preest (Uma Peça Alegre Entre Johan Johan, o Marido, Tyb, sua Mulher, e Sir Johann, o Padre) mostra que o teatro, criado outrora pela igreja, agora já serve de instrumento crítico, atacando os padres corruptos e mulherengos, enquanto a notável *A Playe Called The Foure* PP (Uma Peça Chamada os Quatro PP) faz um Peregrino (Pilgrim), um Perdoador (Pardoner, vendedor de indulgências e falsas relíquias) e um Boticário ([A]Pothecary) competirem para saber quem é responsável pela salvação de mais almas, sendo a questão finalmente resolvida por um concurso de mentiras julgado por um Mascate ou Bufarinheiro (Peddler), com fortes críticas à Igreja. As relíquias vendidas incluem itens como uma garrafinha do vinho do casamento de Adão e Eva, um osso do dedo do pé da Santíssima Trindade e o sacroilíaco de Pentecostes.

Embora ainda escrito em inglês medieval, esse conjunto já deu o passo decisivo para "servir de espelho à natureza", ou seja, para falar do mundo em que vivem autores, atores e público com objetividade e, quando cabe, divertida crítica, todo ele nascido, sem qualquer estética ou teoria predeterminante, de um lento desenvolvimento do antigo teatro religioso, ao longo de uma atividade cênica ininterrupta.

O inglês moderno data de 1500, e na altura de 1550 já havia poetas de grande categoria, como Edmund Spenser, usando a língua com elegância e flexibilidade. Nessa altura, pela primeira vez aparecem na dramaturgia autores influenciados pelo teatro romano. A primeira comédia romana do renascimento inglês é *Ralph Roister Doister*, nome obviamente onomatopaico, que recorre ao uso de aliteração, popular na literatura medieval. Ao contrário dos anônimos dos ciclos, o autor é Nicholas Udall, diretor no famoso colégio Eton em 1534-1541, e seu enredo critica o protagonista, um tipo de *miles gloriosus*, o soldado fanfarrão plautino, que conta glórias na batalha mas é covarde e mulherengo, em uma trama bem armada.

Logo a seguir, e também produto de um ambiente acadêmico, vem *A Ryght Pithy, Pleasaunt and Merrie Comedie: Intytuled Gammaer Gurtons Needle* (Uma Penetrante, Agradável e Alegre Comédia: Intitulada a Agulha da Avó Gurton), escrita por Wiliam Stevenson, do Christ's College da Universidade de Cambridge, onde foi montada. A trama cômica gira em torno da perda da agulha, e seu doloroso encontro na calça de uma das personagens, quando se senta. A ligação do autor com a universidade explica a influência romana, já que Plauto era autor obrigatório nos estudos em que o latim era onipresente.

Já na temporada das festas de fim de ano no inverno de 1561-1562, aparece a primeira tragédia senecana, escrita por Thomas Sackville e Thomas Norton, *The Tragidie of Gorboduc; or Ferrex and Porrex*, na qual um rei resolve abdicar da coroa em favor dos dois filhos, com intenção de deixar o reino em paz, e vê tudo acabar em terrível guerra civil, graças à fome de poder dos irmãos.

A tragédia foi muito bem recebida, e mereceu várias edições até o final do século. A grande contribuição de *Gorboduc* para o teatro elizabetano é o de ser a primeira peça a empregar o verso branco, isto é, o pentâmetro iâmbico sem rima, que será o mais usado em sua dramaturgia. Além disso, o texto mostra o peso da influência tanto de Sêneca quanto da profunda seriedade das moralidades, cuja mescla é determinante para a dramaturgia das tragédias elizabetanas.

À medida que a corte de Elizabeth I, que subiu ao trono em 1558, foi superando as crises iniciais e se tornando um centro de cultura e arte, também uma nova dramaturgia foi sendo criada, necessária para atender a um outro conjunto de ideias e hábitos de uma nova sociedade. É possível que a precariedade das primeiras companhias profissionais seja responsável pelo fato de a nova dramaturgia, mais sofisticada, ter sido, ironicamente, ao menos em parte, criada para ser interpretada pelos meninos cantores da capela real, ou outras semelhantes, porque esses meninos, ótimos cantores, saberiam dizer ou cantar muito bem a poesia das novas peças, porém tudo indica que os atores logo se voltaram para o novo estilo de textos poéticos de conteúdo mais denso. Expressiva do início dessa época de mudanças é, por exemplo, *Cambises*, peça registrada para publicação em 1569, mas possivelmente escrita em 1550. A página de rosto da primeira edição é fascinante por seu cuidado em deixar bem claro o tema:

DRAMATURGIA ELIZABETANA

UMA LAMENTÁVEL TRAGÉDIA
Misturada e plena de agradável alegria, contando

A VIDA DE CAMBISES, REI DA PÉRSIA

Desde o início de seu reinado, até sua morte, sua
única boa ação feita, depois disso muitos atos
pecaminosos e assassínios tirânicos, feitos
por e através dele, e, por fim, sua morte
odiosa pela ordenada justiça de Deus,
feita na ordem como se segue.

O elenco mescla personagens históricas com figuras alegóricas, além de um prólogo moralizante no qual são evocados vários sábios que definiram o que seria um bom governo. Logo condena o rei criminoso e, após a ação, um epílogo dá a entender que a obra tem por objetivo dar bons conselhos à rainha Elizabeth, no trono havia apenas dois ou três anos. O texto traz ainda um detalhe precioso, uma "Divisão dos papéis", mostrando como seis atores e dois meninos (aprendizes) podem apresentar os trinta e seis papéis que o texto exige. Na página de rosto aparece ainda o nome de Thomas Preston como autor, porém a atribuição é incerta, e a má qualidade do texto sugere mais um dos atores-autores que escreviam regularmente para as primeiras companhias profissionais.

Bem superior, e uma das mais significavas dessa nova etapa da dramaturgia britânica, é *Campaspe*, de John Lyly, que ficara famoso com seus dois romances *Euphues, the Anatomy of Wit* (Euphues, a Anatomia da Sagacidade) e *Euphues and his England* (Euphues e a Sua Inglaterra), exemplos supremos do que podemos chamar de gongorismo inglês. Lyly já pertence ao grupo que veio a ser celebrado como *the university wits*, (os espíritos universitários), cuja característica básica é a de nascerem todos na classe média, em alguns casos bastante modesta. Na infância e adolescência tiveram, provavelmente, contato com as formas populares e tradicionais do teatro, e passaram a conhecer muito bem o teatro romano na universidade. Thomas Kyd foi uma exceção, pois recebeu educação clássica da melhor categoria no Merchant Tailors School.

Em *Campaspe*, Lyly toca, em uma trama sobre Alexandre, o Grande, no tema da responsabilidade do governante, que será tão caro a Shakespeare. Na intriga, Alexandre permite que Campaspe, sua linda prisioneira, se case com Apeles, o pintor – já que os dois se amam –, em lugar de fazê-la sua amante. Com tal ato, o imperador justifica sua crença de que, para ser bom governante, é preciso que um homem saiba, primeiro, governar a si mesmo.

Já bem próxima da eclosão da dramaturgia elizabetana aparece *The Famous Victories of Henry the Fifth* (As Famosas Vitórias de Henrique Quinto). Esse texto é importante por ser a primeira peça crônica sobre um rei inglês, além de fornecer todo o material que Shakespeare usará para escrever *Henrique IV* e *Henrique V.* Nessa peça, o príncipe Hal é bem diverso do de Shakespeare, pois ele não só se envolve em roubos e farras do grupo liderado por Sir John Oldcastle (o nome original de Falstaff), como a todo momento deseja a morte do pai, para poder usar logo a coroa e continuar com os desmandos de sua devassa juventude.

Nenhuma dessas peças é apaixonante, na verdade sequer muito atraente. A ação, porém, não fica presa a um só lugar; o autor não hesita em mostrar grande quantidade de ações em cena. No que diz respeito à maneira como os temas são tratados, há uma mistura entre o sério e o cômico, muito embora os episódios cômicos via de regra sejam irrelevantes para a trama principal, e relegados à pura graça pela graça, sempre com personagens menos que secundárias. Na verdadeira dramaturgia elizabetana, a vitalidade e ação do teatro popular medieval juntou-se à forma em cinco atos da dramaturgia romana, à preocupação com a criação de protagonistas marcantes, à busca da qualidade literária no diálogo, com o progressivo aparecimento de falas idiossincráticas, expressivas da natureza e da posição das personagens. A obrigatoriedade de frequentar a igreja acostumou o público a dar atenção às longas homilias que os sacerdotes da nova religião liam em voz alta. Todas as homilias eram preparadas pelos teóricos que não hesitavam em amalgamar princípios de lei e ordem aos temas religiosos concebidos para reorientar os ex-católicos. Essa estratégia discursiva da igreja protestante, juntamente com os grandes espetáculos das moralidades, colaboraram para que os cinco atos em verso da nova dramaturgia fossem muito bem recebidos pelos espectadores.

O elemento que permitiu essa fusão imaginativa de duas formas de enunciados tão diferentes foi a poesia, a fascinante sonoridade dos versos; e um dos primeiríssimos exemplos, que aproveitou o gênero pastoral, tão difundido na Itália, foi *The Arraignment of Paris* (O Indiciamento de Páris), de 1584, de George Peele. A peça bebe na mitologia grega, muito popular desde a Idade Média, mas confere um toque original a esse material. Não trata do julgamento de Páris em si porém, antes, dos estágios preparatórios do mesmo. Inesperadamente, três pastores bem ingleses são introduzidos no meio das intrigas entre os deuses gregos, o que por certo abre o caminho para *Sonho de Uma Noite de Verão*, de William Shakespeare, por exemplo.

A total liberdade de criação fica evidenciada por obras como *The Old Wives Tale* (muito livremente, *Um Conto da Carochinha*), também de Peele, composta pela mistura da história romântica, que uma velha conta a um passante perdido a procura de pousada, com um pouco de *Commmedia dell'Arte* e o surrado tema da busca de uma filha perdida; ou *Endymion* (Endimião), de John Lyly, que mescla folclore com intriga aventureira e clima onírico na história da paixão de Endimião por Cíntia, a lua ou Rainha da Noite, que serve para cantar as glórias de Elizabeth I.

The History of Friar Bacon and Friar Bungay (A História do Frei Bacon e do Frei Bungay), de Robert Greene, é exemplo excepcional da nova dramaturgia, pois, por um lado, ela se propõe como uma peça histórica, incluindo no elenco não só um rei Henrique inglês como também Fernando III de Castela e Frederico II do Império Alemão, sem que nenhum desses dois últimos jamais tenha estado na Inglaterra. Fica concentrada neles a ação de um proposto casamento de Leonor de Castela com o príncipe Edward da Inglaterra (futuro Eduardo I), porém este último só aparece em uma linha da trama na qual ele quer conquistar Margaret, filha do guarda-caça de Fressingfield. O príncipe manda seu amigo Lacy, conde de Lincoln, cortejar a moça em seu nome, mas este se apaixona e resolve casar com ela, o que faz voltar à baila o tema de *Campaspe*. Mais pitoresco é o fato de o príncipe pedir também o auxílio de Roger Bacon, conhecido cientista, mágico e bruxo inglês, cujas atividades lembram as do Doutor Fausto, de Christopher Marlowe; ninguém sabe realmente qual das duas peças surgiu primeiro. A época em que Greene faz a ação do enredo se passar, Edward já estava casado com Leonor há uns quinze anos, e ele jamais lutou em Damasco. O fato é que Greene consegue armar com sucesso a tripla trama da peça, que tem considerável encanto.

O ambiente teatral, portanto, já estava encontrando seus primeiros sucessos, mas é incontestável que *A Tragédia Espanhola* e *Tamerlão* formam o momento em que o teatro inglês realmente explodiu em seu esplendor, vindo a produzir, logo em seguida, o *Doutor Fausto* e várias centenas de peças, muitas delas de alta qualidade, e embora William Shakespeare represente sua perfeita cristalização, nem por isso é menos representativo de todo o movimento.

É talvez essa continuidade de tantos séculos preparatórios que permitiu o aparecimento dessa dramaturgia tão teatral, tão farta de papéis grandes ou pequenos, fornecedora de material com o qual atores podem realizar plenamente seus talentos e vocações. É pena que a própria popularidade de Shakespeare pelo mundo afora tenha ofuscado tão completamente o considerável número de seus contemporâneos cujas obras muitas vezes são de alta qualidade.

A dramaturgia elizabetana, portanto, não apareceu por milagre, mas sim porque a sólida tradição teatral inglesa percebeu

26 DRAMATURGIA ELIZABETANA

e aproveitou o momento das grandes transformações sociais e políticas por que o país passou ao longo do século XVI, o que exigiu e propiciou mudanças significativas de texto e espetáculo. Henrique VIII, por exemplo, foi o primeiro verdadeiro príncipe renascentista da Inglaterra, além de ser também o primeiro a ter à sua disposição o inglês moderno, instrumento hábil para o diálogo em uma corte mais elegante e sofisticada, tanto quanto para a precisão e clareza de documentos, relatórios etc. A impressora instalada por William Caxton, em 1498, deu, por sua vez, imensa e indispensável contribuição para a normatização da grafia e da gramática.

No campo econômico e político, o enobrecimento de um considerável número de comerciantes ricos e protestantes, com o objetivo de equilibrar o voto entre os lordes, teve grande repercussão social. Sempre dispostos a comprar da coroa alguma propriedade que o rei tomara da Igreja Católica, que, com sua arquitetura medieval, ajudaria a dar um ar de antiguidade e nobre ancestralidade aos novos títulos recebidos, esses novos pares do reino estimularam outros a morar melhor, a ter melhores hábitos de convívio social, a aprimorar a educação e até a desenvolver a apreciação das artes, na esperança de que algum sucesso mais notável resultasse na sonhada promoção a nobre.

A educação em geral vinha progredindo, mas Christopher Marlowe ainda aproveitou os estudos tradicionais da King's School, de Canterbury, que já tinha mais de quatrocentos anos de existência e existe até hoje. Nessa época, mais da metade da população de Londres já era alfabetizada, e o termo "to hear a play" (ouvir uma peça) reflete bem a importância da beleza e da sonoridade dos versos, assim como a capacidade da plateia de apreciá-los.

Se a evolução da língua e dos hábitos pesou para o aparecimento da nova dramaturgia inglesa, não se pode falar de sua forma sem levar em conta o palco para o qual ela foi escrita: o teatro que, em 1576, James Burbage, carpinteiro tornado homem de teatro, construiu é testemunho vivo da continuidade da atividade teatral que, na Inglaterra, evoluiu do palco medieval para o renascentista. A solução de uma plateia quadrangular ou circular em torno de um pátio central, para o qual se projeta o palco principal, como acontecia com as carroças encostadas à parede de um pátio central das hospedarias, é enriquecida com os palcos interior e superior, exclusivamente desenhados com base na vivência e na visão de atores que pensavam em termos cênicos. O teatro a céu aberto oferecia uma total liberdade criativa a quem já tinha uns dois séculos de experiência escrevendo textos e atuando com plena confiança na capacidade da plateia em devotar atenção e imaginação ao que lhe era oferecido nos tablados.

Em Christopher Marlowe e Thomas Kyd, dois nomes seminais para o sucesso do teatro profissional e popular, é possível encontrar exemplificado o potencial de variedade que a ausência de preocupação com regras ou teorias permitia; sendo Marlowe mais poeta, a mobilidade de sua dramaturgia é principalmente verbal, com as ações sendo principalmente evocadas pela linguagem iluminada por imagens e rica em referências românticas ao distante no lugar e no tempo. Em uma época de grandes descobertas recentes e outras acontecendo a todo momento, como não acreditar que a plateia ficaria empolgada com a dimensão grandiosa de seus protagonistas, ou com o desafio de entrar triunfante em Persépolis, tão fascinante por ser desconhecida quanto por sua sonoridade?

Já em Thomas Kyd, menor como poeta, a riqueza da ação em cena, a força das emoções em figuras mais próximas de nós mesmos, atraiu sem dúvida uma plateia ao cumprir a missão fundamental do teatro de esclarecer comportamentos humanos mais que tudo em crises que podemos reconhecer. A liberdade de forma permitiu, a partir do trabalho dos *university wits*, que cada autor criasse à sua maneira, desde que contasse uma história que interessasse o público e o fizesse de maneira teatral.

A proximidade da plateia que ficava de pé em torno do palco exterior ou a dos espectadores sentados nas arquibancadas circundantes ao pátio, oferecia uma visão plena de todas as áreas de atuação, e era grande desafio para a interpretação, e esta, dessa maneira, também passou por grandes transformações. Pesquisas comprovam que, nos primórdios da forma elizabetana, as atuações recorriam primordialmente aos gestos e posturas consagrados nos manuais de retórica estudados por todos na escola, e isso colaborava para que o público identificasse cada sentimento ou ação expressos pelo ator; os possíveis exageros retóricos, no entanto, tiveram que ser podados à medida que autores como Shakespeare exigiam mais sobriedade, como se pode ver pelos conselhos de Hamlet aos atores que visitam Elsinore. Eles, os atores – já que a época na Inglaterra não conheceu atrizes –, foram o instrumento que os dramaturgos usaram para o público aceitar a realidade, ao menos cênica, de suas ações e de suas personagens. Sem dúvida, a notável figura de Edward Alleyn, o principal ator dos Lord Adsmiral's Men, muito contribuiu para o público ver em cena *Tamerlão* ou o *Doutor Fausto*. Se na primeira dessas duas peças Christopher Marlowe, brilhante estudante de Oxford, se mostra mais próximo da estrutura dramática romana, a segunda já o apresenta como mais integrado à nova e independente dramaturgia inglesa.

As duas dramaturgias que evoluíram, sem quebra, do período medieval para o renascentista, a espanhola do Século de Ouro e a inglesa do reinado de Elizabeth I, são as últimas que podemos identificar como legitimamente populares, na medida em que foram as últimas a atender e satisfazer toda a sociedade de seu tempo; ambas a céu aberto, ambas com palcos sem cenografia, ambas com versos que encantavam a todos, ambas confiando na imaginação da plateia para completar a ilusão dramática. Os dois autores que aqui apresentamos deram contribuições definitivas para estabelecer os caminhos da imaginação e da convenção cênica que são a essência da dramaturgia elizabetana.

THOMAS KYD

Como é o caso em todos os autores dramáticos do glorioso período elizabetano, pouco se sabe a respeito de Thomas Kyd. Filho de um escriba oficial de Londres, foi batizado no dia 6 de novembro de 1558, ano em que Elizabeth subiu ao trono. Da maior significação, no entanto, é ter ele estudado no Merchant Taylor's School, instituição de ensino fundada apenas em 1561, mas logo reconhecida como de excepcional qualidade. Seu primeiro diretor, Richard Mulcaster, é considerado um dos grandes educadores da época, e Erasmo de Roterdã foi um dos três elaboradores do currículo dessa instituição educacional. A educação clássica que ali recebeu teve imensa importância no desenvolvimento de Kyd como dramaturgo, pois muito mais que Thomas Norton e Thomas Sackville, os elegantes autores de *Gorboduc*, Kyd é o verdadeiro introdutor da forte influência de Sêneca na tragédia elizabetana.

Kyd não frequentou nenhuma das duas grandes universidades inglesas, mas o alto nível de instrução do colégio, aprimorado pela constante leitura, o colocam no mesmo nível do brilhante grupo dos *university wits*. Sua obra evidencia a mesma intimidade com o latim que pode ser conferida nos jovens do grupo *university wits*; representar comédias de Plauto e de Terêncio era parte integrante das atividades escolares em todas as boas *grammar schools*, como aquela em que ele estudou. A falta de informações exatas é total, mas parece que, saído do colégio, Kyd foi aprendiz no ofício do pai, porém ficou logo comprovado seu talento para as letras.

De sua vida nada se sabe, a não ser algo a respeito dos dolorosos acontecimentos que tiveram lugar em seus últimos meses de existência. Por ser muito franco em proclamar seus pontos de vista pessoais, bastante independentes, assim como por sua amizade com Christopher Marlowe, com quem compartilhou os cômodos onde viviam, Kyd foi acusado, em 1593, de ateísmo, e tudo indica que foi sob tortura que obteve sua liberdade, ao preço de denunciar Marlowe como ateu ímpio. A experiência foi arrasadora, Kyd não conseguiu se recuperar, física e moralmente, e morreu, pobre e esquecido, em 1594. Desse doloroso período resta a carta que ele apresentou ao Conselho:

Praza a suas honradas Senhorias, no que toca às monstruosas opiniões de Marlowe, que não posso, senão com sofredora consciência, pensar nele ou nelas, assim também só posso particularizar sobre o que diz respeito a poucas delas, pois ele mantinha companhia mais numerosa. No entanto, ao cumprir o dever tanto em relação a Deus quanto a suas Senhorias e ao mundo, este tanto julguei de bom conselho revelar com brevidade e em toda humildade.

Primeiro era seu costume, quando primeiro o conheci e, segundo ouço, ele continua, em conversas à mesa e em outras, brincar com as divinas escrituras, caçoar das preces e lutar em discussões por frustrar e confundir o que tivesse sido dito por profetas ou tais homens santos.

1. Ele relata ser São João o Aléxis[1] de nosso salvador Cristo, eu o menciono com reverência e tremor, isto é, que Cristo o amava com um amor extraordinário.

---

1 Referência à segunda das *Bucólicas*, de Virgílio, na qual se relata o amor não correspondido do pastor Córideon por seu jovem servo Aléxis

2. Que para eu escrever um poema sobre a conversão de São Paulo, como estava resolvido a fazer, seria como se eu fosse escrever um livro sobre devassidão, estimando Paulo como um trapaceiro.

3. Que a porção desse Filho pródigo era apenas uns poucos nobres[2], que ele segura perto do fundo da bolsa em quase todos os retratos, que ou se trata de uma pilheria ou quatro nobres era tido naquele tempo como um grande patrimônio e não pensamento para uma parábola.

4. Que coisas tidas como feitas pelo poder divino poderiam também ter sido feitas pela observação dos homens, todas as quais ele poderia repentinamente aproveitar uma ocasião de deixar escapulir, como eu e muitos outros quantos às suas outras temeridades, em tentar repentinas e privadas injúrias a homens passassem desapercebidas embora muitas vezes o repreendessem por isso e pelo que Deus é minha testemunha tanto quanto por comando de suas senhorias quando em ódio de sua Vida e pensamentos eu abandonei e evitei sua companhia.

Ele procurava persuadir com homens de qualidade que fossem com ele para o rei dos escoceses, para onde ouvi que foi Royden, e para onde tivesse ele vivido, disse-me ele, quando o vi pela última vez, pretendia ir.

Tão pouco se conhece algo a respeito de sua obra quanto de sua vida. Sua primeira obra identificada é um tratado, em prosa, intitulado *The Householders Philosophy* (A Filosofia dos Proprietários), de 1585. Também em prosa, são conhecidos dois panfletos seus, *The Murdering of John Brewen* (O Assassinato de John Brewen) e *The Poisoning of Thomas Elliot, Tailor* (O Envenenamento de Thomas Elliot, Alfaiate), ambos de 1592, que adquirem maior interesse por serem ambos voltados a crimes locais, justamente na época em que Kyd estava se interessando pelas tragédias de Sêneca. Esse interesse levou vários estudiosos a considerarem que Kyd escreveu ao menos parte de *Arden of Faversham*, obra publicada anonimamente em 1592, sobre um crime que efetivamente aconteceu em Kent, em 1551. Se *The Spanish Tragedy* (A Tragédia Espanhola) foi escrita, ao que tudo indica, entre 1584-1588, *Soliman e Perseda*, peça atribuída a Kyd, e da qual ele faz uso na trama da primeira tragédia, é

---

2 O nobre era uma moeda corrente da época, de certo valor.

datada entre 1589 e 1592. Em 1594, é publicada *Cornélie* (Cornélia), traduzida da obra do francês Garnier. Aparentemente tal obra surgiu como resultado de sua frequência no fechado círculo literário da condessa de Pembroke.

Sem sugestão de data e com o texto desaparecido, deve ser incluído também na obra de Kyd um suposto *Hamlet*, que seria o modelo mais imediato de onde Shakespeare teria tirado a trama para sua famosa obra, tanto que essa putativa mas desconhecida tragédia é conhecida como o *UrHamlet*.

De todo esse modesto conjunto de obras de Thomas Kyd, a mais famosa é *A Tragédia Espanhola*, que data do segundo semestre de 1587 ou do primeiro de 1588, embora alguns considerem que ele começou a escrevê-la em 1584. O nome de Kyd não aparece em nenhuma das publicações da época, mas a autoria dessa obra específica tem confirmação em uma passagem escrita por Thomas Heywood, em 1612, em seu *Apology for Actors*, no qual, depois de citar três versos, acrescenta; "Mestre Kyd, em sua *Tragédia Espanhola*, apresentando-se a ocasião, assim escreve." A peça foi um estrondoso sucesso no palco, e atraiu igualmente o público leitor, pois houve de início uma primeira edição, que teve que ser recolhida porque o editor não tinha direitos de publicação. Hoje essa edição é conhecida como o Primeiro Quarto (apesar de ser realmente *in-oitavo*), do mesmo ano de 1594, da qual só se conhece uma única cópia. Nova edição aparece em 1599, outra em 1600, e finalmente outra em 1602, muito importante porque é publicada com significativos acréscimos, que aparecem em itálico. Novas edições surgem em 1610, 1615 (com duas tiragens), 1618, novamente com duas tiragens, em 1623 (o ano da publicação da primeira edição das obras dramáticas completas de William Shakespeare), e finalmente em 1633, o que forma um conjunto excepcional.

A questão das "adições", como foram chamados os acréscimos que conhecemos, é estranha. Figura crucial da preservação das informações sobre o teatro elizabetano foi Philip Henslowe, que manteve em uma espécie de diário, entre 1593 a 1603, anotações sobre as atividades da companhia do Lord Admiral's Men; em 25 de setembro de 1602, foi anotado que Henslowe, em nome da companhia, fez grandes pagamentos a Ben Jonson por dois conjuntos de "adições" a uma peça a que ele se refere como *Jeronimo*. Os críticos, no entanto, não reconhecem a mão de Jonson em qualquer trecho dos acréscimos ao texto que aparecem no *in-quarto* de 1602. O que surpreende é o fato de os acréscimos, via de regra, serem literariamente superiores ao texto anteriormente publicado. Fica com isso colocada em dúvida a qualidade literária de Kyd, que já tinha morrido em 1594. Mas o que ninguém duvida é o fato de ter Kyd sido um grande talento teatral; ele constrói a ação com imensa habilidade, e estabelece com muita clareza a natureza e funcionalidade de suas personagens, sempre preocupado em torná-las humanamente plausíveis e facilmente identificáveis pelo público. Mais importante ainda, elas interagem umas com as outras de forma a fazer a ação dominante da peça caminhar com firmeza e segurança.

Afora o problema dos acréscimos, a *Tragédia Espanhola* apresenta uma série de aspectos de grande interesse para o estudo do teatro da época. Nas primeiras edições, como aqui é respeitado, o texto de Kyd era dividido em quatro atos, mas não em cenas. Editores, a partir do século XVIII, dividiram os atos em cenas, para facilitar a compreensão do leitor, mas preservaram os quatro atos, apesar de o terceiro equivaler, em tamanho, aos outros três reunidos, o que pode na verdade indicar que Kyd tinha inicialmente a intenção de escrever sua tragédia em cinco atos, mas não prestou bastante atenção ao fato.

Que a *Tragédia Espanhola* foi o modelo não só do *Hamlet* mas também das várias tragédias de vingança do período elizabetano, não há dúvida. Nela, como na obra de Shakespeare, há um fantasma pedindo vingança. O vingador custa a cumprir sua tarefa, há loucura fingida e verdadeira, uma comédia dentro da comédia é crucial para o processo da vingança. Uma vez desencadeado o mal, culpados e inocentes são igualmente arrastados pelos acontecimentos para o final trágico. Thomas Kyd, com um talento teatral marcante, manipula e adapta vários aspectos encontrados em Sêneca com tanta habilidade que eles vieram a ser rotineiramente usados na dramaturgia elizabetana, que sempre foi estruturada segundo uma série de convenções. Aparecem, em Kyd, não só a comédia dentro da comédia como também a matriz das muitas cenas idílicas passadas em jardins. Nesse autor, a cena em mímica é parte integral da trama. Enfim, o cuidado e a habilidade com que ele estrutura o enredo secundário permitem a integração deste ao todo, além de iluminar o enredo principal.

É bem possível que o uso excessivo de citações em latim fosse o resultado de alguma espécie de complexo de inferioridade, que obrigasse Kyd a querer provar ser tão erudito quanto os seus jovens contemporâneos, todos eles beneficiados pelos cursos universitários que ele (e Shakespeare) nunca tiveram. Pode ser também que esse procedimento revele uma consciência do próprio autor de que seu talento poético não era dos maiores; naquele período, porém, todos tinham a convicção de que o poeta era feito, não nato, e Kyd foi tão competente no emprego dos recursos retóricos quanto qualquer um de seus contemporâneos, e seus versos são dotados de considerável força dramática, mesmo que não possam competir com a apaixonante beleza dos de Marlowe.

A junção da beleza da poesia com a estrutura dramática, livre de regras e unificada pela ação, é o que resulta na riqueza da dramaturgia elizabetana.

A TRAGÉDIA ESPANHOLA

A ação da peça tem lugar na Espanha e em Portugal, mas não corresponde, exatamente, a qualquer momento histórico das relações entre os dois países. A batalha na qual Andrea, cujo fantasma inicia a ação, foi morto, pode ser a de Alcântara, pois o tom geral da ação sugere acontecimentos recentes, e foi efetivamente depois dela que Portugal ficou subordinado à coroa espanhola por um período de sessenta anos. A forma da trama segue bem de perto as tragédias de Sêneca, usando o coro, um fantasma e cenas de grande impacto pelo contraste de valores e emoções, porém com uma flexibilidade ausente nos modelos que toma para si. As personagens já são mais próximas da vida real, com um leque bem mais amplo de representatividade social. A par do modelo senecano, a figura de Lorenzo exemplifica outra presença crucial no período, a do vilão maquiavélico.

Nada fala tanto de Sêneca quanto o uso de recursos retóricos para fortalecer a comunicação com a plateia, desafiando sua imaginação, explorando a sonoridade dos versos. Apesar de lhe faltar, na verdade, um protagonista absoluto, todas as personagens principais são unificadas pela ideia central da vingança, servida por todos os episódios em que essa trupe se envolve.

O texto mais utilizado hoje em dia para publicação, e usado nesta tradução, é o que se baseia na edição de 1602, que anunciava "vários acréscimos". Apesar da melhor qualidade poética de alguns trechos das edições, a peça é toda muito coerente tanto em conteúdo quanto em estilo. Os ditos acréscimos aparecem aqui em itálico.

Dramatis Personae

Fantasma de Andrea, nobre espanhol (Coro)
Vingança, sua companheira (Coro)

Rei da Espanha
Dom Cipriano, duque de Castela, seu irmão
Lorenzo, filho do duque de Castela
Jerônimo, Marechal de Espanha
Horácio, seu filho
Dom Bazulto, um velho
Vice-Rei de Portugal
Baltasar, seu filho
Dom Pedro, irmão do Vice-Rei
Alexandro, nobre português
Villupo, nobre português
Pedringano, servo de Bel-Impéria
Cristófolo, guarda de Bel-Impéria
Serberine, servo de Baltasar

Bazardo, um pintor
Pedro, servo de Jerônimo
Jaques, servo de Jerônimo

Bel-Impéria, filha do duque de Castela
Isabella, mulher de Jerônimo

Um General Espanhol; Embaixador Português;
Deputado; Pajem de Lorenzo; Criada de Isabella;
Mensageiro; Carrasco;
Figuras de Espetáculo de Mímica; Oficiais, Sentinelas,
Portadores de Tochas e outros servidores.

A cena se passa na Espanha e em Portugal

Ato I
Introdução

FANTASMA:
Quando esta eterna substância de minh'alma
Viveu em minha devassa carne aprisionada,
Cada qual em sua função, servindo outras necessidades,
Eu era um cortesão na corte de Espanha:
Meu nome era Dom Andrea; minha linhagem,
Embora não ignóbil, porém de longe inferior
Às graciosas venturas de minha tenra juventude:
Pois, então, na flor e no fasto de todos os meus anos,
Por obediente serviço e merecido amor,
Em segredo possuí uma digna dama,
Que se chama doce Bel-Impéria pelo nome.*

---

* Para manter a integridade da versão utilizada pela autora como referência, estes dez primeiros versos foram incorporados, com tradução de J. Guinsburg (N. da E.).

Mas no calor de meu verão alegre
Fria morte ceifou-me a flor do encanto,
Divorciando o meu amor de mim.
Na última guerra com Portugal,
Minha bravura levou-me a perigos,
Até passar, de perigos, para a morte.
Sendo morto, minh'alma foi direto
Atravessar o fluxo do Aqueronte;
Porém o vil Caronte, que é o barqueiro,
Disse que eu, sem ter os ritos fúnebres,
Não poderia ser seu passageiro.
Não dormiram três noites Sol com Thetis,
E em sua água afundado o carro em fogo,
Dom Horácio, filho do marechal,
Cumpriu meu funeral, minhas exéquias.
Satisfeito o barqueiro dos infernos
Pude eu atravessar a praia e a lama
Que leva às ondas do maldoso Alvernus.
Com palavras de mel comprei Cerberus,
E passei o primeiro portal vil.
Ali bem perto, em meio a almas mil,
'Stavam Minos, Éaco, Radamante;
Aos quais, no mesmo instante, eu fui pedindo
Um passaporte para o meu fantasma;
Mas Minos, com folhas de loteria[1],
Desenhou minha vida e minha morte.
"O cavaleiro", diz, "de amor viveu,
Por amor foi buscar glória na guerra,
E na guerra perdeu amor e vida."
Disse Éaco: "Levem-no então daqui,
Pr'andar com amantes nos campos do amor,
Passando o curso de seu tempo eterno
À sombra das murças e dos ciprestes."

---

1 Livros de destino.

"Não, não", diz Radamante; "Não é certo
Com almas que amam botar um marcial.
Morreu na guerra, vá pra campos marciais,
Onde jaz Heitor em dor eterna,
E os Mirmidões de Aquiles correm livres."
Minos, o mais benévolo dos três,
Opinou de maneira diferente:
"Mandem-no antes pro rei dos infernos
Puni-lo segundo sua majestade."
Pra isso tiraram-me o passaporte.
Ao cumprir meu caminho pra Plutão,
Em meio a sombras vis e densas noites,
Eu vi mais do que mil palavras dizem,
Penas escrevem ou pensam mortais.
Havia três caminhos: na direita
Caminho aberto para os ditos campos,
Onde vivem amantes e guerreiros,
Mas cada um contido em seus limites.
O caminho da esquerda, numa rampa,
Leva logo ao mais fundo dos infernos,
Onde Fúrias brandem chicotes de aço
E o pobre Íxion gira a roda eterna;
Onde usurários engasgam com ouro,
E as perdidas têm abraços de cobras,
Assassinos gemem com talhos sem cura,
O perjuro é escaldado em chumbo líquido
E vis pecados têm penas terríveis.
Entre os dois, caminhei por um do meio
Que me levou ao Elísio doce e verde,
Em cujo meio está torre imponente
Toda de bronze e portas de adamante.
Ao encontrar Plutão e Prosérpina
Dei-lhes meu passaporte, ajoelhado;
O gesto fez sorrir a Prosérpina
Que pediu fosse ela a dar-me a pena.

Plutão gostou, e o selou com um beijo.
Anda, Vingança, ele te pegou pela orelha,
Mandou que me levasse pela porta
De chifre, onde à noite passam sonhos.
Mal falou, e já lá nos encontramos –
Eu não sei como – num piscar de olhos.

VINGANÇA:
Saiba, Andrea, que agora já chegou
Onde verá o autor de sua morte,
Baltasar, príncipe de Portugal,
De quem tirou a vida Bel-Impéria.
Sente-se aqui para ver tudo sem medo
E da tragédia esclarecer o enredo.

Cena 1

Corte Espanhola.
Entram o Rei da Espanha, o General, Castela e Jerônimo.

REI:
General, como está o acampamento?

GENERAL:
Bem, meu rei, a não ser por alguns poucos
Que a fortuna da guerra fez morrer.

REI:
E o que quer dizer seu rosto alegre,
Se pediu pressa pra nossa presença,
Fale, homem, foi nossa a vitória?

GENERAL:
Sim, vitória, meu rei, com pouca perda.

REI:
Vão pagar-nos tributo os portugueses?

GENERAL:
Tributo e a velha homenagem com ele.

REI:

Bendito seja o céu, guia celeste
De cuja influencia flui justiça tal.

CASTELA:

O multum dilecte Deo, tibi militat aether
Et coniuratae curato poplite gentes
Succumbent: recto soror est victoria iuris.[2]

REI:

Obrigado a meu irmão de Castela.
Conte-nos, General, de modo breve,
A forma da batalha e o seu sucesso,
Pra que, aumentando com suas novas
A alegria que era nossa antes,
Com ainda mais motivo e dignidade
Possamos compensar sua bravura.

GENERAL:

Onde Espanha e Portugal têm unida
Sua fronteira, e um ao outro apoiam,
Se encontraram as hostes pomposas
Ambas bem armadas, ambas ansiosas,
Ambas alegres com trompas e bumbos,
Ambas lançando ao céu clamor terrível,
Que rios, vales, montes ecoavam,
Assustando com o som o próprio céu.
Ambas as hostes feitas esquadrões,
Uma e outra cercada de mosquetes;
Mas antes que se desse o corpo a corpo
Avancei os mais hábeis mosqueteiros
Da retaguarda pra abrir o ataque.
Eles trouxeram uma ala pra enfrentar-nos,
Mas nossa artilharia os envolveu
Os capitães mostraram sua bravura.
Dom Pedro, principal coronel deles,

---

2 Oh, muito amado de Deus, os céus lutam por ti, e as nações que conspiram caem de joelhos; a vitória é irmã da justiça.

Com a sua ala tentou bravamente
Quebrar a ordem de nossas fileiras
Mas Dom Rogério, grande militar,
Avançou com mosqueteiros sobre ele,
E parou a malícia desse ataque.
Durante a escaramuça entre esses dois,
As duas hostes lutam corpo a corpo,
Com violência qual de um mar revolto
Quando, rugindo, e com maré inchada
Se atira contra as pedras das muralhas,
E se abre pra comer terras vizinhas.
E enquanto, aqui e ali, grassa Belona,
Chuva de balas passa qual nevasca,
E lanças escurecem todo o ar.
Pede pes et cuspide cuspis;
Arma sonant armis; vir petiturque viro[3]
Por todo lado caem capitães
E soldados, feridos ou já mortos:
Cai por aqui um corpo sem cabeça,
Lá sangram pernas e braços na grama,
Com armas e cavalos destripados
Espalhados na planície púrpura.
Vão-se mais de três horas em tumulto
Sem que a vitória vá pra um ou outro,
Até que Dom Andrea, com os lanceiros,
Fez tal brecha no melhor ponto deles
Que, atordoada, a multidão fugiu.
Mas Baltasar, o jovem português,
Trouxe ajuda, e instou-os a ficar.
Daí pra frente renovou-se a luta,
E na refrega é que foi morto Andrea,
Homem bravo, mas pra Baltasar fraco.
Quando o príncipe insultou o caído,

---

3 Pé e pé, e lança e lança.//armas batem em armas, homem ataca homem.

THOMAS KYD: A TRAGÉDIA ESPANHOLA

Gabando-se do feito, ofendeu-nos;
Juntando a bravura com a amizade,
Horácio, que é filho do marechal,
Desafiou-o pra combate solo.
Não durou muito a luta entre esses dois,
E logo o príncipe foi desmontado
E forçado a dizer-se prisioneiro.
Tomado ele, fugiram os outros,
Perseguidos por nós até a morte.
Quando Febo se pôs no Ocidente,
Nossas trompas soaram retirada.

REI:

Obrigado, general, por tais novas;
E em sinal do que há de vir mais tarde,
Tome isto, use-o por seu soberano,
(*Dá-lhe uma corrente.*)
E diga como confirmou a paz.

GENERAL:

Apenas paz condicional, senhor,
Que, com submissão e tributo pagos,
A fúria de suas hostes cessará:
Seu Vice-Rei assinou essa paz
(*Dá um papel ao Rei.*)
E fez jura solene que, em sua vida,
Há de pagar esse tributo à Espanha.

REI:

Calham-lhe bem tais palavras e atos.
Mas, Marechal, comemore com o Rei,
Pois de seu filho é o prêmio da batalha.

JERÔNIMO:

Que viva ele pra servir meu rei
E morra logo, a não ser que o sirva.

REI:

Nenhum dos dois há de morrer sem prêmio.

Ao longe, uma clarinada.

> Que significa esse alarma das trompas?

GENERAL:

> Elas dizem que as tropas de Sua Graça,
> Que o fado da guerra poupou da morte,
> Estão marchando para a sua corte
> Pra mostrar-se ante a sua majestade;
> Pois assim ordenei eu ao partir.
> Por tal demonstração ficará visto
> Que a não ser só por cerca de trezentos,
> 'Stão bem, e honrados pelo inimigo.

Entra o Exército: Baltasar, cativo, entre Horácio e Lorenzo.

REI:

> Bela visão! Quero vê-los aqui.

Eles entram e passam em desfile.

> Foi o príncipe português guerreiro
> Que nosso sobrinho trouxe em triunfo?

GENERAL:

> Foi, senhor, o príncipe de Portugal.

REI:

> Onde está o outro que, do outro lado,
> Prendeu-lhe o braço, e é sócio do prêmio?

JERÔNIMO:

> Esse foi o meu filho, meu senhor:
> De quem, desde a mais tenra meninice
> Só tive pensamentos de esperança,
> Nunca, qual hoje, ele agradou meus olhos,
> E nem encheu meu peito de alegria.

REI:

> Que eles passem de novo por aqui,
> Pra que eu possa falar e conversar
> Com o prisioneiro e sua guarda dupla.

Sai um Mensageiro.

> Jerônimo, nos dá grande prazer
> Que seja sua parte da vitória,
> Em virtude do feito de seu filho.

Volta a tropa.

> Tragam-me esse príncipe português:
> Saia o resto, mas antes que se espalhem
> Serão concedidos a cada homem
> Dois ducados e dez aos comandantes,
> Pra terem boas-vindas generosas.

Saem todos menos o Rei, Baltasar, Lorenzo e Horácio.

> Bem-vindos, príncipe e meu sobrinho!
> Horácio também é muito bem-vindo.
> Jovem príncipe, muito embora os erros
> De seu pai a nos negar o tributo
> Mereça más medidas destas mãos,
> Há de sentir a honradez da Espanha.

BALTASAR:

> Todos os erros de meu pai na paz
> São ora controlados pela guerra;
> Ninguém sabe a razão das cartas dadas.
> Seus homens mortos, seu reino mais fraco;
> Suas cores presas, manchado o seu nome;
> Seu filho triste, ferido o seu peito;
> Tais punições lhe limpam as ofensas.

REI:

> Sim, Baltasar; e se honra o armistício
> A nossa paz se fortalecerá.
> No entanto, viva aqui, mesmo não livre,
> Mas sem o peso de canga servil;
> Pois ouvimos que seu mérito é grande,
> E, aos nossos olhos, coberto de dotes.

BALTASAR:

Tudo farei pra merecer tal graça.

REI:

Mas diga –não sei, 'stando em mãos dos dois –
Por qual deles foi feito prisioneiro?

LORENZO:

Por mim, senhor.

HORÁCIO:

Por mim, meu soberano.

LORENZO:

Foi minha mão que prendeu-lhe o cavalo.

HORÁCIO:

Mas minha lança é que o desmontou.

LORENZO:

Fui o primeiro a tirar-lhe a arma.

HORÁCIO:

Mas eu é que o fiz cair ao chão.

REI:

É meu direito, larguem-no agora.
Diga, príncipe, ao qual se entregou?

BALTASAR:

A um por cortesia, a outro por força.
Este falou-me, o outro deu-me golpes;
Este ofereceu-me vida, este outro, morte;
Um deu-me amor, o outro derrotou-me;
E, na verdade, eu me entreguei a ambos.

JERÔNIMO:

Sabendo ser Sua Alteza justo e sábio,
Porém com preconceito neste caso,
Pesando a natureza e a lei das armas,
Falo eu em favor do jovem Horácio.
Bom caçador é quem mata o leão,
Não o que veste depois sua pele;
Se não, coelhos caçariam leões.

THOMAS KYD: A TRAGÉDIA ESPANHOLA

REI:

    Marechal, calma; não será lesado.

    Por si, seu filho terá seus direitos.

    Aceitam ambos minha decisão?

LORENZO:

    Não peço mais do que dá Sua Alteza.

HORÁCIO:

    Nem eu, com o direito do meu lado;

REI:

    Assim julgo eu; acabem com sua luta:

    Ambos merecem, ambos terão prêmio.

    Sobrinho, tomou-lhe a arma e o cavalo;

    Sua arma e seu cavalo são seu prêmio.

    Horácio, tu o forçaste a ceder:

    Seu resgate é o valor de tua bravura;

    Diz a soma, pra qual concordem ambos.

    Sobrinho, sob sua guarda fica o príncipe,

    Sua casa mais se adapta a esse conviva;

    É pequena a de Horácio pra tal corte.

    Pra que não julguem maior a sua parte,

    E pra serem iguais as recompensas,

    A ele eu dou a armadura do príncipe.

    Que acha Baltasar de tal arbítrio?

BALTASAR:

    Acho bom, des' que seja obrigatório

    Fazer-nos companhia Dom Horácio,

    Que amo e honro por ser cavalheiro.

REI:

    Não deixes, Horácio, quem tanto te ama. –

    E depois de pagar nossos soldados,

    Há festa para o prisioneiro-hóspede.

Saem.

Cena 2

A Corte de Portugal.
Entram o Vice-Rei, Alexandro e Villupo.

VICE-REI:
    Já mandaram pra Espanha o embaixador?

ALEXANDRO:
    Há já dois dias, senhor, que partiu.

VICE-REI:
    E foi com ele o tributo a ser pago?

ALEXANDRO:
    Sim, meu bom senhor.

VICE-REI:
    Descansemos em nossa inquietação,
    Suspirando pra alimentar tristezas,
    Pois grandes males nunca trazem lágrimas.
    Pra que me sento eu em real trono?
    Estes são mais gemidos de mendigo.
    (*Cai no chão.*)
    Isto é mais alto que o meu fado alcança,
    E mais do que merece o meu estado.
    A terra, imagem da melancolia,
    Busca o que o fado condena à miséria.
    Que eu morra aqui, em meu pior momento.
    Qui iacet in terra, non habet unde cadat.
    In me consumpsit vires fortuna nocendo;
    Nil superest ut iam possit obesse magis.[4]
    Sim, pode o fado tirar-me a coroa.
    Tome-a; que o fado faça o seu pior,
    Mas não pode tirar-me o triste manto.
    Não, ele só inveja o que é agradável.
    Tal a loucura de eventos maldosos!

---

4 O que jaz na terra não tem onde cair, / Contra mim a fortuna consumiu seu poder de fazer o mal. / Nada resta agora que possa ferir-me mais.

O fado é cego, e não vê os meus méritos;
É surdo, e não ouve o meu lamento;
Portanto não tem pena dos meus males.
E se ele pudesse ter pena de mim?
Que poderia esperar de suas mãos,
Se tem pés que pisam pedra roliça,
E mente mais mutável do que os ventos?
Pra que gemer, se não há esperanças?
Com a queixa parece menor a dor.
Minha ambição me afastou da jura;
Quebra da jura me levou à guerra;
Sangrenta guerra levou meu tesouro;
Com meu tesouro o sangue do meu povo;
Com seu sangue minha alegria e amor.
Meu grande amor, meu doce e filho único.
Por que não fui eu mesmo para a guerra?
Com causa minha, eu morria por ambos.
Meus anos gastos, os dele tão verdes;
Morte em mim justa, mas nele forçada.

ALEXANDRO:
Na certa, senhor, sobrevive o príncipe.

VICE-REI:
Sobrevive? Mas, onde?

ALEXANDRO:
Preso na Espanha, por azar da guerra.

VICE-REI:
E o matarão, pelo erro do pai.

ALEXANDRO:
Isso seria quebrar leis da guerra.

VICE-REI:
Não há lei, quando se pensa em vingança.

ALEXANDRO:
Seu resgate evitará vil vingança.

VICE-REI:
Não; se vivesse já teria novas.

ALEXANDRO:

Sempre chegam as más antes das boas.

VICE-REI:

Não fale mais de novas, está morto.

VILLUPPO:

Senhor, perdoe o autor de más novas,
E eu lhe direi o fado de seu filho.

VICE-REI:

Fale; quaisquer que elas sejam, tem prêmio.
Meu ouvido está pronto pra más novas.
Meu coração armado contra o ataque.
Levante-se e fale para todos.

VILLUPPO:

Então escute o que os meus olhos viram.
Quando as hostes se uniram em batalha,
Dom Baltasar, em meio às suas tropas,
Buscou fama com grandes feitos de armas.
Entre os outros eu o vi, mão a mão,
Lutar com o general do inimigo;
Até Alexandro, que se mostra aqui
Com os aspectos de amigo dedicado,
Descarregar a pistola no príncipe,
Fingindo ser pro general, nas costas:
Então é que caiu Dom Baltasar,
E sua queda nos fez fugir, todos;
Se ele vivesse, o dia era nosso.

ALEXANDRO:

Vil falsidade! Canalha traidor!

VICE-REI:

Cale-se! Mas diga agora, Villuppo,
Onde está a carcaça do meu filho?

VILLUPPO:

Vi levada pras tendas espanholas.

VICE-REI:

Sim, grandes sonhos me avisaram disso.

THOMAS KYD: A TRAGÉDIA ESPANHOLA

Tu, fera falsa, ingrata, traiçoeira,
De que forma ofendeu-te Baltasar,
Pra que assim o traísses pro inimigo?
Que ouro espanhol brilhou nesses teus olhos
Que não pensaste ver no nosso lucro?
Talvez, por seres senhor da Terceira,
Pensaste um dia usar nosso diadema,
Estando mortos meu herdeiro e eu.
Tal ambição vai quebrar teu pescoço,
Foi isto o que te fez derramar sangue;
(*Ele tira a coroa e torna a colocá-la.*)
Mas hei usá-la até que corra o teu.

ALEXANDRO:

Conceda, soberano, ouvir-me a fala.

VICE-REI:

Que o levem! Só vê-lo é um segundo inferno.
Guardem-no até a hora de sua morte:

Eles o levam.

Se Baltasar 'stá morto, ele não vive.
Villuppo, venha receber seu prêmio.
(*Sai o Vice-Rei.*)

VILLUPPO:

Assim, com invejosa falsidade
Menti pro rei e traí um inimigo,
E colho um prêmio pela vilania.
(*Sai.*)

Cena 3

Corte da Espanha
Entram Horácio e Bel-Império

BEL-IMPÉRIA:

Senhor Horácio, eis o local e a hora

DRAMATURGIA ELIZABETANA

Em que devo pedir-lhe que relate
Em detalhe a morte de Dom Andrea
Que, vivo, foi a flor do meu buquê,
E morrendo enterrou o meu prazer.

HORÁCIO:

Por amor a ele e para servi-la,
Não recuso tarefa tão pesada;
Mas serão meu tropeço as suas lágrimas.
Quando enfrentaram-se os dois exércitos,
Seu bravo cavalheiro, em meio ao caos,
Buscando o auge na causa gloriosa,
Finalmente, a esse Dom Baltasar,
Enfrentou mão a mão. Foi longa a luta,
Seus nobres corações, ameaçadores,
Sua força igual, perigosos seus golpes.
Mas a irada Nêmesis, vil poder,
Por invejar os louvores a Andrea,
Cortou-lhe a vida e terminou-lhe a glória.
Ela, coberta por máscara armada –
Como fizera Pallas ante Pérgamo* –
Fez avançar novos alabardeiros,
Que ferem-lhe o cavalo e o derrubam.
Dom Baltasar, jovem de ódio implacável,
Faz uso da tonteira do inimigo,
Termina a obra dos alabardeiros,
E só se foi ao ver Andrea morto.
Então, tarde demais, e com remorsos,
Eu e meu bando atacamos o príncipe,
E, sem seus homens, o trouxemos preso.

BEL-IMPÉRIA:

Não mataram quem matou meu amor?
E o corpo de Dom Andrea, perderam?

---

* Referência à fortaleza de Troia e, por extensão, à propria Troia, presente na *Eneida*, II, na qual Atena aparece sobre uma de suas torres. (N. da E.)

HORÁCIO:

Não, pois por ele foi que mais lutei.

Só recuei após recuperá-lo.

Peguei-o, envolvi-o nos meus braços;

E carreguei-o para a minha tenda,

Onde o deitei e o reguei co' as lágrimas

E suspiros que cabem a um amigo.

Mas nem tristeza, lágrima ou suspiro

Pôde roubar à Morte seus direitos.

Isso fiz, não podendo fazer menos:

Vi-o honrado em funeral correto.

Este lenço eu tirei do braço morto

E a ele ostento em memória do amigo.

BEL-IMPÉRIA:

Eu o conheço; tomara inda o usasse,

Ostentando-o só por Bel-Impéria;

É a lembrança que eu dei quando partiu.

Use-o agora por ele e por mim;

Pois depois dele é quem mais o merece,

Pelo bem que lhe fez em vida e morte.

Saiba que quanto viver Bel-Impéria

Será grata amiga de Dom Horácio.

HORÁCIO:

E, senhora, não cansa Dom Horácio

De servir, com humildade, Bel-Impéria.

Porém agora, se me permitir,

Peço licença pra buscar o príncipe;

Foi o que me ordenou seu pai, o duque.

(*Sai.*)

BEL-IMPÉRIA:

Vá, Horácio, e deixe-me sozinha,

A solidão é boa para o triste.

Que me vale chorar a morte de Andrea

Que fez de Horácio meu segundo amor?

Não amasse ele tanto a Dom Andrea,

Não pensaria nele Bel-Impéria.
Mas que amor posso eu ter em meu peito
Até que eu vingue essa morte do amado?
Segundo amor, apresse-me a vingança!
Eu amo Horácio, o amigo de Andrea,
Para atingir o príncipe assassino;
Pois ora Dom Baltasar, que o matou,
Implora por favor das minhas mãos.
Ele terá, com rigor, meu desdém,
E pagará bom tempo o assassinato.
Pois não foi um covarde assassinato
Tantos contra um só bravo cavalheiro,
Sem respeitar a honra na batalha?
E aí vem quem matou o meu prazer.

Entram Lorenzo e Baltasar.

LORENZO:
Irmã, por que este passeio melancólico?
BEL-IMPÉRIA:
Por um tempo eu não quero companhia.
LORENZO:
Mas o príncipe, aqui, quer visitá-la.
BEL-IMPÉRIA:
O que me diz que vive em liberdade.
BALTASAR:
Não, senhora; mas em prisão que agrada.
BEL-IMPÉRIA:
Sua prisão, então, está na mente.
BALTASAR:
Pela mente está presa a liberdade.
BEL-IMPÉRIA:
A mente o fará livre novamente.
BALTASAR:
Como, se fez-me o coração cativo?

BEL-IMPÉRIA:
> Pague o emprestado, que o recupera.

BALTASAR:
> Eu morro, se voltar de onde está.

BEL-IMPÉRIA:
> E vive sem coração? É um milagre!

BALTASAR:
> Senhora, o amor opera tais milagres.

LORENZO:
> Chega, senhor, de tantos circunlóquios,
> E conte abertamente o seu amor.

BEL-IMPÉRIA:
> Que adianta a queixa, se não há remédio?

BALTASAR:
> Aos seus encantos devo me queixar,
> Em cuja resposta está meu remédio,
> Em cuja perfeição está o que penso,
> Em cujo peito está meu coração.

BEL-IMPÉRIA:
> Ai, ai, senhor; essas são só palavras,
> Cujo prêmio é levarem-me daqui.
> (*Ao sair ela deixa cair uma luva, que Horário, entrando, apanha.*)

HORÁCIO:
> Senhora, a sua luva.

BEL-IMPÉRIA:
> Obrigada; e aceite-a como paga.

BALTASAR:
> Senhor Horácio, baixou-se em boa hora!

HORÁCIO:
> Colhi mais graças que mereço ou espero.

LORENZO:
> Senhor, não desespere pelo feito.
> Sabe como a mulher é caprichosa.
> Um leve vento carrega essas nuvens;

DRAMATURGIA ELIZABETANA

Deixe-me só, que eu mesmo as espalho.
Enquanto isso, passemos nosso tempo
Eu alguma distração ou festejando.

HORÁCIO:

O rei, senhores, 'stá vindo pra cá,
Festejar com o embaixador português;
Quando cheguei, já 'stava tudo pronto.

BALTASAR:

Nós devemos acompanhar o rei
Na recepção ao nosso embaixador,
E saber novas de meu pai e pátria.

Cena 4

A mesma
Entram um Banquete, Trompas, o Rei e o Embaixador

REI:

Veja, Embaixador, como a Espanha trata
Esse preso filho do Vice-Rei.
Nos apraz mais a bondade que a guerra.

EMBAIXADOR:

Stá triste o nosso rei; Portugal chora,
Por pensar morto o seu Dom Baltasar.

BALTASAR:

Só 'stou morto por beleza tirana.
Veja como está morto Baltasar:
Folgo com o filho do duque de Castela,
Cercado pelos prazeres da corte,
Banhado no favor da majestade.

REI:

Venham as saudações depois da festa;
Sente-se, irmão; sobrinho, o seu lugar.
Senhor Horácio, há de servir-me a taça;
Pois mereceu ser dessa forma honrado.
Nobres, sentem-se. Espanha é Portugal

THOMAS KYD: A TRAGÉDIA ESPANHOLA

E Portugal, Espanha, dois amigos;
Pago o tributo, gozemos o feito.
Não vejo o marechal, velho Jerônimo,
Que prometeu, honrando o nosso hóspede,
Com seu humor tornar leve o banquete.

Entra Jerônimo, com tambor, três cavaleiros, cada um com seu brasão; depois ele busca três reis; eles tomam suas coroas e então os capturam.

Jerônimo, me agrada a mascarada[5]
Mesmo sem entender o seu mistério.

JERÔNIMO:
O primeiro a entregar o seu brasão,
(*Toma o brasão e o entrega ao Rei.*)
É o inglês Robert, o conde de Gloucester,
Que quando Estevão era o rei em Albion,
Aportou com vinte e cinco mil homens
Em Portugal, e com sucesso em guerra
Forçou o rei, então um sarraceno,
A usar a canga do monarca inglês.

REI:
Senhor de Portugal, por isso vê
O que pode consolá-lo e a seu rei,
E parecer mais leve o mal recente.
Mas quem será o próximo, Jerônimo?

JERÔNIMO:
O segundo a entregar o seu brasão
(*Ele faz como fez com o primeiro.*)
Foi Edmund*, o conde de Kent em Albion,
Quando Ricardo** usava o diadema.
Ele também veio arrasar Lisboa,

---

5 "Masque", forma de entretenimento típica da época, da qual muitas vezes os convivas presentes à festividade são convidados a participar.
* Edmund de Langley (1341-1402), primeiro duque de York. (N. da E.)
** Ricardo III (1312-1377). (N. da E.)

62 DRAMATURGIA ELIZABETANA

Vencendo em luta o Rei de Portugal;
E por muito outro feito igual a esse
Veio mais tarde a ser Duque de York.

REI:

É mais um argumento especial
Pra fazer Portugal a nós curvar-se,
Se o fez ante a Inglaterra, tão pequena.
E ora, Jerônimo, que fez o último?

JERÔNIMO:

O último e terceiro, em nossa conta,
(*Repete o que fez antes.*)
Era, ao demais, um inglês mui valente,
O bravo John de Gaunt, Duque de Lancaster,
Como se pode ver por seu brasão.
Com grande exército ele veio à Espanha,
E prendeu o nosso Rei de Castela.

EMBAIXADOR:

Isso é argumento para o vice-rei,
Do sucesso da Espanha tira a ofensa,
Se a tropa inglesa já a conquistou,
E a fez ajoelhar-se ante Albion.

REI:

Jerônimo, eu bebo ao seu folguedo,
Que agradou o Embaixador e a mim:
Sua jura, Jerônimo, se ama o rei.
(*Toma a taça de Horácio.*)
Senhor, o tempo aqui já foi demais,
A não ser com quitutes bem mais finos;
Vamos agora entrar, pra despachar:
O conselho já deve estar reunido.

Saem todos.

CORO
ANDREA:

Vimos do mais profundo subterrâneo

Pra ver em festa o autor da minha morte?
Doi-me a alma co' essas visões alegres:
Só há acordo, e amor, e banquetes?

VINGANÇA:
Calma, Andrea; antes de daqui partirmos
Em despeito eu transformo a amizade deles,
Seu amor em ódio, o seu dia em noite,
Sua esperança em pó, sua paz em guerra,
Sua alegria em dor, seu muito em nada.

Ato II
Cena 1

O Palácio do duque de Castela.
Entram Lorenzo e Baltasar

LORENZO:
Senhor, se Bel-Impéria faz a tímida,
Que a razão o mantenha sempre alegre.
Com o tempo o feroz touro aceita a canga,
Com o tempo o falcão livre cai no engodo,
Com o tempo a cunha abre até o carvalho,
Com o tempo a pederneira cede à chuva,
E ela, com o tempo, esquece esse desdém
E lamenta a paciência de sua dor.

BALTASAR:
Não; ela é em tudo mais dura e selvagem
Que fera, ave, árvore ou muralha.
Porém, mancho o nome de Bel-Impéria;
Minha falta, não ela, é que é culpada.
Meus traços não agradam os seus olhos,
Minhas palavras pro seu prazer são rudes.
As linhas que lhe mando, más e ríspidas,
Como as das penas de Pã e Mársias*.

---

* Sátiros que desafiaram Apolo em uma competição musical e representam a arrogância e a falta de talento. (N. da E.).

Meus presentes não custam o bastante,
E, sem valor, meu amor perde a luta.
Podia amar-me por eu ser valente,
Mas a minha captura mancha isso.
Podia amar-me porque o pai me aprova:
Mas sua razão suplanta esse desejo.
Podia amar-me por ser seu amigo,
Mas sua esperança vai pr'um outro alvo.
Podia amar-me por um melhor título,
Mas talvez sonhe com um par mais nobre.
Podia amar-me por ser seu escravo,
Mas temo que não possa amar de todo.

LORENZO:

Senhor, imploro que evite tais êxtases,
E não desista de achar um remédio.
Alguma causa não a deixa amá-lo;
Devemos descobri-la e removê-la.
E se amar um outro a minha irmã?

BALTASAR:

Meu verão se transforma em meu inverno.

LORENZO:

Pois eu já encontrei um estratagema
Pra ir ao fundo desse tema dúbio.
Senhor, por uma vez me obedeça:
Não me impeça, veja ou ouça o que for,
Por meios bons ou força hei de buscar
Saber qual a verdade dessa história.
Pedringano!

PEDRINGANO:

Signior?

LORENZO:

Vien qui presto.

Entra Pedringano.

THOMAS KYD: A TRAGÉDIA ESPANHOLA

PEDRINGANO:

Sua Senhoria comanda algum serviço?

LORENZO:

Sim, Pedringano; e serviço importante;
E – para não gastar palavra à toa –
Este é o caso: não faz muito tempo
Que o protegi da ira de meu pai,
Pelo que fez nos amores de Andrea,
Quando teve do juri punição.
Postei-me entre si e a sua pena,
E desde então sabe que o favoreci.
A tais favores ora junto um prêmio,
Não de palavras mas de ouro em moedas,
Terras e vida rica em dignidades,
Se me satisfizer no que lhe peço.
Em verdade, ter a mim como amigo.

PEDRINGANO:

O que Sua Senhoria quiser,
Tenho o dever de lhe dizer verdade,
Se é que está em mim dizer verdades.

LORENZO:

Pois então, Pedringano, isto eu lhe peço:
A quem ama minha irmã Bel-Impéria?
Sei que goza da confiança dela.
Fale, homem, por prêmio e amizade:
Quem ela ama, no lugar de Andrea?

PEDRINGANO:

Senhor, depois que morreu Dom Andrea
Não tenho tanto crédito com ela,
Então não sei se ela ama ou não.

LORENZO:

Se relutar, eu sou seu inimigo,
(*Tira a espada.*)
E o medo força o que o amigo pede.
Sua morte enterra o que sua vida esconde;

Morre se quer mais a ela que a mim.

PEDRINGANO:

Espere, senhor!

LORENZO:

Fale a verdade, que eu lhe pagarei,
E protejo-o do que possa advir.
Ocultarei tudo o que vier de si,
Mas se protela de novo, está morto.

PEDRINGANO:

Se a senhora Bel-Impéria ama agora...

LORENZO:

O que, vilão! Agora é se?
(*Ameaça matá-lo.*)

PEDRINGANO:

Pode parar, senhor! Ela ama Horácio.
(*Baltasar recua, de susto.*)

LORENZO:

Hein? Horácio, o filho do Marechal?

PEDRINGANO:

Ele mesmo, senhor.

LORENZO:

Se disser como sabe que ela o ama,
Verá que sou bondoso e liberal.
De pé, diga sem medo o que é verdade.

PEDRINGANO:

Manda-lhe cartas, que eu mesmo li,
Plenas de frases e razões pro amor,
Prefere-o a Baltasar, o príncipe.

LORENZO:

Jure na cruz que o que diz é verdade,
E que há de ocultar o que nos disse.

PEDRINGANO:

Juro a ambos, por quem nos fez a todos.

LORENZO:

Esperando que o cumpra, eis sua paga;

THOMAS KYD: A TRAGÉDIA ESPANHOLA

Mas se eu provar que é perjuro e injusto,
A mesma espada em que prestou sua jura
É o instrumento da sua tragédia.

PEDRINGANO:

O que eu disse é verdade e – para mim –
De Bel-Impéria vai ficar oculto.
E mais, a sua generosidade
Merece o meu serviço, até a morte.

LORENZO:

Isso é tudo o que fará por mim:
Veja bem como e quando os dois se encontram,
E me avise, porém sempre em segredo.

PEDRINGANO:

Assim farei, senhor.

LORENZO:

E há de ver-me sempre generoso
Sabe que eu posso mais que ela alçar
Sua condição; seja sábio e não falhe.
Agora vá servi-la, como sempre,
Pra que ela não repare em sua ausência.

Sai Pedringano.

É certo: *tam armis quam ingenio:*[6]
Onde a palavra falha, vence a força;
Mas o ouro consegue mais que os dois.
E o Principe, gostou do estratagema?

BALTASAR:

Sim e não; pois me deixa alegre e triste:
Alegre por saber o meu obstáculo;
Triste por temer odiar-me a que amo:
Alegre por saber de quem vingar-me:
Pois tenho de vingar-me, ou morro eu,
Já que o amor resistido se impacienta.

6 Tanto com armas quanto com persuasão.

Horácio é minha praga pessoal:
Primeiro, sua mão brandiu a espada,
E co' essa espada ele foi feroz na guerra;
Na guerra deu-me grave ferimento,
E o ferimento é que me fez render-me
E por render-me me fez seu escravo.
Sua boca agora diz palavras doces,
Palavras doces de ideias doces,
Ideias doces pra ideias de astúcia,
Astúcia pro ouvido de Bel-Impéria,
Que desse ouvido vão ao coração,
Coração onde fica, em meu lugar.
Assim, tomou meu corpo pela força,
E num jogo ele cativou-me a alma.
Com sua queda desafio o destino;
Ou perco minha vida, ou ganho o amor.

LORENZO:
Vamos, senhor; 'stá adiando a vingança.
Se vem comigo ganha o seu amor;
Pra ganhar seu amor deve afastá-lo.

Saem.

Cena 2

No mesmo castelo.
Entram Horácio e Bel-Impéria

HORÁCIO:
Senhora, por favor de seu amor
Nossa oculta fumaça agora é chama,
Com alimento de palavra e olhar
(Satisfeitos quando o mais é impossível);
Por que, em meio a carinhos de amor
Mostra sinais de sofrimento interno?

Pedringano mostra tudo ao Príncipe e Lorenzo, colocando-os em local secreto.

BEL-IMPÉRIA:

> Meu coração, amigo, é nave ao mar;
> Sonha com o porto onde, estando à vontade,
> Conserta o que lhe fez a tempestade,
> E encostada na praia, canta alegre
> Que o prazer segue a dor e a ventura, o aborrecimento.
> Possuir seu amor é porto único
> Onde o meu coração, já tão batido,
> Hora após hora sonha descansar,
> Pra reparar a alegria perdida,
> E em paz cantar no coro de Cupido
> A doce coroação do amor sonhado.

Entram Baltasar e Lorenzo, ao alto.

BALTASAR:

> Não quero ver meu amor profanado;
> Não quero ouvir meu descontentamento;
> Coração, morre; seu amor é de outro.

LORENZO:

> Quero ver esse amor estraçalhado;
> Quero ouvir esses dois se lamentando:
> Coração, vive, pra ver morto Horácio.

BEL-IMPÉRIA:

> Por que um silêncio tão longo, Horácio?

HORÁCIO:

> Quanto menos eu falo, mais medito.

BEL-IMPÉRIA:

> E sobre o que é que medita mais?

HORÁCIO:

> Perigo passado e prazer futuro.

BALTASAR:

> Prazer passado e perigo futuro.

BEL-IMPÉRIA:

De que perigo e prazer então fala?

HORÁCIO:

Perigo de guerra, prazer de amor.

LORENZO:

Perigo de morte, e sem prazer nenhum.

BEL-IMPÉRIA:

Deixe o perigo, sua guerra é comigo,
Mas uma guerra que não fere a paz.
Cruzo com as minhas suas palavras belas;
Mande-me olhares doces, que os devolvo;
Cartas de amor geram cartas de amor;
Se me beijar, respondo com meu beijo;
Eis nossa paz na guerra, guerra em paz.

HORÁCIO:

Doce senhora, determine o campo
Onde essa guerra há de ser travada.

BALTASAR:

Ambicioso vilão, que ousadia!

BEL-IMPÉRIA:

O pavilhão de teu pai seja o campo
Onde trocarmos juras de amizade.
A corte é perigosa, lá seguro.
A hora é quando a Vésper[7] despontar,
Chamando os viajantes sem caminho.
Lá só ouvimos pássaros benéficos;
Acaso um delicado rouxinol
Embala o nosso sono distraído
E canta, com o peito trespassado,
Nossos prazeres doces e alegres.
Até então cada hora é um ano.

HORÁCIO:

Agora, meu amor doce de mel,

7 A estrela da noite.

Vamos voltar pr'onde seu pai nos veja,
Nossa alegria o perigo corteja.

LORENZO:

O perigo mais um ciúme assim
Mandam sua alma pra noite sem fim.

Saem.

Cena 3

A Corte da Espanha
Entram o Rei da Espanha, o Embaixador Português, Duque de
Castela e outros.

REI:

Irmão Castela, ao amor do Príncipe
Que diz a sua filha Bel-Impéria?

CASTELA:

Afetando a timidez que lhe cabe
Ela disfarça seu amor ao Príncipe.
Porém 'stou certo que com o tempo cede.
Mesmo sendo caprichosa, e não é,
No assunto seguirá o meu conselho:
Ou dá amor a ele ou perde o meu.

REI:

Então, Embaixador de Portugal,
Diga ao Rei que pode acertar a boda,
Para firmar a recente ligação;
É o caminho melhor para a amizade.
Seu dote será grande e generoso:
Além de ser a filha e meio herdeira
De aqui nosso irmão, Dom Cipriano,
E herdar metade de suas terras todas,
À sua união dou presente de tio,
Que será, realizado o casamento,

72   DRAMATURGIA ELIZABETANA

Livrá-los do tributo que hoje pagam;
E se de Baltasar tiver um filho,
Ele aqui será rei, depois de nós.

EMBAIXADOR:

Faço essa proposta ao meu soberano,
E a apoio, se meu conselho ajuda.

REI:

Faça isso, senhor, e se consente,
Espero a honra de sua presença,
No dia da celebração das núpcias,
Em data que ele mesmo determine.

EMBAIXADOR:

Sua Graça me ordena inda algo mais?

REI:

Recomende-me ao Rei, e agora adeus.
Pra despedir-se, onde está o Príncipe?

EMBAIXADOR:

Isso nós já fizemos, bom senhor.

REI:

Em meio ao do que está encarregado
Não esqueçam o resgate do Príncipe.
Pois não é meu, e sim de seu captor;
E tal bravura deve ter seu prêmio.
É de Horácio, o filho do marechal.

EMBAIXADOR:

Entre nós foi determinado o preço,
Que lhe será mandado bem depressa.

REI:

Então adeus de novo, meu senhor.

EMBAIXADOR:

Adeus, senhor de Castela e os outros.
(*Sai.*)

REI:

Irmão, precisa agora se esforçar
Pra dobrar a teimosa Bel-Impéria.

Virgens jovens precisam ser guiadas.
O príncipe é agradável, e ele a ama;
Se por descaso dela vai-se o amor,
Prejudica a ela mesma e a nós.
Portanto, enquanto recebo o príncipe
Com os maiores prazeres desta corte,
Busque vencer a mente de sua filha;
Se ela nega, tudo isto acaba em nada.

Saem.

Cena 4

O Jardim de Jerônimo
Entram Horácio, Bel-Impéria e Pedringano

HORÁCIO:

A noite já começa, com suas asas,
A encobrir todo o brilho do sol.
Se no escuro se pode ter prazer,
Venha agora ao pavilhão, Bel-Impéria,
Passar, seguros, uma hora aprazível.

BEL-IMPÉRIA:

O sigo, meu amor; não vou falhar
Se o fraco coração controla a alma.

HORÁCIO:

Mas duvida da fé de Pedringano?

BEL-IMPÉRIA:

Não, confio nele como um outro eu.

HORÁCIO:

Vai, Pedringano, montar guarda à porta,
E avise se alguém se aproximar.

PEDRINGANO:

(*À parte.*) Em lugar de guardar, ganho o meu ouro,

Trazendo Dom Lorenzo a esse encontro.
(*Sai Pedringano.*)

HORÁCIO:

Que tem, amor?

BEL-IMPÉRIA:

O que eu mesma não sei;
Porém meu coração prevê um mal.

HORÁCIO:

Não diga isso. A fortuna é amiga
E o sol se foi para nos dar prazer.
Veja, as estrelas deixam de brilhar
E a lua pra nos agradar se esconde.

BEL-IMPÉRIA:

Venceu. Eu hei de dominar as dúvidas,
E o seu amor agasalha o meu medo.
Não temo mais, e só penso no amor.
Sentemos. O prazer pede repouso.

HORÁCIO:

Mais fica neste pavilhão frondoso,
Mais Flora há de cobri-lo com suas flores.

BEL-IMPÉRIA:

Se Flora vê Horácio aqui, por certo,
Seu ciúme vai julgar-me muito perto.

HORÁCIO:

Cantam aves na noite, de repente,
Só por ver Bel-Impéria aqui presente.

BEL-IMPÉRIA:

Não; é Cupido que a ave imitando
As palavras de Horácio vai cantando.

HORÁCIO:

Com Cupido aí, Vênus não demora,
E Vênus, a bela estrela, é a senhora.

BEL-IMPÉRIA:

Se eu sou Vênus, o senhor é Marte
E de sua presença a guerra é parte.

HORÁCIO:

Comecemos a guerra; dê-me a mão,
Pra combater a minha rude mão.

BEL-IMPÉRIA:

Avance o pé, sinta o impacto do meu.

HORÁCIO:

Mas antes meu olhar combate o seu.

BEL-IMPÉRIA:

Proteja-se; este beijo eu lhe atiro.

HORÁCIO:

Com o mesmo que me atira eu a firo.

BEL-IMPÉRIA:

Para a glória do campo poder ter,
O meu abraço o fará ceder.

HORÁCIO:

Veja então como é tão forte o meu braço,
Seu elmo e vinhas despencar eu faço.

BEL-IMPÉRIA:

Deixe-me ir; na expressão perturbada
Veja a vida, com paixão, acabada.

HORÁCIO:

Espere um pouco, pr'eu morrer assim.
Cedeu, eu sei, mas conquistou a mim.

BEL-IMPÉRIA:

Quem 'stá aí? Pedringano? Nos traíram!

Entram Lorenzo, Baltasar, Serberine e Pedringano, disfarçados.

LORENZO:

Senhor, leve-a daqui, leve-a pr'um lado.
Calma, senhor; seu valor já foi testado.
Vamos, senhores; depressa.

Penduram Horácio nas árvores do pavilhão.

HORÁCIO:

O que, querem me matar?

LORENZO:
> Aqui, e aqui. Eis os frutos do amor.

Eles o apunhalam.

BEL-IMPÉRIA:
> Ah, salvem-lhe a vida; eu morro por ele!
> Poupe-o, irmão; ah, poupe-o, Baltasar;
> Amava Horácio, mas não ele a mim.

BALTASAR:
> Baltasar, porém, ama Bel-Impéria.

LORENZO:
> Se vivo teve orgulho e ambição,
> Só atingiu o cume agora morto.

BEL-IMPÉRIA:
> Assassinato! Ajude-me, Jerônimo.

LORENZO:
> Ora tape-lhe a boca e leve-a embora.

Saem.

Cena 5

No mesmo local.
Entra Jerônimo, em camisa, e outros.

JERÔNIMO:
> Que gritos me arrancam assim da cama,
> Me esfriam e dão medo ao coração
> Que até hoje perigo algum temera?
> Quem chama Jerônimo? Aqui 'stou.
> Se não dormia, isto não é sonho.
> Uma mulher clamava por socorro,
> E gritava aqui dentro do jardim.
> E no jardim é que devo salvá-la.

THOMAS KYD: A TRAGÉDIA ESPANHOLA

Espere, que quadro assassino é este?
Um enforcado, e longe os que o mataram!
No meu jardim, pra me fazer culpado!
Isto é feito pra prazer e não pra morte.
(*Corta a corda e desce o corpo.*)
Vi muitas vezes o traje que usa.
Ai, é Horácio, meu querido filho!
Não, só aquele que foi o meu filho!
Foi você quem me arrancou do meu leito?
Fala, se inda lhe resta alguma vida:
Eu sou seu pai. Quem matou o meu filho?
Mas que monstro selvagem, não humano,
Se fartou com o seu sangue sem maldade,
Deixando o seu cadáver desonrado
Pra que eu, em meio a estas fatais sombras,
O afogasse em oceano de lágrimas?
Céus, por que cobris o crime com a noite?
De dia esse ato não existiria.
Terra, por que não devorou a tempo
O que a flora sagrada profanou?
Meu pobre Horácio, qual a transgressão
Que a vida lhe levou, mal começada?
Vil açougueiro, sejas tu quem fores,
Por que estrangular virtude e mérito?
Maldito eu, que perdi a alegria
Perdendo Horácio, meu menino doce!

Entra Isabella.

ISABELLA:

Sem meu marido, o coração me treme:
Jerônimo!

JERÔNIMO:

Ajude-me, Isabella, a lamentar;
Suspiros presos, gastei as minhas lágrimas.

ISABELLA:

Mundo de dores! Oh, meu filho Horácio!
Quem é o autor dessa dor infinita?

JERÔNIMO:

Saber o autor me atenuava a dor,
Pois vingança alivia o coração.

ISABELLA:

Ele se foi? Meu filho foi também?
Jorrem as lágrimas como dilúvios;
Com tempestades sem fim de suspiros;
Só o excesso expressa a nossa dor.
Ai, Jerônimo, fale, meu marido!*

JERÔNIMO:

Jantou conosco hoje, tão alegre,
Com planos de visitar Baltasar
No palácio do duque, que o hospeda.
Nunca ficava fora até tão tarde:
Pode estar em seu quarto; alguém vá ver.
Rodrigo, olá!

Entram Pedro e Jaques.

ISABELLA:

Meu Deus, ele está louco! Meu Jerônimo!

JERÔNIMO:

É verdade, a Espanha toda o nota.
Além do mais, é amado por todos;
Sua majestade o honrou no outro dia,
Pra servir sua taça. Favor como esse
Garantem que não terá vida breve.

ISABELLA:

Doce Jerônimo!

JERÔNIMO:

Onde será que este achou suas roupas!

---

* Aqui tem início o primeiro trecho das adições à peça da edição de 1602, supostamente por Ben Johnson. (N. da E.)

THOMAS KYD: A TRAGÉDIA ESPANHOLA

Rapaz, quero saber toda a verdade.
Corre à casa do Duque de Castela
Pede a meu filho Horácio que retorne:
Sua mãe e eu tivemos sonho estranho.
Não me ouviu?

JAQUES:

Sim, senhor.

JERÔNIMO:

Pois então vá.
Venha cá, Pedro. Sabe quem é esse?

PEDRO:

Bem demais, senhor.

JERÔNIMO:

Bem demais? Quem? Quem é? Calma, Isabella!
Não enrubesça.

PEDRO:

É o meu senhor Horácio.

JERÔNIMO:

Ha, ha, por São Tiago, me faz rir,
Por ver que alguém se engana, além de mim.

PEDRO:

Me engano?

JERÔNIMO:

Sim:
Há uma hora eu também tinha jurado
Que esse aí era o meu filho Horácio:
Seus trajes são tão parecidos.
Ah, eles não convencem, mesmo?

ISABELLA:

Quisera Deus que não fosse!

JERÔNIMO:

Não fosse, Isabella? E sonha que é?
Acalenta em seu peito um pensamento
Que maldade tão negra acometesse

80 DRAMATURGIA ELIZABETANA

Alguém tão puro quanto o nosso filho?
Mas que vergonha!

ISABELLA:

Querido Jerônimo,
Lance um olhar mais sério à sua dor;
A fraca compreensão traz crença fraca.

JERÔNIMO:

Era um homem, o que ali enforcaram;
Um rapaz, se me lembro; eu o baixei.
Se se descobre que é o meu filho, afinal...
O que diz? O que diz? Deem-me uma tocha;
Deixem-me olhar de novo – oh, Deus!
Confusão, mal, lamento, morte, inferno,
Caiam suas marcas todas em meu peito
Já rijo de terror: matem-me logo!
Tenha pena de mim, noite corrupta,
Que chega a mim o golpe do assassino,
Envolve a minha dor com a escuridão;
Não me deixe viver pra ver a luz
Que possa me iludir que eu tenho um filho.

ISABELLA:

Ah, doce Jerônimo! Ah, filho querido!

JERÔNIMO:

É estranho o quanto eu me entreguei à dor!
Doce rosa, colhida antes do tempo,
Meu bom filho, não vencido, traído,
Beijo-o, pois lágrimas cortam-me a fala.

ISABELLA:

E eu fecho as gotas da sua visão,
Dos olhos que foram meu só prazer.

JERÔNIMO:

Vê este lenço banhado de sangue?
Eu não o largo antes de vingar-me.
Vê os golpes que ainda estão sangrando?

THOMAS KYD: A TRAGÉDIA ESPANHOLA   81

Não os enterro antes de vingar-me.

Até então não para a minha dor.

ISABELLA:

Justo céu, não oculte o assassinato.

O tempo é autor de verdade e direito,

E o tempo trará à luz o mal feito.

JERÔNIMO:

No meio tempo, Isabella, não se queixe.

Ou pelo menos disfarce um pouco a dor

Para que o feito logo se esclareça,

Ordenado a traição qual a cabeça.

Venha Isabella, vamos carregá-lo

(*Eles levantam o corpo.*)

E afastá-lo deste local maldito

E eu, com o canto, farei o seu lamento.

O aliquis mihi quas pulchrum ver educat herbas,

(*Jerônimo junta o peito à espada.*)

Misceat, et nostro detur medicina dolori;

Aut, siqui faciunt annorum oblivia, succos

Praebeat; ipse metam magnum quaencumque per [orbem

Gramina Sol pulchras effert in luminis oras;

Ipse bibam quicquid meditatur saga veneni,

Quicquid et herbarum vi caeca nenia nectit:

Omnia perpetiar, lethum quoque, dum semel [omnis

Noster in extincto moriatur pectore sensus. –

Ergo tuos oculos nunquam ,mea vita, videbo,

Et tua perpetuus sepelivit lunina somnus?

Emoriar tecum: sic, sic juvat ire sub umbras —

At tamen absistam properato cedere letho,

Ne mortem vindicta tuam tum nulla sequatur.[8]

(*Ele afasta a espada e carrega o corpo para fora.*)

---

8 Oh, que alguém prepare para mim as ervas que a bela primavera produz, e que remédio seja dado à nossa dor; ou que se providenciem poções, se alguma causa o esquecimento dos anos. Possa eu mesmo colher por todo o grande rio da terra quaisquer plantas que o Sol faça aparecer nos quatro reinos da luz. Possa ▶

82 DRAMATURGIA ELIZABETANA

CORO

ANDREA:

> Trouxe-me aqui pra me causar mais dor?
> Pensei que Baltasar fosse ser morto;
> Mas meu amigo Horácio é que foi morto,
> E ofenderam a linda Bel-Impéria,
> A quem eu mais amava neste mundo,
> E ela mais me amava neste mundo.

VINGANÇA:

> Queres colheita com o milho inda verde:
> O fim coroa toda obra bem-feita;
> A foice vem só com o milho maduro.
> E antes que o leve daqui pela mão
> Lhe mostrarei Baltasar num caixão.

Ato III
Cena 1

A Corte de Portugal.
Entram o Vice-Rei de Portugal, Nobres e Viluppo.

VICE-REI:

> É infeliz a condição dos reis
> Sentados em meio a dúvidas atrozes!
> De início botam-nos em altos píncaros,
> Muitas vezes o ódio nos suplanta,
> Sempre ao mando da roda da fortuna;
> Sem alegria mesmo quando ao alto,

▷ eu beber qualquer veneno que o vidente concebe e qualquer das ervas de poder escuro que suas encantações reúnem. Que eu ature todas as coisas, até a morte, desde que todo o nosso sentimento possa morrer logo no coração que está morto. Será então que nunca verei de novo seus olhos, minha vida? E enterrou o sono eterno a sua luz? Deixe-me morrer consigo! Assim, assim eu iria para as sombras profundas! E no entanto me impedirei de ceder a uma morte precipitada, para que sua morte não deixe de ser seguida por uma vingança.

Sempre na dúvida e temendo a queda.
Não são batidas pelo vento as ondas
Tanto quanto o são reis pela Fortuna,
Mais que temidos, temem ser amados,
Temor e amor são só bajulação.
Vejam só, jovens nobres, o seu rei
Pelo ódio privado de seu filho
A só esperança de sua sucessão.

NOBRE:
Eu não julguei que o peito de Alexandro
Se houvesse envenenado a tal extremo;
Mas vejo que palavras são variáveis
E nem há crédito para a aparência.

VILUPPO:
Não; pois pôde ver, senhor, o amor
Fingido que lhe dava cor ao rosto
Quando seguia Baltasar no campo;
Pois julgaria o sol mais inconstante,
Que de hora em hora roda em torno à terra,
Que os atos de Alexandro pra com o Príncipe.

VICE-REI:
Basta, Viluppo; já disse o bastante,
Matando a minha mente já ferida.
E nem eu brincarei mais com este mundo,
Sempre adiando a morte de Alexandro.
Vão lá alguns me buscar o traidor,
Pra que ele condenado, morra logo.

Entra Alexandro com um Nobre e alabardeiros.

NOBRE:
Em tais extremos só serve a paciência.

ALEXANDRO:
Neles, que paciência hei eu de ter?
Deixar o mundo não me descontenta,
Pois nada aqui senão o mal domina.

NOBRE:

Mas espere o melhor.

ALEXANDRO:

Espero o céu.

Quanto à terra, essa está muito infectada
Pra de seu molde emergir esperança.

VILUPPO:

Por que demoram? Tragam logo a fera
Pra que morra, por seu ato maldito.

ALEXANDRO:

Não porque eu tema o extremo da morte
(Pois o nobre não se rebaixa ao medo)
Que eu vivo, rei, assim tão descontente.
Mas sim pelos tormentos de minh'alma,
Porque sou suspeitado de pecado
Do qual o céu, que sabe meus segredos,
Sou liberto de tal sugestão.

VICE-REI:

Basta, eu digo! Pra tortura! E agora!
Amarrem-no, que queime nessas chamas,

Ele é amarrado ao poste.

Pra imitar as chamas que não findam
De Flageton, preparadas pra sua alma.

ALEXANDRO:

Morro sem culpa e hei de ser vingado
Contra Viluppo que, só por malícia
Ou inveja, me acusa falsamente.

VILUPPO:

Não, Alexandro, pois se me ameaça
Ajudarei a mandá-lo para o lago
Onde morrem suas palavras e atos.
Injurioso traidor, vil homicida!

Entra o Embaixador.

EMBAIXADOR:

Parem, esperem um momento;

E aqui – com o perdão de sua majestade –

VICE-REI:

Embaixador,

Que novas vêm com essa entrada súbita?

EMBAIXADOR:

Saiba, senhor, que Baltasar 'stá vivo.

VICE-REI:

Que diz? 'Stá vivo Baltasar, meu filho?

EMBAIXADOR:

Seu filho Baltasar 'stá vivo, alteza.

E, bem tratado na corte da Espanha,

Se recomenda a Sua Majestade.

Com meus olhos o vi; também meus servos.

Mais estas cartas que lhe manda o rei,

(*Entrega-lhe as cartas.*)

Prova alegre da saúde do príncipe.

O Vice-Rei olha as cartas e lê.

VICE-REI:

"Seu filho vive, 'stá pago o tributo;

Feita a paz, nós estamos satisfeitos.

O resto se resolve com o proposto

Pra honra de nós dois e seu proveito."

EMBAIXADOR:

Aqui outros artigos de sua alteza.

(*Entrega mais cartas.*)

VICE-REI:

Desgraçado, que divulgou tais males

Contra a vida e a reputação

Do nobre Alexandro! Senhor, desate-o.

Que o desate o que agora vai pra morte,

Pra compensar seu descontentamento.

Ele é desatado.

ALEXANDRO:

Bom rei, não poderia fazer menos
Ao ter notícia de ato tão sórdido;
A inocência, nós vemos, me salvou
A vida que queria o vil Villuppo
Por sua sugestão ver massacrada.

VICE-REI:

Falso Viluppo, por que procurou
Trair a vida do nobre Alexandro?
Aquele que, sabia, falta alguma –
Senão o assassinato de meu filho –
Nos teria levado a julgar mal.

ALEXANDRO:

Fale, vil Viluppo; diga ao rei
Quando Alexandro lhe fez algum mal?

VILUPPO:

Rendido com a lembrança do mal feito
Minh'alma aceita, culpada, o seu fado;
Não foi qualquer injúria de Alexandro,
Mas por ganância de prêmio e promoção
Que, sem vergonha, eu lhe arrisquei a vida.

VICE-REI:

O que agora paga com sua morte;
Não com os mesquinhos recursos que aqui
Criamos pra quem disse ter matado,
Mas com as torturas mais duras e extremas
Que pro seu fim possam ser inventadas.

Alexandro parece querer interceder.

Não peça; vão, e levem o traidor.

Sai Viluppo.

E Alexandro, deixe-nos honrá-lo
Bem alto proclamando que é leal.
Pra concluir o que é tratado aqui

Por nosso grão senhor, o Rei da Espanha,
Iremos debater com o conselho.
Venha fazer companhia, Alexandro.

Saem.

Cena 2

A corte da Espanha.
Entra Jerônimo.

JERÔNIMO:
Olhos! Não olhos, mas fontes de lágrimas;
Vida! Não vida, mas forma de morte;
Mundo! Não mundo, mas massa de erros,
Um caos pleno de assassínios e de golpes!
Sagrado céu! Se esse crime sacrílego,
Se esse feito desumano e bárbaro,
Se esse assassinato incomparável
Do que era meu, mas não é mais, meu filho,
Passarem ocultados, sem vingança,
Como dizer que seus atos são justos
Se é injusto o trato de quem quer justiça?
A noite, triste apoio dos suspiros,
Com maus fantasmas desperta a minh'alma,
E com as feridas de meu filho aflito
Pedem a mim notícias de sua morte.
Monstros horrendos saem dos infernos,
Guiam meus passos por vias estranhas,
Enchem-me o coração com ideias em chamas,
O dia anota que estou infeliz,
Logo começa a registrar meus sonhos
E me estimula a buscar o assassino.
Vida, mundo, céu, inferno, noite, dia
Buscam, mostram, o que o homem poderia...

Cai uma carta.

O que é isso? Uma carta? Não, não é!
Uma carta pra Jerônimo (*Em tinta vermelha.*)
"Sem tinta, vai esta escrita em sangue.
De si meu triste irmão me escondeu;
Deve vingar-se dele e Baltasar,
Pois eles o seu filho assassinaram.
Vingue, Jerônimo, a morte de Horácio,
E que passe melhor do que o faz Bel-Impéria."
Morto o meu filho por Lorenzo e o Príncipe!
Que causa tinham pra ferir Horácio?
Que causa terá tido Bel-Impéria
Pra acusar seu irmão, sendo ele a arma?
Jerônimo, cuidado! Isso é traição,
Uma armadilha pra tirar-te a vida.
Reflete muito, e não sejas crédulo:
Isso é feito pra te pôr em perigo.
Se tu, por isto, acusas a Lorenzo,
Ele, pra tua desonra, iria pôr
Tua vida em questão, teu nome em ódio.
Preciosa foi a vida de meu filho,
E por sua morte devo eu me vingar:
Mas não arrisque essa tua, Jerônimo,
E viva pra executar a ação.
Portanto, vou buscar por circunstâncias
O que possa confirmar o aqui escrito;
E na casa do Duque de Castela,
Talvez possa encontrar com Bel-Impéria
E ouvir muito, sem nada revelar.

Entra Pedringano.

Pedringano!

PEDRINGANO:

Jerônimo! O que é?

JERÔNIMO:
> Onde está sua senhora?

PEDRINGANO:
> Eis meu senhor.

Entra Lorenzo.

LORENZO:
> O que é que há? Jerônimo?

JERÔNIMO:
> Senhor.

PEDRINGANO:
> Ele busca minha senhora, Bel-Impéria.

LORENZO:
> Pra que, Jerônimo? Meu pai, o Duque,
> Por algum erro a afastou daqui;
> Mas se é algo de que deva informá-la,
> Diga a mim, pois posso eu falar com ela.

JERÔNIMO:
> Não, meu senhor; sou grato, mas não preciso.
> Tinha assunto com ela, mas é tarde.
> Lamento ter caído ela em desgraça.

LORENZO:
> Mas o que foi, Jerônimo? Me diga.

JERÔNIMO:
> Não, meu senhor. Não ouso, não devo.
> Humilde, eu lhe agradeço.
> *Ao senhor?**
> *Reservo o seu favor pra maior causa;*
> *Esta é quase brincadeira, senhor.*

LORENZO:
> *Mas mesmo assim, senhor, diga o que é.*

JERÔNIMO:
> *É verdade, senhor, é coisa à toa;*

---

* Segundo trecho acrescido à edição de 1602. (N. da E.)

Confesso minha falha, o meu atraso;
Fui omisso, senhor.

LORENZO:

Mas, como, Jerônimo?

JERÔNIMO:

Eu lhe digo, senhor, é quase um nada:
O assassínio de um filho, ou isso...
Um nada, meu senhor.

LORENZO:

Então, adeus.

JERÔNIMO:

Não há palavras pro que eu penso ou sinto.
(*Sai.*)

LORENZO:

Venha aqui, Pedringano; viu tudo isso?

PEDRINGANO:

Vi, meu senhor, e suspeito também.

LORENZO:

Foi o maldito vilão Serberine
Que, vai ver, falou da morte de Horácio.

PEDRINGANO:

Não poderia, senhor, foi inda há pouco;
E desde então esteve sempre comigo.

LORENZO:

Se não foi, a condição em que ele está,
Por medo ou zelo o pode fazer falso.
Eu lhe conheço a têmpera, e lamento
O ter usado nessa nossa empresa.
Pedringano, pra evitar o pior
E confiando em você como em minh'alma,
Pra ficar satisfeito, tome aqui,
(*Dá-lhe mais ouro.*)
E ouça então o plano que já fiz:
Hoje à noite (e assim fique resolvido)
Serberine irá ao Parque San Luigi –

THOMAS KYD: A TRAGÉDIA ESPANHOLA

Sabe onde é, aqui atrás da casa;
Alerta, atinja-o com golpe certo.
Ele tem de morrer, pra nós vivermos.

PEDRINGANO:

E por que Serberine há de ir lá?

LORENZO:

Deixe comigo; eu o mando encontrar
Lá com o Príncipe, e lá você resolve.

PEDRINGANO:

Será feito, meu senhor; e bem feito.
Eu vou armar-me pra encontrá-lo lá.

LORENZO:

Quando as coisas mudarem, como espero,
Terá sua promoção; sabe o que penso.

Sai Pedringano.

Che le leron![9]

Entra um Pajem.

PAJEM:

Que deseja?

LORENZO:

Que vá
Ver Serberine e diga pra encontrar-se
Com o Príncipe e eu no Parque San Luigi,
Atrás da casa, hoje à noite!

PAJEM:

Senhor.

LORENZO:

Rapaz, hoje à noite às oito horas;
Sem falta.

PAJEM:

Vou correndo, senhor.
(*Sai.*)

---

9 Uma deformação, no "italianhol" da peça, de "Chi (qui) il ladrone", Aqui! Ladrão!

LORENZO:

Agora é confirmar as armações
Desses truques todos; aumento a guarda
Com ordens rígidas que vêm do rei,
E deixo bem guardado o posto onde
Pedringano mata o vil Serberine.
Tem de ser feito pra evitar suspeitas;
Assim fazemos pra evitar acasos,
Pois é preciso um mal pra expulsar outro.
A esperta indagação de Jerônimo
Por Bel-Impéria gera suspeições,
E as suspeições só podem trazer mal.
Conheço bem o meu crime secreto,
E eles também; porém eu fiz planos.
Os que arriscam a alma por moedas,
Por minha vida o ouro compra as deles;
Melhor morrerem companheiros vis
Que a vida deles nosso bem arrisque.
Não viverão, pr'eu temer-lhes a confiança:
Confio em mim, sou meu melhor amigo.
Hão de morrer, –
Os escravos não nascem pr'outra coisa.
(*Sai.*)

Cena 3

O Parque San Luigi.
Entra Pedringano, com uma pistola.

PEDRINGANO:

Pedringano, que a pistola fique firme,
E aguente. Fortuna, mais um favor:
Dá-me sucesso nessa tentativa,
E apoia-me quando eu fizer a mira.
'Stá aqui o ouro; foi o prometido;

Não é por sonhos que eu me aventuro,
Pedringano já está em plena posse.
Pois quem não sabe esticar a consciência,
Quando estica assim tão bem a bolsa,
Que falhe, sendo indigno do favor,
E passe mal quando os como eu progridem.
Mas quanto ao medo da apreensão,
Eu sei que, se acontecesse, o meu senhor
Se poria entre qualquer mal e mim.
Além do mais, aqui não há suspeitos:
Portanto eu fico aqui, e aqui me ponho.

Entra a Guarda.

1º GUARDA:
Eu me pergunto qual é a razão
Da ordem tão expressa pr' esta guarda.

2º GUARDA:
Que foi dada em nome do próprio rei.

3º GUARDA:
Nunca foi nosso hábito guardar
Tão junto à casa do irmão do rei.

2º GUARDA:
Dê-se por satisfeito, e fique firme, pois
aí tem coisa.

Entra Serberine.

SERBERINE:
Aqui, Serberine; cuidado onde pisa;
Aqui, disse o pajem de Dom Lorenzo,
Tinha ordem dele pra que o encontrasse.
Lugar bem bom – pra quem o assim quisesse –
Este canto me parece bem fechado.

PEDRINGANO:
Eis a ave que me cabe agarrar.
Pedringano, ora ou nunca seja homem!

SERBERINE:

Por que o meu senhor demora tanto?
Por que me pede vir assim tão tarde?

PEDRINGANO:

Por isto, Serebrine – e o terá.
(*Atira com a pistola.*)
Aí jaz ele. Eu cumpri a tarefa.

A Guarda.

1º GUARDA:

Atenção! Foi um tiro de pistola.

2º GUARDA:

Um está caído; – agarrem o assassino.

PEDRINGANO:

Mas pelas almas que ardem no inferno,
(*Ele luta com os guardas.*)
Serei padre de quem me põe a mão.

3º GUARDA:

Confesse, homem; e assim será padre;
Por que matou com essa maldade o homem?

PEDRINGANO:

Por quê? Por andar solto assim tão tarde.

3º GUARDA:

E o senhor estaria melhor na cama,
Que cometendo crime assim tão tarde.

2º GUARDA:

O criminoso vai pro Marechal.

1º GUARDA:

Para o velho Jerônimo. Me ajude
A levar também conosco o assassinado.

PEDRINGANO:

Jerônimo? Levem-me pr'onde for,
Mas não pra ele. Ante quem quiserem.

Seja quem for, eu respondo por todos;
Podem levar; eu desafio a todos.

Saem.

Cena 4

O Palácio de Castela.
Entram Lorenzo e Baltasar.

BALTASAR:
Senhor, por que se levantou tão cedo?
LORENZO:
Medo de atraso pra evitar revezes.
BALTASAR:
De que revezes não desconfiamos?
LORENZO:
Mas dos piores não desconfiamos,
Males inesperados é que ferem.
BALTASAR:
Pois diga, Dom Lorenzo, diga, homem,
Se algo concerne nossa honra e a sua.
LORENZO:
Nem a si e nem a mim, mas a ambos juntos;
Pois suspeito – e com forte presunção –
Que nossos maus parceiros de pecado,
No que tange à morte de Dom Horácio,
A nós traíram junto ao velho Jerônimo.
BALTASAR:
Traíram, Lorenzo? Mas não pode ser.
LORENZO:
A consciência pesada, misturada
Com velhos males, não erra à vontade.
'Stou persuadido – não me dissuada –

De que foi tudo revelado a Jerônimo.

E saiba por isso o que eu resolvi: *IERONIMO Hie Hie*

Entra um Pajem.

Mas, eis o pajem! Que há? Quais as novas?

PAJEM:

Senhor, Serberine foi morto.

BALTASAR:

O quê? Serberine, o meu homem?

PAJEM:

O homem de Sua Alteza, meu senhor.

LORENZO:

Mas fala, homem, quem o assassinou?

PAJEM:

O que foi apreendido pelo ato.

LORENZO:

Quem?

PAJEM:

Pedringano.

BALTASAR:

Serberine, que amava o seu senhor, morto?
Vilão sórdido, que mata o amigo!

LORENZO:

Mas Pedringano assassinou Serberine?
Senhor, eu lhe peço que se esforce
Por com fúria apressar essa vingança
Com sua queixa a meu senhor, o rei.
Essa briga entre os dois provoca dúvidas.

BALTASAR:

Garanto, Dom Lorenzo, que ele morre,
Ou sua alteza não há de o negar.
No meio-tempo eu apresso o conselho,
Pois ele há de morrer pelo vil feito.
(*Sai Baltasar.*)

LORENZO:

Ora, isso encaixa com os antigos planos,
E a sábia experiência age assim.
Eu faço o plano; ele executa o ponto.
Armo a armadilha, ele quebra o graveto,
Sem ver que a ave foi presa com isso.
Homens que aspiram, pra ficar seguros
Pra seus amigos são passarinheiros.
Ele mata quem caiu com a minha ajuda,
E ninguém vê como eu alcanço longe.
Difícil confiar em multidões,
E até em um, na minha opinião,
Já que os homens revelam seus segredos.

Entra um Mensageiro com uma carta.

Rapaz!

PAJEM:

Senhor?

LORENZO:

Quem é?

MENSAGEIRO:

Alguém que lhe traz cartas, meu senhor.

LORENZO:

De quem?

MENSAGEIRO:

De Pedringano, hoje prisioneiro.

LORENZO:

Ele foi preso, então?

MENSAGEIRO:

Foi, meu senhor.

LORENZO:

Que quer conosco? Ele nos escreve aqui,
Que, como senhor, ajude-o em seu perigo.
Diz-lhe que li a carta, sei de tudo;
E que o que eu possa, ele pode confiar.

Pode ir; meu rapaz o seguirá.

Sai o Mensageiro.

Palavra é cera; vou testar sua esperteza.
Rapaz, leva esta bolsa a Pedringano;
Conheces a prisão; aja em segredo,
Bem certo de ninguém estar por perto.
Que ele só, em segredo, fique alegre,
Pois mesmo a corte do marechal sendo hoje
Não deve duvidar da liberdade.
Diz-lhe que seu perdão 'stá assinado,
E que portanto deve ter coragem:
Pois quando estiver pronto para a forca –
E é meu desejo intenso assim seja –
Tu, com seu perdão, estarás perto.
Diz-lhe que nesta caixa está o perdão;
Mas se amas tua vida, não a abras,
E deixa-o ignorante do que espera.
Nada lhe falta, se Lorenzo vive.
Vá!

PAJEM:

Eu vou, senhor; correndo.

LORENZO:

Mas vê tudo ser feito como eu disse.

Sai o Pajem.

Nossa fortuna está em ponto crítico,
E agora ou nunca eu deixo de ter dúvidas.
Só uma coisa fica por fazer,
E essa é conversar com o carrasco.
Pra quê? Eu não confio nem no ar,
Com as palavras de nosso fingimento;
Com medo que o segredo, até o vento
Possa levar a ouvidos inimigos,
Sempre abertos pra obter vantagens.

Et quel voglio io, nessun lo sa;
Intendo io: quel mi basterà[10]*.*
(Sai.)

Cena 5

Uma rua.
Entra o Pajem com a caixa.

PAJEM:

Meu senhor proibiu-me de olhar dentro da caixa; e palavra que, se ele não me tivesse avisado, eu não teria tanto tempo livre; pois nós humanos-homens, quando ainda menores, somos como as mulheres em sua insegurança: o que é mais proibido é o que mais tenta; assim eu, agora. – Pela minha honestidade nua, não há nada dentro da caixa! Se eu não estivesse pecando contra um segredo, eu diria que se trata de uma boa calhordice de cavaleiro. Tenho de ir procurar Pedringano e dizer-lhe que seu perdão está dentro desta caixa; não, eu juraria que sim, se não tivesse visto o contrário. Só posso sorrir ao pensar que o vilão vai debochar da forca, fazer pouco da multidão que olha, e desrespeitar o carrasco, sempre supondo que seu perdão está aqui dentro.

Não vai ser um bonito chiste eu ficar perto dele apontando para a caixa, como que dizendo: "Pode ir debochando, o documento está aqui". Que chiste safado fazer um homem ir para a morte fazendo todos rirem? Ai, ai, pobre Pedringano, estou meio com pena de você; mas se fosse enforcado com você, não dava para chorar. *(Sai.)*

---

10 O que eu quero, ninguém sabe/Eu entendo, e isso basta.

Cena 6

Um Tribunal de Justiça.
Entram Jerônimo e o Deputado.

JERÔNIMO:
    Trabalhamos no extremo de outros homens
    Sem saber de remédio para os nossos:
    Justos pros outros, injustos pra nós,
    Pois não há cura para os nossos males.
    Será que eu nunca hei de ver o dia
    Em que eu chegue por justiça aos céus,
    Para saber o que alivia os males?
    Este corpo trabalha, a idade gasta,
    Pra eu trazer justiça aos outros homens,
    Mas nem deuses nem homens me são justos.

DEPUTADO:
    Grande Jerônimo, seu posto exige
    Que cuide de punir os que transgridem.

JERÔNIMO:
    Então é meu dever levar à morte
    O que, vivo, merecia meu sangue.
    Pra isso viemos; vamos começar,
    Pois 'stá aí o que pede que eu me vá.

*Entram Oficiais, Pajem e Pedringano, que está amarrado e leva
uma carta na mão.*

DEPUTADO:
    Venha o prisioneiro, a corte está pronta.

PEDRINGANO:
    Obrigado, rapaz. Já era hora;
    Eu escrevi de novo a meu senhor
    Sobre assunto importante que o afeta,
    Com medo de que ele me houvesse esquecido.
    Mas já que me lembrou assim tão bem... –
    Mas vamos, quando usa esse negócio?

THOMAS KYD: A TRAGÉDIA ESPANHOLA

JERÔNIMO:

Avante, monstro, matador de homens;
E aqui, pra dar satisfação ao mundo,
Confessa tua loucura e te arrependas;
Para aqui mesmo ser executado.

PEDRINGANO:

É rápido; mas saiba, Marechal,
Que confesso – e não vou morrer por isso –
Fui o homem que matou Serberine.
Mas crê, senhor, ser aqui o local
Onde suas dores serão satisfeitas?

DEPUTADO:

Sim, Pedringano.

PEDRINGANO:

Eu acho que não.

JERÔNIMO:

Silêncio, debochado. Vai ser, sim.
Pois sangue com sangue, sendo eu juiz,
Será satisfeito, e cumprida a lei.
Embora eu mesmo não os possa ter,
Verei outros obterem seus direitos.
Depressa, 'stá provado e confessado,
E pela lei condenado a morrer.

CARRASCO:

Como é, homem; está pronto?

PEDRINGANO:

Para o que, meu pretensioso calhorda?

CARRASCO:

Para usar aqui o equipamento.

PEDRINGANO:

O senhor é muito metido: está querendo me oferecer
um laço, para livrar-me dos meus trajes[11]. Eu passaria
deste equipamento, a minha roupa, para esse outro, a

---

11 Ficar com as roupas do prisioneiro era privilegio dos carrascos.

corda. Mas, carrasco, já percebi o teu golpe. Não troco por nada sem botas, e pronto.

CARRASCO:

Vamos, homem.

PEDRINGANO:

Então, eu tenho de subir?

CARRASCO:

Não há remédio.

PEDRINGANO:

Mas para a minha descida há.

CARRASCO:

Pra isso, com certeza que há.

PEDRINGANO:

Como? Expulso?

CARRASCO:

Isso mesmo. Vamos, está pronto?

Peço que te apresses; o dia está passando.

PEDRINGANO:

O que, o senhor enforca por hora? Se é assim, sou capaz de quebrar seu costume.

CARRASCO:

Tem razão, e eu sou capaz de quebrar o seu pescoço.

PEDRINGANO:

Está zombando de mim, carrasco? Praza a Deus eu não ser preservado, para partir tua cabeça de safado por isso.

CARRASCO:

É pena que esteja um pé muito abaixo para poder alcançá-la, e espero que nunca suba o bastante enquanto eu tiver meu posto.

PEDRINGANO:

Homem, vês ali aquele menino com uma caixa nas mãos?

CARRASCO:

O que aponta com um dedo para ela?

THOMAS KYD: A TRAGÉDIA ESPANHOLA

PEDRINGANO:

Isso, aquele companheiro.

CARRASCO:

Não o conheço; o que há com ele?

PEDRINGANO:

Pensas viver até que o casaco velho dele faça umas calças novas para ti?

CARRASCO:

E muitos e belos anos depois disso, para enfeixar muito homem mais honesto do que tu ou ele.

PEDRINGANO:

O que pensa ter ele naquela caixa?

CARRASCO:

Não sei, e nem quero saber; me parece que tu devias estar prestando mais atenção à saúde de tua alma.

PEDRINGANO:

Ora, "seu" Carrasco, creio que o que é para o corpo também é bom para a alma; e é possível que naquela caixa esteja bálsamo para os dois.

CARRASCO:

Saibas que é o mais alegre pedaço de carne humana que já gemeu ao bater-me à porta.

PEDRINGANO:

Sua canalhice já virou repartição com o nome de um safado?

CARRASCO:

Sim, em que todos testemunharão terem visto a ti selando com o nome de ladrão.

PEDRINGANO:

Peço que convide os presentes a rezarem comigo.

CARRASCO:

Ora, viva! Essa é uma boa proposta. Mestres. Eis aí um bom sujeito.

PEDRINGANO:

> Não, não, deixa-os para outra hora; pois agora estou
> precisando muito de uma coisa.

JERÔNIMO:

> Nunca vi um desgraçado tão abusado.
> Que tempo, em que matar é brincadeira.
> E em que a alma, não se volta para o céu,
> Só se compraz com o que é interditado,
> E caminha por vias espinhentas
> Que a distanciam da felicidade.
> Assassínio, monstro sanguínio, Deus
> Não permita faltar pena a um tal ato.
> Depressa, vamos logo à execução!
> Isso me faz pensar em ti, meu filho.

Sai Jerônimo.

PEDRINGANO:

> Calma. Nada de pressa.

DEPUTADO:

> Por que demoram? Inda espera vida?

PEDRINGANO:

> Ora, sim!

CARRASCO:

> E como?

PEDRINGANO:

> Ora, safado, por perdão do rei.

CARRASCO:

> É isso que espera? Então, agora chega.
> (*Ele o executa.*)

DEPUTADO:

> Isso, Carrasco. E leve-o daqui.
> Mas que seu corpo não seja enterrado:
> Que a terra não engasgue e não se infecte
> Com o que o céu condena e homem esquece.

Saem.

Cena 7

A casa de Jerônimo.
Entra Jerônimo.

JERÔNIMO:
> Onde devo clamar as minhas dores,
> Minhas dores que já cansam a terra?
> Ou meus gritos que saturam o ar
> Com pranto eterno por meu filho morto?
> Tufões misturam-se às minhas palavras,
> Meu lamento agita árvores sem folhas,
> Desnudam campos de verde florido,
> Com o pranto eu faço de montanhas charcos,
> E quebrar os rubros portais do inferno.
> Mas inda é torturada a minha alma
> Com suspiros partidos e paixões
> Que aladas voam; e no ar pairando
> Tocam janelas do mais alto céu
> Sempre implorando justiça e vingança:
> Mas 'stando eles em níveis imperiais,
> Cercados por muralhas de diamantes,
> Eu os encontro sempre impregnáveis,
> Com surda resistência a dor e fala.

Entra o Carrasco com uma carta.

CARRASCO:
> Senhor! Deus o abençoe, senhor! O homem, senhor,
> Petergado, senhor, aquele que era tão cheio de ideias
> malucas...

JERÔNIMO:
> O que tem ele?

CARRASCO:
> Ai, senhor, nós cometemos um erro; o sujeito tinha
> uma bela ordem pro contrário. Senhor, olhe aqui o

passaporte dele. Por favor, senhor, nós agimos mal com ele.

JERÔNIMO:

Eu o garanto; dê-me aqui.

CARRASCO:

O senhor fica entre mim e a forca?

JERÔNIMO:

Sim, sim.

CARRASCO:

Eu agradeço à honra de Sua Senhoria.

Sai o Carrasco.

JERÔNIMO:

Embora a mim importe muito mais,
Pra aliviar um pouco a minha dor,
Faço armistício com a dor para ler isto.
"Senhor, eu peço, em condição extrema,
Que se esforce por me libertar.
Se o negar, eu desespero da vida,
E ao morrer eu revelo a minha jura.
Sabe, senhor, que por si eu o matei,
Conspirando com o senhor e com o príncipe;
Por prêmio recebido e mais promessas
E inda ajudei a matar Dom Horácio"
Ajudou a matar o meu Horácio?
E atores nessa tragédia sangrenta
Foste tu, Lorenzo, e mais Baltasar?
De quem meu filho tanto merecia?
O que ouvi? Que viram os meus olhos?
Sagrado céu, poderá acontecer
Que esse ato monstruoso e detestável,
Há tanto sufocado e escondido
Ser por isto vingado e revelado?
Ora vejo o que não quis suspeitar,
Não ser falsa a carta de Bel-Impéria.

THOMAS KYD: A TRAGÉDIA ESPANHOLA

Não mentiu ela, mas traíram ambos
A ela, a mim, a Horácio e a si mesmos.
Ora comparo entre dela e deles
Incidentes onde não encontrava
Até agora, mas hoje vejo e sinto
O que o céu não deixou ficar impune.
Falso Lorenzo! Onde teus gestos de agrado?
Essa é a honra que a meu filho fizeste?
E Baltasar – maldita sua alma e a minha! –
Esse resgate é que lhe reservou?
Maldita a causa destas tristes guerras!
Malditos sua baixeza e cativeiro,
Malditos o seu berço, corpo e alma.
Maldito o seu pai e seu corpo vencido!
Banidos com amarga execração
Dia e hora em que de ti se apiedaram!
Por que gastar minha fala infrutífera
Se só o sangue aplaca a minha dor?
Irei queixar-me a meu senhor o rei,
E bradar por justiça a toda a corte,
Gastando a pedra com meus pés cansados
Ou deixo a todos com ameaças cansados.
(*Sai.*)

Cena 8

A mesma.
Entram Isabella e sua Aia.

ISABELLA:
   Diz que esta erva é cura para os olhos
   E esta pra cabeça?
   Não há remédio pra minha doença,
   Nem droga que reviva o que está morto.

108 DRAMATURGIA ELIZABETANA

(*Ela corre loucamente.*)
Horácio! Onde está Horácio?

AIA:

Boa senhora, não se assuste tanto
Isso é um ultraje pro seu filho Horácio,
Que está dormindo nos campos elíseos.

ISABELLA:

Por que eu não lhe dei roupas e coisas,
Comprei-lhe um assovio e um chicote
Para vingar-se de tanta vilania?

AIA:

Senhora, são tormento esses humores.

ISABELLA:

Minh'alma, pobre alma, fala à toa,
Do que não sabe. Com asas de prata
Minh'alma sobe ao píncaro dos céus;
Dos céus? É lá que está o meu Horácio
Que, co' um bando de querubins fogosos,
Dança com seus ferimentos curados,
Entoa hinos com notas celestiais.
Rara harmonia lhe canta a inocência
Que morreu, espelho de nossos dias.
Mas onde acharei os matadores
Do meu Horácio? Pr'onde hei de correr
E quem matou meu filho eu conhecer.

Cena 9

O Palácio de Dom Cipriano de Castela.
Bel-Impéria a uma janela.

BEL-IMPÉRIA:

Que ultraje é esse que ora me oferecem?
Devo ser sequestrada desta corte?

Sem aviso! Não saberei a causa
De meus males secretos e suspeitos?
Maldito irmão, assassino cruel,
Por que com mente vil me martiriza?
Jerônimo, não lhe escrevi seus males,
Por que arrasta tanto a sua vingança?
Andrea, oh, Andrea! tu que viste
Como por mim foi destratado Horácio,
E por mim sem motivo assassinado!
Seja o que for, preciso conformar-me
Com paciência e dedicar-me ao tempo
Até que o céu, espero, me liberte.

Entra Cristófolo.

CRISTÓFOLO:
    Vamos, senhora; não pode agir assim.

Saem.

Cena 10

A mesma.
Entram Lorenzo, Baltasar e o Pajem.

LORENZO:
    Não fale mais, rapaz; 'stá tudo indo.
    Mas tem certeza de o ter visto morto?
PAJEM:
    Se não, senhor, não vivo eu.
LORENZO:
    'Stá bem.
    E pra resolução quanto a seu fim,
    Deixe tudo com quem ele hoje está.
    Toma este anel e vai dá-lo a Cristófolo,

DRAMATURGIA ELIZABETANA

Diz-lhe que ora liberte minha irmã
E a traga logo aqui.

Sai o Pajem.

Isso que agora fiz é um estratagema
Para ficar secreto o assassinato
Que desapareceu como uma mágica,
E agora eu já liberto a minha irmã.

BALTASAR:
Já é tempo, Lorenzo, pois o duque,
Como ouviu, procurou por ela ontem.

LORENZO:
Senhor, ouviu-me a lhe oferecer
Razões bastantes para o afastamento;
tudo bem. Meu senhor a ama?

BALTASAR:
Sim.

LORENZO:
Seja alerta o seu amor: com astúcia
Cure as suspeitas, e me apoie sempre;
Se acaso ela criar algum tropeço –
Por causa de seu namorado oculto –
Brinque de leve co' ela; sob falso chiste
Se ocultam coisas que causam conflito.
Mas lá vem ela.

Entra Bel-Impéria.

Salve, irmã!

BEL-IMPÉRIA:
Irmã? Não!
Tu não és meu irmão, mas inimigo;
Pois não faria à irmã tudo o que fez,
Assustando-a com armas já tiradas,
E abuso extremo dos que me cercavam;
Depois por me arrastar, qual ventania

THOMAS KYD: A TRAGÉDIA ESPANHOLA   111

Em meio a um bando desses teus comparsas,
Atirando-me pra um canto inacessível,
Sem ter a quem contar minhas injúrias.
Que fúria louca te tomou a mente?

LORENZO:
Pense melhor, Bel-Impéria,
Pois não te fiz qualquer descortesia;
A não ser, por critério imerecido,
Buscar salvar a honra, tua e minha.

BEL-IMPÉRIA:
Minha honra? Ora, Lorenzo, onde foi
Que eu tanto maculei a minha honra
Que ela teve razão para ser salva?

LORENZO:
Sua Alteza e meu pai 'stão resolvidos
A se entenderem com o velho Jerônimo
A respeito de umas questões de estado
Determinadas pelo Vice-Rei.

BEL-IMPÉRIA:
E em que toca isso a minha honra?

BALTASAR:
Paciência, Bel-Impéria; ouça o resto.

LORENZO:
A seu mando eu fui, como mensageiro,
Adverti-lo do quanto estavam perto;
E ao chegar, acompanhado do príncipe,
Inesperadamente, no pavilhão,
Encontramos Bel-Impéria e Horácio.

BEL-IMPÉRIA:
E então?

LORENZO:
Ora, lembrando a antiga desgraça
Que sofreste por morrer Dom Andrea,
E que ora parecia prolongar-se,
Sendo vista em companhia inferior,

Julguei logo – e da melhor maneira –
Tirar Horácio do caminho de meu pai.

BALTASAR:

E removê-la em segredo pr'outro ponto,
Pra sua alteza não saber do visto.

BEL-IMPÉRIA:

Assim, senhor? Então foi testemunha
De que é verdade o de que fala ele?
Tu, meu irmão, forjaste isso por mim,
E fez de si, senhor, seu instrumento?
Labor de mérito, não vale nada!
E por que me ocultaram até hoje?

LORENZO:

Sua melancolia, irmã, co' as novas
Da morte de seu primeiro amor, Andrea,
A raiva de meu pai exasperado.

BEL-IMPÉRIA:

Por que não soube eu de sua ira?

LORENZO:

Seria combustível pra seu fogo,
Que queimava qual o Étna por Andrea.

BEL-IMPÉRIA:

Não procurou então meu pai por mim?

LORENZO:

Procurou, mas eu fiz tuas escusas.
(Ele segreda no ouvido dela.)
Mas olha o príncipe, Bel-Impéria;
O teu amor, o jovem Baltasar,
Cuja paixão cresceu co' a tua presença;
E em sua melancolia verás
Teu ódio, seu amor, tua fuga, sua busca.

BEL-IMPÉRIA:

Irmão, te tornaste um orador –
Eu sei, eu, por qual experiência –
Político demais pra mim, garanto,

THOMAS KYD: A TRAGÉDIA ESPANHOLA

Desde que nos vimos antes; mas, calma,
O príncipe está pensando em outras coisas.

BALTASAR:

Em sua beleza, que conquista reis;
Nessas tranças laçadas de Ariadne,
Com que me capturou a liberdade;
Essa alva fronte, meu mapa da dor,
Na qual não vejo porto pro que espero.

BEL-IMPÉRIA:

Temer e amar, senhor, ao mesmo tempo,
Pra mim são coisas de mais importância
Do que compete à mente da mulher.

BALTASAR:

Eu é que amo.

BEL-IMPÉRIA:

A quem?

BALTASAR:

A Bel-Impéria.

BEL-IMPÉRIA:

Por isso eu temo.

BALTASAR:

A quem?

BEL-IMPÉRIA:

A Bel-Impéria.

LORENZO:

Teme a ti mesma?

BEL-IMPÉRIA:

Sim, mano.

LORENZO:

Como?

BEL-IMPÉRIA:

Como aquelas
As que amam com medo de perder.

BALTASAR:

Deixe, bela, que Baltasar a guarde.

114 DRAMATURGIA ELIZABETANA

BEL-IMPÉRIA:

Não, Baltasar teme tanto quanto eu:
Et tremulo metui pavidum junxere timorem,
Et vanum stolidae proditionis opus[12].

LORENZO:

Tu argumentas com tal esperteza,
Que vamos continuar isso na corte.

BALTASAR:

Seguindo a estrela-norte de um céu belo
Vai o pobre e oprimido Baltasar,
Vai nômade por vales e montanhas,
Um peregrino incerto do sucesso.

Saem.

Cena 11

Uma rua.
Entram dois portugueses e Jerônimo vai ao encontro deles.

1º PORTUGUÊS:

Com sua licença, senhor.

JERÔNIMO:*

Não é como o senhor pensa, ou o senhor.
Não como pensa; está muito longe.
Os chinelos não são meus, eram de Horácio,
Meu filho? O que é um filho? Algo gerado
Em um ou dois minutos, coisa assim;
É uma massa, nutrida no escuro,
Um lastro pra leveza das mulheres
Que ao fim de nove meses vem à luz.
O que há num filho

---

12 E eu temia aumentar o medo de um homem trêmulo; vã é a obra da luxúria estúpida.

* Terceiro trecho acrescido à edição de 1602. (N. da E.)

Que faça um pai amar ou enlouquecer?
Nascido, chora, grita, bota dentes...
Mas o que é um filho? É amamentado,
Tem de aprender a falar e andar. E então
Não é melhor amar algum bezerro,
Ou ficar louco por um cabritinho
Que por um filho? Acho que um leitão,
Ou um potrinho belo e luzidio,
Deviam comover mais que um filho;
Pois qualquer desses, em bem pouco tempo,
Já tem utilidade, enquanto um filho
Quanto mais cresce, em tamanho ou tempo,
Mais rude e mais rebelde se revela,
Botando os pais entre os que chama tolos,
Curvando-os ao peso de suas farras,
Fazendo-os velhos antes que o sejam.
Isso é um filho? E o que é perdê-lo,
Se isso é verdade? Mas o meu Horácio
Escapou de loucuras e paixões;
Pois ele amava os pais que a ele amavam;
À mãe dava alegria e a mim, a paz.
Seu braço é que sustinha a nossa casa,
Nossa esperança toda estava nele.
Só um assassino é que podia odiá-lo.
Não tinha mais do que dezoito anos
Quando seu forte braço desmontou
A Baltasar, o príncipe; mas ele
Por honra e por piedade perdoou
O nobre mas ignóbil português.
Porém o céu há de ser sempre o céu,
E existem fúrias, como há Nêmesis,
E neste mundo ainda há chibatas
Que, às vezes, ainda pegam assassinos.
Ai, ai, o tempo passa e, quando passa,
Vai fazendo crescer a violência

Que explode, como envolta em fogo,
E traz a confusão ao mundo inteiro.
Deus os abençoe; eu lhes peço, vão.
Eu os deixo, se podem me deixar.

2º PORTUGUÊS:

Por favor, qual o próximo caminho para
até o duque?

JERÔNIMO:

O caminho ao meu lado.

1º PORTUGUÊS:

A casa dele.

JERÔNIMO:

É perto; é aquela casa que estão vendo.

2º PORTUGUÊS:

Sabe dizer se o filho dele 'stá lá?

JERÔNIMO:

Quem, o nobre Lorenzo?

1º PORTUGUÊS:

É isso mesmo.

(*Ele entra por uma porta e sai pela outra.*)

JERÔNIMO:

Seria melhor falarmos de outra coisa.
Porém, se inoportuno quer saber
O caminho até ele, e onde o encontra,
Então escute, que esclareço a dúvida.
Há um caminho, do seu lado esquerdo,
Que vai de uma pesada consciência
A uma floresta de medo e suspeita –
Escura, é perigoso passar nela.
Lá só há pensamentos melancólicos,
E humores tristes que, se a si os tomam,
Conduzem só ao desespero e à morte –
Cujos montes rochosos, quando vistos
De um vasto vale de noite infindável,
Fervendo co' as maldades deste mundo,

THOMAS KYD: A TRAGÉDIA ESPANHOLA

Que solta os mais nojentos dos vapores. –
Lá perto, matadores erigiram
A morada prasuas almas malditas.
E lá, num caldeirão que Zeus mantém,
Com sua ira, chama sulfurosa,
Hão de encontrar Lorenzo a banhá-lo
Em chumbo líquido e sangue inocente.

1º PORTUGUÊS:

Ha ha ha!

JERÔNIMO:

Ha ha ha! Ora ha ha ha! Adeus, bom ha ha!
(*Sai.*)

2º PORTUGUÊS:

O homem na certa é um maluco simpático,
Que a imperfeição da idade faz perder-se.
Vamos agora procurar o duque.

Saem.

Cena 12

A Corte Espanhola.
*Entra Jerônimo, com um punhal em uma das mãos e uma corda
na outra.*

JERÔNIMO:

E agora, senhor, eu devo ir ver o rei;
O rei me recebe e ouve o que pleiteio:
Não é estranho, e raro de se ver,
Que homens com brinquedos me emudeçam?
Vamos, vejo suas tramoias e me calo.
Jerônimo, é hora de tu partires.
No vale em que corre entranha rubra,
Há uma flor de chama; há lá um juiz,
Sentado em aço e bronze derretido,

118 DRAMATURGIA ELIZABETANA

Que carrega entre os seus dentes um facho,
Que guia para o lago dos infernos.
Avante, Jerônimo! A ele vá;
Ele fará justiça por Horácio.
Tome este caminho, que o leva até ele;
Ou este, sem precisar tomar fôlego:
Este ou este? Suave e bom – mas não:
Pois se me enforco ou mato, quem será
Que há de vingar o assassínio de Horácio?
Não, não! Perdão, não quero nada disso.
(*Ele atira longe o punhal e a corda.*)
Tomo este, e neste vem o rei:
(*Ele torna a pegá-los.*)
Eu dou uma tentada nele, isso é fato:
E Baltasar, contigo eu vou ao rei
E contigo, Lorenzo. É o rei – espera
Aqui, e aqui – lá vai a lebre embora.

Entram o Rei, Embaixador, Duque de Castela e Lorenzo.

REI:

Embaixador, o que diz o Vice-Rei?
Recebeu os artigos que mandamos?

JERÔNIMO:

Justiça! Justiça pra Jerônimo.

LORENZO:

Pra trás! Não vê que o Rei está ocupado?

JERÔNIMO:

Ah, está?

REI:

Quem é que impede assim nossos negócios?

JERÔNIMO:

Não eu. (*À parte.*) Jerônimo, cuidado, vai passando!

EMBAIXADOR:

Famoso Rei, recebeu e já leu
As prometidas propostas de acordo;

E mais feliz ainda, como homem,
Por ver tratado qual príncipe o filho
Que ele tinha por morto e pranteado;
E acresce, para mais satisfazer-vos,
E faz saber aqui ao seu amor real
Que o casamento de seu filho, o príncipe,
Com vossa amada sobrinha, Bel-Impéria
É notícia que agrada mais sua alma
Que mirra e incenso aos céus ofendidos.
Em pessoa, portanto, aqui virá
Para o solene rito dessa boda,
E criar nó de amor inseparável
De amor real e liga sempiterna
Entre coroas de Espanha e Portugal.
E então dá a coroa a Baltasar,
E faz de Bel-Impéria então rainha.

REI:

Que acha, irmão, do amor do vice-rei?

CASTELA:

É, sem dúvida, senhor, argumento
De honroso zelo por guardar um amigo,
E honra maior pra Baltasar, seu filho;
Nem sou menos devedor de sua graça
Por mostrar seu querer por minha filha.

EMBAIXADOR:

E por fim, senhor, mandou Sua Alteza
(Porém não manda pr'o filho voltar)
O resgate devido a Dom Horácio.

JERÔNIMO:

Horácio! Quem chamou Horácio?

REI:

Bem lembrado. Agradeça à Majestade.
Aqui; vejam que isto chegue a Horácio.

JERÔNIMO:

Justiça! Oh, justiça, meu bom rei!

REI:

Quem falou? Jerônimo?

JERÔNIMO:

Justiça. Ai, justiça. Ai, meu filho!

Ninguém mais resgata ou compra meu filho!

LORENZO:

Jerônimo, não foi bem aconselhado.

JERÔNIMO:

Sai, Lorenzo, não me atrapalhes mais;

Tu me acabaste com a felicidade.

Dá-me meu filho, não hás de comprá-lo!

Fora! Cavando as entranhas da terra,

(*Ele cava com seu punhal.*)

Hei de levá-lo pr' os campos elíseos.

Vou mostrar as feridas do meu filho,

Meu posto de marechal eu entrego,

Pra convocar os demônios do inferno

Para vingá-lo ante todos vós.

REI:

Que significa esse ultraje?

Por que ninguém lhe controla a fúria?

JERÔNIMO:

Não, calma, calma! Nada de lutar.

Só tem de ir o que guia os demônios.

(*Sai.*)

REI:

Que acidente ocorreu a Jerônimo?

Eu nunca o vi descontrolar-se assim.

LORENZO:

Meu bom senhor, com o orgulho extremo

Concebido pelo seu filho Horácio,

E querendo que fique pra ele mesmo

O resgate de Baltasar, o príncipe,

'Stá desatinado, 'stá lunático.

REI:

Creia, sobrinho, que isso me entristece;
Isso é o amor que os pais têm por seus filhos.
Meu irmão, por favor, vá dar-lhe o ouro,
O merecido resgate do príncipe.
O dado a ele não faz falta a Horácio;
Talvez Jerônimo precise dele.

LORENZO:

Mas se ele fica assim desatinado
É preciso que se afaste do cargo,
E este caia em mãos mais bem-pensantes.

REI:

Isso lhe agravará a melancolia;
Melhor ver antes com maior cuidado.
Até então, nós o assumiremos.
E, irmão, traga agora o embaixador,
Para testemunhar o compromisso
Que liga Baltasar a Bel-Impéria,
Pra que possamos escolher a data
Em que se soleniza o casamento,
Tendo aqui seu senhor, o vice-rei.

EMBAIXADOR:

Com isso Sua Alteza muito agrada
Sua Majestade, que aguarda ter notícias.

REI:

Pois então ouça, embaixador...

Saem.

Cena 12a*

O Jardim de Jerônimo.
Entram Jaques e Pedro

JAQUES:
> *Eu me pergunto, Pedro, por que o senhor*
> *À meia-noite manda buscar tochas,*
> *Quando descansa homem, ave e fera,*
> *Menos a guarda de rapto e de morte.*

PEDRO:
> *Não sabe, Jaques, que a mente do senhor*
> *Perdeu o rumo com a morte de Horácio*
> *E – quando a idade pede sono e calma*
> *No coração – como um alucinado*
> *Pelo filho está lunático e infantil.*
> *Às vezes, quando está sentado à mesa,*
> *Fala como se estivesse ali Horácio;*
> *Depois, em fúria, se atira no chão*
> *E grita! Horácio! Cadê meu Horácio?"*
> *Com dor extrema e tristeza cortante*
> *Não resta dele nada como homem.*
> *Veja, lá vem ele.*

Entra Jerônimo.

JERÔNIMO:
> *Eu rezo, nos buracos desses muros,*
> *Olhos nas árvores, busco na grama,*
> *Sacudo arbustos, bato até na terra,*
> *Mergulho n'água, olho para os céus,*
> *Mas não consigo ver o meu Horácio. –*
> *Como é? Quem está aí? – Só espíritos!*

PEDRO:
> *Seus criados, e aqui para servi-lo.*

* Cena acrescida à edição de 1602. (N. da E.)

THOMAS KYD: A TRAGÉDIA ESPANHOLA   123

JERÔNIMO:

    Por que está com tochas nesse escuro?

PEDRO:

    Porque pediu que aqui viéssemos com elas.

JERÔNIMO:

    É engano; não eu, 'stão enganados!
    'Stou tão louco que pedisse tocha agora?
    Acendam tochas só ao meio-dia.
    Quando o rei-sol está em sua glória;
    Então acendam tochas.

PEDRO:

    Pra queimar o dia.

JERÔNIMO:

    Que ele queime. A noite é uma puta assassina,
    Não quer que sejam vistas suas traições;
    E aquela Hécate pálida, a lua,
    Consente o feito na escuridão;
    E as estrelas que olham para a sua face
    Enfeitam suas mangas e sua cauda;
    E os que são poderosos e divinos
    Dormem no escuro em vez de brilhar.

PEDRO:

    Não os provoque, senhor, com palavras;
    O céu é gracioso, e suas misérias
    O levam a falar do que não sabe.

JERÔNIMO:

    Mente, vilão! E só me diz, apenas,
    Que estou louco. Mas mente, não 'stou louco!
    Eu sei que é Pedro, e que ele é Jaques.
    Já provei; se fosse louco, eu sabia?
    Onde ela estava na noite em que Horácio
    Foi morto? Brilhou? Veja no livro.
    Brilhasse a lua, o rosto de meu filho
    Tinha uma graça que, o assassino vendo,
    A sua arma cortaria a terra,

124 DRAMATURGIA ELIZABETANA

Mesmo que ele fosse de sangue e morte.
Ai, ai, quando o mal não sabe o que faz,
O que podemos dizer do mal?

Entra Isabella.

ISABELLA:

Meu Jerônimo, venha para dentro;
Não busque piorar seu sofrimento.

JERÔNIMO:

Mas não fazíamos nada, Isabella;
Eu não chorei; pergunte a Pedro e Jaques;
Não, mesmo; nós estávamos alegres.

ISABELLA:

Alegre aqui? Esteve alegre aqui?
Não foi aqui, e não foi essa a árvore
Na qual morreu Horácio, assassinado?

JERÔNIMO:

Foi – não sei o quê; deixe que ela chore.
Foi essa a árvore. Plantei a semente:
Quando nosso verão a sufocou
E ia secando, duas vezes ao dia
Eu a regava com água da fonte,
E ela cresceu, e ela frutificou
Até que enfim
Ela virou uma forca e deu meu filho;
Deu o seu fruto e o meu – que planta má!
Alguém bate à porta.
Vejam quem bate.

PEDRO:

É um pintor, senhor.

JERÔNIMO:

Faça entrar – Que eles nos pinte conforto,
Pois aqui só vive conforto pintado.
Que entre! Não se sabe o que pode ocorrer.
Deus quis que eu plantasse a árvore, mas

THOMAS KYD: A TRAGÉDIA ESPANHOLA

Servo ingrato, criado do nada,
Quando cresce odeia o que o criou.

Entra o Pintor.

PINTOR:
Deus o abençoe, senhor.

JERÔNIMO:
Pra quê? Por que, vilão malvado?
Como, onde e por que abençoado?

ISABELLA:
O que deseja, rapaz?

PINTOR:
Só justiça.

JERÔNIMO:
Mendigo ambicioso!
Quer o que não existe neste mundo?
Nem na mina mais rica do mundo
Se compra uma onça de justiça!
É uma joia sem preço. Eu lhe digo
Deus prende toda a justiça nas mãos,
E só existe a que vem dele.

PINTOR:
Entendi;
Só Deus me acerta o meu filho matado.

JERÔNIMO:
Seu filho foi assassinado?

PINTOR:
Sim, senhor. Ninguém prezou tanto um filho.

JERÔNIMO:
O que, quanto o teu foi? Isso é mentira
Do tamanho da terra. Eu tive um filho
De quem um só cabelo vale mais
Que dez mil filhos teus. E assassinado.

PINTOR:
Ai, ai, senhor. Mas eu não tinha mais.

126   DRAMATURGIA ELIZABETANA

JERÔNIMO:

Nem eu, nem eu. Mas esse único meu
Era uma legião. Mas tanto faz.
Pra dentro, Pedro e Jaques. Vá, Isabella,
E esse bom moço aqui e eu
Vamos andar por todo esse pomar
Como leões de quem tiram os filhos.
Pra dentro!

Saem Isabella etc. O Pintor e ele se sentam.

Falemos com sabedoria.
Assassinaram o seu?

PINTOR:

Sim.

JERÔNIMO:

Também.
E como o aceitou? Não está louco?
E não há truques que o fazem aparecer?

PINTOR:

Por Deus que sim.

JERÔNIMO:

É pintor? Sabe pintar uma lágrima, ou um talho, um
gemido, ou um suspiro? Poderia pintar uma árvore como
essa?

PINTOR:

Com certeza já ouviu falar de minha pintura;
o meu nome é Bazardo.

JERÔNIMO:

Bazardo? Por Deus, um homem excelente. Olha aqui,
está vendo? Há de me pintar para a minha galeria, com
suas cores em óleo bem foscas, e me desenhe com menos
cinco anos do que tenho – viu, senhor, deixe cinco
anos sumirem, sumirem como o marechal de Espanha – minha mulher Isabella de pé a meu lado, com
aspecto de falar como meu filho Horácio, que deveria

sugerir isto ou coisa parecida: "Deus o abençoe, meu filho querido."

E a minha mão sobre a cabeça dele, assim; o senhor está vendo? Pode ser feito assim?

PINTOR:

Muito bem, senhor.

JERÔNIMO:

Não, agora preste atenção, senhor. Depois quero que me pinte esta árvore, mas esta mesmo. O senhor sabe pintar um grito lancinante?

PINTOR:

Parecido, senhor.

JERÔNIMO:

Não; teria de gritar; mas tudo bem. Bem, senhor, e pinte um jovem atravessado de lado a lado pelas espadas dos vilões, e pendurado nesta árvore. O senhor sabe pintar um assassino?

PINTOR:

Isso eu garanto, senhor; tenho o molde dos vilões mais notórios que viveram na Espanha.

JERÔNIMO:

Faça pior, bem pior: estique a sua arte, e faça suas barbas da cor da de Judas; e seus cenhos pesados e juntos; repare bem nisso. E então, senhor, depois de um barulho violento, me faça aparecer de camisa, com o manto no braço, e minha tocha na mão, e minha espada levantada, assim: – e com estas palavras: "Que barulho é esse? Quem chama Jerônimo?" Pode ser feito assim?

PINTOR:

Pode, meu senhor.

JERÔNIMO:

Muito bem, senhor; e então me faça sair por caminhos e caminhos, sempre com aspecto perturbado, e meu cabelo levantando a touca de dormir. Que as nuvens cerrem o cenho, faça a lua escurecer, apaguem as estrelas, que os *ventos soprem, os sinos dobrem, a coruja guinche, os sapos coaxem, o relógio bata às doze. E afinal, senhor, a surpresa, um homem pendurado e balançando, balançando, como sabe que o mundo sacode um homem, e eu num instante corto a corda para fazê-lo descer. E olhando para ele, com a vantagem da tocha, descubro que é meu filho Horácio. Aí o senhor poderá mostrar uma paixão, aí pode mostrar uma paixão! Desenhe-me como o velho Príamo de Troia, gritando "A casa está em chamas, a casa está queimando, com a tocha sobre a minha cabeça!" E me faça praguejar, me faça esbravejar, me faça louco, me faça bem de novo, me faça maldizer o inferno, invocar o céu, para no fim me deixar num transe – e assim por diante.*

PINTOR:

E é esse o fim?

JERÔNIMO:

Ah, não, não há fim; o fim é morte e loucura! Eu nunca me sinto bem senão quando estou louco; então me parece que eu sou um sujeito impressionante, que faz maravilhas; mas a sanidade me ataca, e aí só há tormento e inferno. No final, senhor, me faça encontrar um dos assassinos, e mesmo que fosse forte como Heitor, eu o estraçalhava assim, e o arrastava aí, para cima e para baixo.

(Ele bate no Pintor até sair de cena, depois volta com um livro na mão.)

Cena 13

A Casa de Jerônimo.
Entra Jerônimo com um livro na mão.

JERÔNIMO:

Vindicta mihi![13]
O céu há de vingar todos os males;
E nem deixa sem paga o assassinato.
Calma, Jerônimo, espera sua vontade:
Pois não cabe ao mortal marcar a hora!
"Per scelus semper tutum est sceleribus iter"[14]!
Golpeia forte, quando te fazem mal;
Pois males são condutores do mal,
E a morte é a pior resolução.
Quem pensa em lutar com paciência
Por vida calma, vê a vida podada. –
"Fata si miseros juvant, habeas salutem;
Fata si vitam negant, habes sepulchrum"[15];
Se o destino atenua tua miséria,
Terás saúde e serás feliz;
Se o destino te nega a vida, Jerônimo,
Tu terás a certeza de um túmulo;
Se nenhum dos dois, este é o teu consolo:
O céu cobre o que não tem seu enterro.
Pra concluir, eu vingarei sua morte!
Mas como? Não como pensa um qualquer,
Com males claros, mas inevitáveis,
Em segredo, mas seguindo certo meio
Que é melhor oculto na bondade.
O sábio toma a oportunidade,

---

13 A vingança é minha!
14 O caminho seguro para mais crimes é sempre pelo crime.
15 Ação resoluta pode, na pior, acabar em morte (os versos seguintes fornecem a tradução).

130 DRAMATURGIA ELIZABETANA

E ajusta, seguro, coisa e hora.
Mas nas grandes vantagens não há hora;
E assim nem sempre é hora de vingança.
Portanto eu me repouso sem repouso,
Parecendo estar quieto quando inquieto,
Sem parecer que eu sei das vilanias,
Com este ar simples os fazendo pensar
Que, ignorante, deixo tudo passar;
Pois ignorância, eu sei, e eles sabem,
Remedium malorum iners est.[16]
Não me adianta nada ameaçá-los
Pois como tempestade na planície
Com a sua nobreza me derrubam.
Não, não Jerônimo, é preciso guardar
Seus olhos pra observar, e a sua língua
Para falas mais doces do que sente,
O coração pra paciência, e as mãos
Pra tirar o chapéu enquanto ajoelha,
Até vingança saber quando, onde, como.

Um ruído, fora.

Que barulho é esse? É perturbação?

Entra um criado.

CRIADO:
Está aí um bando de pedintes,
Que, importunos, pedem-lhe o prazer
De ajudar suas causas junto ao rei.

JERÔNIMO:
Que eu apoie as suas várias causas?
Deixe-os entrar, quero ver como são.

Entram Cidadãos e um Velho.

---

16 É um remédio tolo para os males.

THOMAS KYD: A TRAGÉDIA ESPANHOLA

1º CIDADÃO:

Eu lhes digo que, por saber e leis
Não há um só advogado na Espanha
Que saiba persuadir, ou lute mais
Que ele, se persegue a equidade.

JERÔNIMO:

Cheguem mais perto, os que me importunam –
(*À parte.*) E, agora, cara de seriedade;
Sempre o fiz, antes de ser marechal,
Agindo em causas de corregedor.
senhores, qual o assunto?

2º CIDADÃO:

Uma ação.

JERÔNIMO:

De assalto?

1º CIDADÃO:

De dívida a minha.

JERÔNIMO:

É maior.

2º CIDADÃO:

Não, senhor, a minha é ação de caso[17].

3º CIDADÃO:

A minha é *ejectione firmae* de aluguel.

JERÔNIMO:

Calma, senhores; estão resolvidos
Que os represente nessas várias causas?

1º CIDADÃO:

Sim, senhor. Eis minha declaração.

2º CIDADÃO:

Eis minha assinatura.

3º CIDADÃO:

E o meu contrato.

---

17 Uma ação para compensação de males não previstos na lei.

JERÔNIMO:

E por que fica mudo aquele tolo,
Com os olhos tristes e as mãos pro céu?
Chegue aqui, pai; qual é a sua causa?

VELHO:

Senhor, minha causa desconhecida
Pode tocar guerreiros Mirmidões.
E derreter com pranto os montes corsos.

JERÔNIMO:

Mas diga, pai, qual é a sua causa?

VELHO:

Não, senhor; se pudessem minhas dores
Dar lugar a palavras de aflição,
Não poderia então, como aqui vê,
Fazer com tinta o que o sangue me fez.

JERÔNIMO:

O que é isto? "A humilde petição
De Dom Bazulto pelo filho assassinado."

VELHO:

É isso, senhor.

JERÔNIMO:

Não; assassinado foi o meu filho;
Meu filho, ai, meu filho, meu Horácio!
Mas meu, ou seu, Bazulto, fique calmo,
Tome o meu lenço pra enxugar seus olhos,
Enquanto eu, desgraçado, em sua dor
Vejo o retrato deste eu que morre.
(*Ele puxa um lenço ensanguentado.*)
Não, este não; Horácio esse era teu;
Quando o manchei, no teu querido sangue,
Fez-se uma jura entre tu e eu,
Que a tua morte seria vingada.
Mas toma este e este – que é da minha bolsa? –
E este, e mais este, são todos seus;
Pois nossas dores extremas são uma.

THOMAS KYD: A TRAGÉDIA ESPANHOLA

1º CIDADÃO:

Ah! Vejam a bondade de Jerônimo!

2º CIDADÃO:

A gentileza o mostra um gentil-homem.

JERÔNIMO:

Vê, vê, vê a tua vergonha, Jerônimo!
Vê tu aqui um pai que ama o filho!
O que ele faz pela morte de seu filho!
Se amor nos faz lutar por pouca coisa,
Se amor afeta assim mentes menores,
Se amor se expressa assim em posses poucas,
Jerônimo, quando um mar irado,
Batido por maré e vento, abate
As curvas altas e protege as ondas,
E águas menores laboram no fundo[18],
Não te envergonha, Jerônimo, esquecer
Da doce vingança do teu Horácio?
Se não se encontra justiça no mundo,
Desço ao inferno, e em minha paixão
Quebro as portas da corte de Plutão,
Tomando à força, como fez Alcides,
Uma tropa de Fúrias e vis Bruxas
Pra torturar Dom Lorenzo e o resto.
E, pra que o porteiro de três cabeças
Não me negue acesso à praia lodosa,
O poeta trácio hás de copiar.
Venha, meu velho pai, ser meu Orfeu,
E se não sabe tirar notas da harpa,
Soa a carga de dor que traz no peito,
Até que a nós Prosérpina conceda
Vingança contra quem matou meu filho.
Então eu hei de assim dilacerá-los,

18 Passagem difícil de um texto por demais problemático. Esses quatro versos
formam um dos principais problemas de um texto cheio de defeitos. Nenhuma das
explicações sugeridas por estudiosos conseguiu realmente esclarecê-lo.

134 DRAMATURGIA ELIZABETANA

Dos membros tirarei partes com os dentes
(*Ele rasga os papéis.*)

1º CIDADÃO:
Ai, senhor, minha declaração!

Sai Jerônimo, e eles atrás.

2º CIDADÃO:
Salve o meu documento!

Voltam Jerônimo e os outros.

2º CIDADÃO:
Salve meu documento!

3º CIDADÃO:
Meu contrato! Custou-me dez libras.
E o senhor o rasgou todo.

JERÔNIMO:
Não pode ser. Nunca feri ninguém.
Não se vê uma só gota de sangue!
Como poderia tê-los matado?
Nada disso, peguem-me se puderem.

Saem todos menos o Velho.
Bazulto fica até Jerônimo voltar e, olhando bem no rosto de Bazulto, fala.

JERÔNIMO:
Tu voltaste, Horácio, das profundezas,
Para pedir justiça aqui na terra,
Dizer ao pai que não foste vingado,
Tirar mais pranto dos olhos da mãe,
Cujo brilho se apaga com lamentos?
Volta, filho, queixa-te a Éaco;
Aqui não há justiça. Vá, meu filho,
A justiça foi banida da terra:
Jerônimo irá acompanhá-lo.
Sua mãe invoca o justo Radamanto

THOMAS KYD: A TRAGÉDIA ESPANHOLA

Pra vingança contra seus assassinos.

VELHO:

De onde jorram, senhor, tais falas tontas?

JERÔNIMO:

Mas permita que eu olhe o meu Horácio.
Filho, como mudou com a morte negra!
Sem sentir pena de sua juventude,
Prosérpina deixou sua rubra face
Fosse secada em enrugado inverno?
Está mais velho que seu pai, Horácio.
Fado insano, que faz isso à beleza!

VELHO:

Meu senhor, eu não sou seu filho jovem.

JERÔNIMO:

Não é meu filho? Então é uma Fúria.
Vinda do reino da noite vazia
Que me chamou para eu comparecer
Perante o triste Minos e o justo Radamanto
Pra torturar esse remisso Jerônimo,
Que não busca vingar Horácio morto.

VELHO:

Sou um homem sofrido, não fantasma,
Que busca justiça pelo filho morto.

JERÔNIMO:

Eu sei quem é, já que falou do filho.
É a imagem viva do meu sofrimento;
No seu rosto, eu posso ver minha dor.
Olhos gastos de pranto, faces pálidas,
Testa agitada, seus lábios resmungam.
Um murmúrio de palavras quebradas
Pelo vento dos suspiros do espírito;
Toda essa dor se aflora por seu filho:
É a mesma que eu sinto por meu filho.
Entre, Velho; tem de ver Isabella.
Apoie-se em meu braço, e eu no seu.

136   DRAMATURGIA ELIZABETANA

Nós três vamos cantar uma canção,
De três partes, mas todas discordantes –
Não se fala em acorde, porque a corda
É que matou Horácio. Agora, vamos.

Saem.

Cena 14

A Corte da Espanha
Entram o Rei da Espanha, o Duque, o Vice-rei, Lorenzo, Baltasar,
Dom Pedro e Bel-Impéria.

REI:
Irmão, a causa é do Duque de Castela;
Saúde o Vice-Rei por mim.

CASTELA:
'Stá certo.

VICE-REI:
E vá, Dom Pedro, pelo seu sobrinho
Saudar o Duque de Castela.

DOM PEDRO:
Assim farei.

REI:
Encontremos agora os portugueses:
Pois o que somos hoje, foram eles,
Grandes reis das Índias Ocidentais.
Bem-vindo, Vice-Rei, à nossa corte,
E bem-vindo também o honrado séquito!
Sabemos o motivo por que vêm,
Cruzando assim tão regiamente os mares:
O bastante pra servir-nos qual prova
Do amor mais que elevado em que nos tem.
E por isso a minha honrada sobrinha

THOMAS KYD: A TRAGÉDIA ESPANHOLA

(O que parece hoje já ser sabido)
'Stá ora prometida a Baltasar:
E, tratado com a nossa permissão,
Amanhã eles devem se casar.
Para esse fim aqui o recebemos,
E a todos, pra seu prazer, nossa paz.
Homens de Portugal, 'stá bem assim?
Se estiver ou não, por favor falem.

VICE-REI:

Famoso Rei, não venho, como pensa,
Com homens que hesitam ou têm dúvidas,
Mas com os que leram suas exigências,
As aprovam e me deixam satisfeito.
Saiba, Rei, vim para solenizar
As bodas de sua amada sobrinha,
Bela Bel-Impéria, com meu Baltasar, –
Contigo, filho; a quem, vivo, eu vejo,
E dou minha coroa. A ti e a ela;
A quem eu peço vida solitária
De incessantes orações,
Dando graças aos céus por preservar-te.

REI:

Veja, irmão, como a natureza o afeta!
Venha, grande Vice-Rei, e acompanhe
Seu amigo em emoções tão raras;
Onde cabem as emoções de príncipes.

VICE-REI:

Aqui ou onde Sua Alteza quiser.

Saem todos menos Castela e Lorenzo.

CASTELA:

Fica, filho; quero falar contigo.
Vês como se divertem esses reis?

LORENZO:

Vi, senhor; me regozijei com eles.

CASTELA:

E sabes o motivo desse encontro?

LORENZO:

Por ela, senhor, que Baltasar ama,
E confirmar o enlace prometido.

CASTELA:

E ela é sua irmã?

LORENZO:

Quem, Bel-Impéria?
É, meu bom senhor, e este é o dia
Que eu tenho esperado para ver.

CASTELA:

Não gostarias que uma falta tua
Interceptasse essa felicidade?

LORENZO:

O céu não deixa Lorenzo errar tanto.

CASTELA:

Escuta então, Lorenzo, o que te digo:
É suspeitado e até comentado
Que tu, Lorenzo, ofendeste Jerônimo,
E que, quando ele apela para o rei
Tu o impedes, e procuras cortá-lo.

LORENZO:

Que eu, senhor?....

CASTELA:

Eu mesmo, filho, já o ouvi dizer.
Quanto eu, lamento, já senti vergonha
De responder por ti, mesmo meu filho.
Lorenzo, tu não sabes quanto amor
E bondade já conquistou Jerônimo
Por seus méritos na corte espanhola?
Ou não percebe o que meu irmão rei
Faz por ele e por mantê-lo saudável?
Lorenzo, não oponhas suas paixões,
Nem clames contra ele junto ao rei.

THOMAS KYD: A TRAGÉDIA ESPANHOLA

Que honra viria dessa assembleia,
Que escândalo não é, para esses reis,
Ouvir Jerônimo a te acusar?
Diz-me – e trata de dizer verdade –
Qual a base pro que se diz na corte?

LORENZO:
Senhor, Lorenzo não tem o poder
Pra calar a língua vulgar do povo.
Até riacho rompe uma represa,
E não há homem que contente a todos.

CASTELA:
Eu mesmo já te vi ao impedir
Que ele suplicasse junto ao rei.

LORENZO:
O senhor mesmo já viu seus desmandos,
Que calham mal na presença do rei:
Por dele me apiedar em sua dor,
Eu o afastei, com toda a cortesia,
Tão livre de malícia com Jerônimo
Quanto para minh'alma.

CASTELA:
Então Jerônimo compreendeu mal.

LORENZO:
Senhor meu pai, acredite que sim.
Porém o que um homem tolo e insano
Há de pensar, com o filho assassinado?
É muito fácil, ai, que ele erre!
Mas, pra satisfação dele e do mundo,
Seria bom, pra Jerônimo e pra mim,
Que, explicando, nos reconciliássemos.

CASTELA:
Lorenzo, disse bem; e assim farei.
Um de vocês, vá e chame Jerônimo.

Entram Baltasar e Bel-Impéria.

BALTASAR:

Vem, Bel-Impéria, amor de Baltasar,
Meu consolo na dor, felicidade
Que o céu determinou que fosse a minha:
Limpa essas nuvens de olhar melancólico
Clareia-as com seus olhos solares,
Minha esperança e beleza celeste.

BEL-IMPÉRIA:

Meu aspecto, senhor, qual meu amor,
Recém-nascidos, não podem brilhar muito.

BALTASAR:

Chamas novas devem brilhar quais sóis.

BEL-IMPÉRIA:

Mas não demais, pro calor não matá-las.
Lá vem meu pai.

BALTASAR:

Verdade, meu amor;
Eu vou saudá-lo.

CASTELA:

Bem-vindo, Baltasar.
Bem-vindo, imagem da paz de Castela!
Bem-vinda, Bel-Impéria! Como está?
Por que assim tristonha vem saudar-nos?
Fique contente; eu estou satisfeito.
Não é como quando Andrea vivia;
Isso já esquecemos e perdoamos,
E a senhora já tem melhor amor. –
Mas, Baltasar, 'stá vindo aí Jerônimo;
Quero ter uma palavra com ele.

Entram Jerônimo e um empregado.

JERÔNIMO:

Onde está o duque?

EMPREGADO:

Ali.

JERÔNIMO:

    É mesmo.

    Que novidades acha que inventaram?

    Pocas palabras! Quieto qual carneiro!

    Eu é que vou vingar? Não, não sou esse.

CASTELA:

    Bem-vindo, Jerônimo.

LORENZO:

    Bem-vindo, Jerônimo.

BALTASAR:

    Bem-vindo, Jerônimo.

JERÔNIMO:

    Por Horácio eu agradeço, senhores.

CASTELA:

    Jerônimo, a razão de o ter chamado

    Para falar-lhe é esta.

JERÔNIMO:

    O que, tão breve?

    Então me vou, e dou graças por isso.

CASTELA:

    Fique, Jerônimo. Vai chamá-lo, filho.

LORENZO:

    Jerônimo, meu pai quer lhe falar.

JERÔNIMO:

    Comigo, senhor? Eu pensei que o senhor

    havia acabado tudo.

LORENZO:

    Não. (*À parte.*) Quem dera houvesse!

CASTELA:

    Jerônimo,

    O vejo aborrecido com meu filho,

    Porque não teve acesso junto ao rei;

    E diz que ele impediu-o no seu preito.

JERÔNIMO:

    E não é coisa miserável isso?

142   DRAMATURGIA ELIZABETANA

CASTELA:

    Senhor, espero que não tenha causa,
    E é triste que alguém com os seus méritos
    Jamais pudesse suspeitar meu filho,
    Lembrando o que eu penso do senhor.

JERÔNIMO:

    O seu filho Lorenzo? Quem, senhor?
    A esperança da Espanha, honrado amigo?
    Deixe que eu lute contra eles, se ousarem.
    (*Puxa da espada.*)
    Encontro, cara a cara, o que falou!
    São falas escandalosas de quem
    A mim não ama, e odeia o meu senhor.
    Suspeitar que Lorenzo impediria
    Minha causa, se tanto amou meu filho?
    Senhor, é vergonha isso ser dito.

LORENZO:

    Jerônimo, eu jamais lhe dei motivo.

JERÔNIMO:

    Caro senhor, eu sei que nunca deu.

CASTELA:

    Então ora basta
    E para dar satisfação ao mundo
    Jerônimo, frequente a minha casa,
    De Cipriano, Duque de Castela;
    E quando quiser use a mim e meu filho.
    E ora, diante do príncipe e de mim,
    Abracem-se, e sejam muito amigos.

JERÔNIMO:

    E com prazer, senhor, o faço.
    Amigos, disse? Amigo, aqui, de todos:
    E mais que todos seu, doce senhor;
    Por muitas causas é justo sermos
    Muito amigos; o mundo tem suspeitas;
    Há os que pensam o que nem imaginamos.

THOMAS KYD: A TRAGÉDIA ESPANHOLA 143

BALTASAR:
Isso é gesto de amizade, Jerônimo.

LORENZO:
Eu só quero que esqueça velhas queixas.

JERÔNIMO:
E o que mais? Não fazê-lo é que é vergonha.

CASTELA:
Vamos, Jerônimo, e o meu pedido
É que nos faça companhia hoje.

Saem todos, menos Jerônimo.

JERÔNIMO:
Sua Senhoria ordena. – Pah! Siga o seu
caminho:
Chi mi fa più carezze che non suole,
Tradito mi ha, o tradir mi vuole[19].
(*Sai.*)

CORO

Entram Fantasma e Vingança.

FANTASMA:
Desperta Ericto![20] Desperta, Cérbero![21]
Chama Plutão, gentil Prosérpina[22],
Ao combate, Aqueronte e Erebo!
Nunca, no inferno, junto a Styx e Flegeton[23],
o não atravessado Caronte em lagos de fogo,
Tristes visões que vê o pobre Andrea.
Vinguem! Despertem!

VINGANÇA:
Desperta por quê?

19 Quem me faz mais carinhos do que costuma, ou me traiu ou quer me trair.
20 Referência a Ericteu ou Erictiono, figuras mitológicas sempre confundidas.
21 Cão de três cabeças que guarda a entrada do mundo inferior, ou inferno.
22 Rei e rainha dos infernos; ele filho de Cronos, ela de Zeus
23 O texto é defeituoso, essas emendas, arbitrárias e incertas.

FANTASMA:

Desperta, Vingança! Segues maus conselhos!
Dormes quando alertada pra guardar!

VINGANÇA:

Contente-se, não me incomode mais.

FANTASMA:

Desperta, Vingança – se é que o amor ainda...
Tem poder pra prevalecer no inferno!
Jerônimo se ligou ora a Lorenzo
E impede a passagem da Vingança.
Desperta, Vingança, ou nos perdemos!

VINGANÇA:

Os do mundo erigiram o sonhado.
Mas contente-se, Andrea; embora durma
Meu espírito lhes solicita as almas.
Que lhe baste saber que o pobre Jerônimo
Não consegue esquecer o filho Horácio.
E nem morre a Vingança porque dorme;
Pois quieta, ela finge a tranquilidade.
E cochilar é um truque bem mundano.
Veja, Andrea, o meu exemplo de agora,
A Vingança dormiu, mas imagine só
O que é ficar sujeito ao destino.

Entra uma pantomima.

FANTASMA:

Acorda, Vingança; explica o mistério.

VINGANÇA:

As primeiras tochas nupciais rebrilham,
Mas depois dela corre Himen depressa,
Vestido em zibelina e açafrão,
E sopra, apagando-as com sangue,
Descontente com esse correr das coisas.

FANTASMA:

Já basta. Eu compreendi o sentido

Sou grato a ti e aos poderes do inferno
Que não aturam dor de apaixonado.
Descansa, que eu observo o teu repouso.

VINGANÇA:
Não discuta, pois já tem o seu pedido.

Saem.

Ato IV
Cena 1

O Palácio de Castela.
Entram Bel-Impéria e Jerônimo

BEL-IMPÉRIA:
É esse o amor que nutre por Horácio?
Esse o sofrimento que tem fingido?
Esses os frutos de incessantes lágrimas?
Jerônimo, são essas as paixões,
Os protestos e lamentos profundos
Com que costumava cansar os homens?
Pai insensível! Oh, mundo enganador!
E que desculpas pode apresentar
Pra tal desonra e o ódio dos homens,
Por esquecer assim a perda e a vida
De quem as minhas cartas e sua fé
Provavam o assassinato sem causa!
Jerônimo, que vergonha, Jerônimo,
Não seja esta a história, no futuro,
Que possam contar mães de igual fado!
Ou pais monstruosos, que esquecem logo
Daqueles mortos a quem caberia
Cuidado, mas perderam por descuido.
Eu mesma, estranha em respeito a si,

O amei em vida, e quero a morte deles.
Sua morte não deixo de vingar,
Embora eu aja como pede a moda;
E aqui eu juro, ante o céu e a terra,
Que se o senhor esquece o amor devido,
Deixa pra lá, e não planeja mais,
Eu mando as suas almas para o inferno,
Planejo sua queda e morte horrenda.

JERÔNIMO:

Será possível que essa Bel-Impéria
Jure as mortes de que agora fala?
Se sim, eu vejo o céu pra nós abrir-se,
E os santos todos pleiteando juntos
Vingança pros malditos assassinos.
Senhora, se é verdade, como eu creio,
Recebi uma carta com seu nome,
Na carta o modo da morte de Horácio.
Perdão! Ah, me perdoe, Bel-Impéria,
Meu temor e cuidado em não crê-la;
Nem pense que não penso só em meios,
De deixar sem vingança uma tal morte.
Aqui juro – Se me dá permissão,
E oculto o resolvido –
Em breve resolver as suas mortes
Que sem causa assassinaram meu filho.

BEL-IMPÉRIA:

Jerônimo, eu concordo que oculte,
E no que possa eu ao senhor valer,
Hei de juntar-me à vingança de Horácio.

JERÔNIMO:

Então, a tudo o que eu imagine
Eu lhe peço que cumpra o que lhe digo,
Pois na cabeça tenho o plano pronto.
Aí vêm eles.

Entram Baltasar e Lorenzo.

BALTASAR:

> Diga cá, Jerônimo,
> Faz corte a Bel-Impéria?

JERÔNIMO:

> Sim, senhor;
> Uma corte em que, isso eu lhes prometo,
> Tem o meu coração, como ela o seu.

LORENZO:

> Porém, Jerônimo, agora ou nunca
> Temos de pedir o seu auxílio.

JERÔNIMO:

> Meu?
> Meus bons senhores, 'stou a seu serviço.
> Pra isso me deram causa – Se deram!

BALTASAR:

> Por favor, pra entreter o embaixador,
> Serviu ao Rei montando um espetáculo.
> Se ora sua sala estivesse equipada
> Que, pra agradar sua primeira noite,
> Possa entreter meu pai e outros com ele
> Co' atividade igualmente agradável,
> Garanto que os faria bem contentes.

JERÔNIMO:

> Só isso?

BALTASAR:

> Sim, só isso.

JERÔNIMO:

> Então o atenderei. Não diga mais.
> Quando era jovem, entreguei a mente
> E trabalhei com a estéril poesia;
> Que mesmo sem agradar a meu mestre
> Agradou bem passavelmente o mundo.

BALTASAR:

> Como foi?

JERÔNIMO:

    Ora, meu senhor, foi mesmo:
    Creio que está brincando conosco –
    Quando eu era estudante, em Toledo,
    Por acaso escrevi uma tragédia.
    Vejam aqui, senhores...
    (*Ele lhes mostra um livro.*)
    Que, esquecido, achei no outro dia.
    Se os senhores quiserem conceder-me
    A honra de atuarem como intérpretes –
    Eu digo, cada um com um papel –
    Garanto que há de ser bem mais que estranho,
    Mas plausível, o mostrado à plateia.

BALTASAR:

    O quê? Nos quer atores na tragédia?

JERÔNIMO:

    Pois Nero não achava desrespeito
    Reis e imperadores divertir-se
    E pôr à prova seus talento em cena.

LORENZO:

    Não se ofenda com isso, bom Jerônimo;
    O príncipe só fez uma pergunta.

BALTASAR:

    Verdade, Jerônimo; e se fala sério,
    Serei um seu ator.

LORENZO:

    E eu um outro.

JERÔNIMO:

    Bom, senhor, e será que conseguia
    Que sua irmã, Bel-Impéria, também fosse?
    O que vale uma peça sem mulher?

BEL-IMPÉRIA:

    Não é preciso pedir muito, Jerônimo;
    Tenho de tomar parte em sua peça.

THOMAS KYD: A TRAGÉDIA ESPANHOLA

JERÔNIMO:
      Muito bem. Lhes digo, jovens senhores,
      Foi escrita para ser interpretada
      Por cavalheiros e por eruditos,
      Pra saberem do que falam.

BALTASAR:
      E agora
      Será por príncipes e cortesãos,
      Que sabem muito bem o que eles dizem:
      Mas se houver segundas intenções
      É melhor que nos explique o enredo.

JERÔNIMO:
      Eu já conto. Nas crônicas da Espanha
      Está escrito que um cavaleiro em Rhodes
      Estava noivo e, com o tempo, casou-se
      Com Perseda, uma dama italiana,
      Cuja beleza a todos conquistava,
      E mais a alma de Soliman,
      Conviva principal do casamento.
      Por vários meios buscou Soliman
      Ganhar Perseda, mas não conseguia.
      E um dia revelou sua paixão
      A um paxá, um seu amigo querido.
      O paxá, que a havia cortejado,
      Sabia que ela só seria ganha
      Se morresse o marido, o tal de Rhodes,
      A quem logo matou, traiçoeiramente.
      Ela, por isso tomada de ódio,
      Por essa causa matou Soliman,
      E pra escapar do tirano paxá,
      Também matou-se. Essa é a tragédia.

LORENZO:
      Excelente!

BEL-IMPÉRIA:
>Mas diga-me, Jerônimo,
>Que aconteceu depois com o tal paxá?

JERÔNIMO:
>Roído de remorsos por seus crimes
>Enforcou-se, num topo de montanha.

BALTASAR:
>E qual de nós fará esse papel?

JERÔNIMO:
>Esse sou eu, senhor, não tenha dúvida;
>Garanto que serei o assassino,
>Pois é coisa que já concebi.

BALTASAR:
>Que farei eu?

JERÔNIMO:
>O turco Soliman, o imperador.

LORENZO:
>E eu?

JERÔNIMO:
>Erasto, o *cavaleiro* de Rhodes.

BEL-IMPÉRIA:
>E eu?

JERÔNIMO:
>Perseda, casta e resoluta.
>E os nobres, aqui, vários papéis,
>Cada um deve marcar seu papel,
>E interpretá-lo, no momento certo.
>O senhor tem de achar um chapéu turco,
>Bigode preto e uma cimitarra.
>(*Dá um papel a Baltasar.*)
>O senhor, uma cruz de cavaleiro
>(*Dá outro a Lorenzo.*)
>E a senhora deve se trajar
>(*Dá outro papel a ela.*)
>Qual Flora, Febe ou a caçadora,

THOMAS KYD: A TRAGÉDIA ESPANHOLA

A que por seu bom gosto há de escolher.
Quanto a mim, senhores, vou criar,
E o resgate que deu o Vice-Rei,
Vou adornar e atuar na tragédia
De tal modo que hão de dizer Jerônimo
Foi generoso e talentoso aqui.

BALTASAR:
Jerônimo, eu prefiro uma comédia.

JERÔNIMO:
Comédia?
Ora, vamos! Comédia é pr'um qualquer;
Mas aqui na plateia há realeza,
Temos de ter a imponente tragédia;
Tragoedia Cothurnata é para reis,
De tema denso, não que o povo fez.
Senhores, tudo isso é encenado
Segundo a noite que se comemora.
Os trágicos italianos são tão bons
Que, com a meditação de uma hora,
Já interpretam o que quer que seja.

LORENZO:
É bem possível, pois eu vi o mesmo,
Em Paris, entre os trágicos franceses.

JERÔNIMO:
Em Paris? Pela missa, é bem lembrado!
Ainda resta uma coisa, para todos.

BALTASAR:
O que, Jerônimo? Não esqueça nada.

JERÔNIMO:
Todos nós
Temos de falar em língua estrangeira,
Pois isso empresta mais variedade:
O senhor fala latim; eu em grego,
O senhor em italiano. Como sei
Que Bel-Impéria estudou francês,

Que fale em tons da alta corte francesa.

BEL-IMPÉRIA:

Quer testar-me a esperteza, Jerônimo?

BALTASAR:

Isso vai resultar em confusão,
É difícil que todos compreendam.

JERÔNIMO:

Tem de ser assim; pois a conclusão
Vai provar que a invenção estava certa:
E mesmo em uma breve oração,
E apresentando um estranho espetáculo,
Que eu vou mostrar atrás de uma cortina,
Garanto que deixo tudo bem sabido;
Tudo acontece em uma cena só,
Já que ninguém sente prazer no tédio.

BALTASAR:

(*para Lorenzo*) Que te parece isso?

LORENZO:

Assim, senhor:
Temos de nos decidir e acalmar os humores dele.

JERÔNIMO:

Vai arranjar o necessário?

LORENZO:

Eu garanto.

Saem todos menos Jerônimo.

JERÔNIMO:

Muito bem:
Vejo assim a queda de Babilônia,
Planejada no céu a confusão.
Se o mundo não gostar dessa tragédia,
Vai ser duro o destino de Jerônimo.
(*Sai.*)

Cena 2

O Jardim de Jerônimo.
Entra Isabella, com uma arma.

ISABELLA:
> E basta! Monstruosos homicídios!
> Se nem piedade e nem crença tocam
> A compaixão ou justiça do rei,
> Eu vou vingar-me, eu, deste lugar,
> Onde mataram o meu filho amado.
> (*Ela corta e derruba a árvore.*)
> Que caiam esses ramos odiosos
> Desse pinheiro infeliz e fatídico!
> Derruba-os, Isabella; estraçalha-os,
> Queima as raízes de onde ele cresceu!
> Não deixo uma raiz, um tronco ou árvore,
> Um galho, uma só flor, ou uma folha,
> Nem erva, no recinto do jardim –
> Malditos cúmplices desta miséria!
> Sem frutos fique sempre este jardim,
> A terra estéril, e infeliz quem pensa
> Em impedir que fique sem cultivo!
> Ventos e ares com barulhos mistos
> Arrebentem as plantas e os brotinhos;
> Na terra empesteada haja serpentes,
> E viajantes, temendo infectarem-se
> Fiquem longe e a olhando digam:
> "Foi morto aqui o filho de Isabel."
> Aqui morreu, e aqui eu o abraço:
> Aqui os ferimentos dele clamam
> Vinguem-se dela, que não me vingou.
> Jerônimo, se apresse em ver seu filho;
> Tristeza e desespero me levaram
> A ouvir Horácio implorar Radamanto.

Depressa, Jerônimo; pra justificar
Tua negligência em buscar as mortes
Daqueles vis que lhe podaram o alento.
Não, tu protelas as mortes dos dois,
Perdoas os assassinos de teu filho,
Só eu me agito – e para nada!
Se a árvore maldigo e quero estéril,
Seja maldito o meu ventre por ele;
E com esta arma eu vou talhar meu seio,
Infeliz seio em que mamou Horácio.
(*Ela se apunhala.*)

Cena 3

O Palácio de Castela.
Entra Jerônimo, que pendura a cortina. Entra o Duque de Castela.

CASTELA:
  Jerônimo, onde estão seus companheiros,
  Que o vejo fazer todo o trabalho?
JERÔNIMO:
  Senhor, é crédito para o autor
  Zelar para que tudo saia bem.
  Mas, senhor, eu imploro a Sua Graça
  Que entregue ao rei essa cópia da peça:
  É o enredo do que vamos mostrar.
CASTELA:
  Pois não, Jerônimo.
JERÔNIMO:
  E uma coisa mais, meu bom senhor.
CASTELA:
  O quê?
JERÔNIMO:
  Eu peço a Sua Graça

THOMAS KYD: A TRAGÉDIA ESPANHOLA

Que após a corte estar na galeria,
Faça o favor de me jogar a chave.

CASTELA:

Assim farei, Jerônimo.

(*Sai.*)

JERÔNIMO:

Como é, já está pronto, Baltasar?
Traga pro rei cadeira e almofada.

Entra Baltasar, com uma cadeira e uma almofada.

Muito bem, Baltasar. Pendure o título.
A cena é em Rhodes. Já botou a barba?

BALTASAR:

Metade. A outra está na mão.

JERÔNIMO:

Depressa, que vexame. Por que demora?

Sai Baltasar.

Pensa bem, Jerônimo.
Concentra-te, e lembra os muitos males
Que teve com filho assassinado,
E o último, não o menor, com Isabel,
Que era mãe dele e tua mulher querida,
Que chorando por ele se matou.
Te cabe então, Jerônimo, vingar-se!
O enredo foi pensado pra vingança;
Cumpre então, Jerônimo, a vingança;
Só falta agora apresentar a vingança!
(*Sai.*)

Cena 4

A Mesma Sala.
Entram o Rei de Espanha, o Vice-Rei, o Duque de Castela, e seus séquitos.

REI:

> Vice-Rei, vai ver agora a tragédia
> De Soliman, o imperador turco,
> Representado por seu filho, o príncipe,
> Meu sobrinho Lorenzo e a sobrinha.

VICE-REI:

> O quê? Bel-Impéria?

REI:

> Sim, e Jerônimo, o marechal,
> A cujo pedido eles se dignaram.
> Tais as festas da corte espanhola.
> Aqui, irmão; há de ser agora o ponto;
> Esta é a trama que nos apresentam.
> (*Ele lhe dá um livro.*)
> Senhores, esta peça de Jerônimo, lida em várias línguas, foi tida como boa para ser anotada em inglês, mais amplamente, para a mais fácil compreensão do público leitor.

Entram Baltasar, Bel-Impéria e Jerônimo.

BALTASAR [como Soliman]:

> Paxá, o céu nos deu a honra de ter Rhodes,
> Como ao nosso sagrado Maomé!
> Caibam a ti todas as excelências
> Que Soliman pode dar, ou tu quereres;
> Mas há mérito menor na conquista
> Que alcançar a bela ninfa cristã,
> Perseda, feliz flama de excelência,
> Cujos olhos fortes imãs que obrigam
> O bravo Soliman a esperar.

REI:

Viu, Vice-Rei, que Baltasar, seu filho,
Representa o Imperador Soliman:
E imita bem estar apaixonado!

VICE-REI:

Ah, foi Bel-Impéria que o ensinou.

CASTELA:

Porque sua mente vive em Bel-Impéria.

JERÔNIMO [como Paxá]:

Sua Alteza tem todos os bens da terra.

BALTASAR [Soliman]:

Não dá a terra o amor de Perseda.

JERÔNIMO [Paxá]:

Que então Perseda esteja a seu serviço.

BALTASAR [Soliman]:

Não serviria a mim, mas eu a ela:
Atraído por sua luz, me entrego.
Que entre meu amigo, o cavaleiro
Erasto, a quem eu quero como à vida,
Pra que ele veja Perseda, o meu amor.

Entra [Lorenzo como] Erasto.

REI:

Aí vem Lorenzo. Veja no enredo,
E me diga, irmão, qual seu papel?

BEL-IMPÉRIA [como Perseda]:

Bem-vindo a Perseda, meu Erasto.

LORENZO [Erasto]:

Triplamente feliz por que ela vive.
Perder Rhodes é nada perto disto,
Se vive Perseda, sua vida sobrevive.

BALTASAR [Soliman]:

Ah, paxá, que amor existe entre Erasto
E Perseda, essa dona da minh'alma.

158 DRAMATURGIA ELIZABETANA

JERÔNIMO [Paxá]:

Remova Erasto, grande Soliman,
E será fácil conquistar Perseda.

BALTASAR [Soliman]:

Meu amigo Erasto, enquanto ele vive
Perseda não altera o seu amor.

JERÔNIMO [Paxá]:

Não viva Erasto, Soliman sofrendo.

BALTASAR [Soliman]:

Caro é Erasto aos olhos de seu príncipe.

JERÔNIMO [Paxá]:

Mas se ele é teu rival, que morra ele.

BALTASAR [Soliman]:

Pois que ele morra! É o amor que ordena.
Mas lamento morrer assim Erasto.

JERÔNIMO [Paxá]:

Erasto, Soliman o saúda,
E por mim o faz saber seu desejo,
Que assim seja o senhor usado.
(*Ele o apunhala.*)

BEL-IMPÉRIA [Perseda]:

Ai! Ai, ai!
Vê, Soliman, foi morto Erasto!

BALTASAR [Soliman]:

Mas vive Soliman pra consolá-la.
Bela rainha, não morra o favor,
Mas com gracioso olhar veja essa dor
Que a beleza em Perseda faz crescer,
Se por Perseda a dor não for curada.

BEL-IMPÉRIA [Perseda]:

Abandone, tirano, a sua corte;
Sou totalmente surda aos seus lamentos,
Qual sem piedade foi seu açougueiro,
Matando o meu Erasto, tão sem mal.
Pensa que o seu poder em tudo manda,

THOMAS KYD: A TRAGÉDIA ESPANHOLA

E que Perseda deve obedecê-lo;
Porém, se ela pudesse, aqui vingava
No senhor suas ações tão traiçoeiras
(*Ela o apunhala.*)
E em si mesma então se vingaria.
(*Ela se apunhala.*)

REI:

Disse bem! Marechal, foi tudo ótimo!

JERÔNIMO:

Bel-Império faz mais que bem Perseda!

VICE-REI:

E se fosse verdade, Bel-Império,
Seria bem melhor para o meu filho.

REI:

Mas o que se segue, para Jerônimo?

JERÔNIMO:

O que se segue para Jerônimo é:
Aqui abandonamos outras línguas
E concluímos com a nossa de sempre.
Acaso pensam – porém sem esperança –
Que essas são contrafações notáveis
Que nós, os trágicos, executamos. –
Morrer hoje, para montar a cena,
A morte de um Ajax ou de um romano,
E em um minuto começar de novo,
Reviver pra agradar nova plateia.
Não, príncipes; saibam que sou Jerônimo,
Pai infeliz de um filho desgraçado,
Que fala pra contar a sua história,
Não para desculpar erros da peça.
Vejo os seus olhos perguntar por quê;
Eis a razão que me instigou a isto!
(*Ele mostra o corpo do filho morto.*)
Eis meu enredo, o meu espetáculo!
Aqui minha esperança, que acabou;

Aqui meu coração, que aqui foi morto;
Aqui o meu tesouro, que eu perdi,
Aqui minha felicidade, finda;
esperança, coração, bem e alegria
Todos se foram, morreram com isto.
Dessas feridas veio alento pra vida;
Me mataram os que assim o marcaram.
A causa, o amor, virou ódio mortal;
Lorenzo odioso e o jovem Baltasar;
O amor de meu filho a Bel-Impéria.
A noite, que acoberta atrozes crimes,
Abafou com silêncio atos traidores,
Deu-lhes a permissão, em seus prazeres,
De aproveitarem-se, no meu jardim,
Do meu filho, o meu querido Horácio.
Impiedosos, trincharam meu menino;
Na negra noite veio a morte pálida.
Ele gritou, eu ouvi – ainda eu ouço –
Seu grito horrendo a reboar no ar.
Corri, assim que pude, pro ruído,
E encontrei pendurado o meu filho,
Mas retalhado e assassinado, assim.
Mas pensam que eu sofri, co' esse espetáculo?
Me diga, Português, com perda igual:
Se puder prantear seu Baltasar
É como eu solucei por meu Horácio.
E o senhor, cujo filho, pazes feitas,
Foi pra armadilha se pensando oculto,
E caçoou comigo, velho insano,
"Que Deus conserte o velho louco Jerônimo!"
Como atura a catástrofe da peça?
E veja aqui o lenço ensanguentado,
Que na morte de Horácio eu molhei
Chorando no rio que sangrava dele:
Vem a propósito; eu o guardei,

Nunca deixou meu coração sangrento,
Lembrança permanente do meu voto
Pra com esses malditos assassinos:
Fiz tudo, e o coração 'stá satisfeito.
Para esse fim eu me fiz de paxá,
Pra me vingar na vida de Lorenzo,
Que pra isso foi encarregado
Do papel do cavaleiro de Rhodes,
E eu poder matá-lo facilmente.
E Baltasar, seu filho, Vice-Rei,
Viveu Soliman, a quem Bel-Impéria,
No papel de Perseda, assassinou;
Só indicada para o papel trágico
Para matar a quem a ofendeu.
Mas Bel-Impéria traiu seu papel:
Pois embora na história ela morresse,
Por bondade e por querê-la bem,
Determinei que o fim seria outro;
Mas o amor a quem odiavam eles,
Levou-a a resolver dessa maneira.
E agora, príncipes, vejam Jerônimo,
Autor e ator na presente tragédia,
Trazer nas mãos o último destino;
E resoluto acabar seu papel
Como todos os que o antecederam.
E assim, senhores, acaba minha peça;
Não falo mais, não há o que dizer.
(*Ele corre para se enforcar.*)

REI:

Mas veja, Vice-rei! Pare, Jerônimo!
Irmão, estão mortos seu filho e meu sobrinho!

VICE-REI:

Fomos traídos! Baltasar 'stá morto!
Abram as portas! Vão salvar Jerônimo.

Entram alguns trazendo Jerônimo.

Jerônimo, fale ao rei de tais eventos;
Eu lhe juro, ninguém lhe fará mal.

JERÔNIMO:

Vice-rei, eu não lhe confio a vida,
Que acabo de oferecer a meu filho.
Maldito infeliz!
Por que impediu quem queria morrer?

REI:

Fale, traidor! Assassino sangrento!
Se o tenho aqui, eu o farei falar.
Por que fez feitos tão imerecidos?

VICE-REI:

Por que assassinou meu Baltasar?

CASTELA:

Por que matou assim os meus dois filhos?

JERÔNIMO:

Que boas palavras!
Tanto me era caro o meu Horácio,
Quanto pra si o seu, o seu e o seu.
Lorenzo matou meu filho sem culpa,
E de Lorenzo e aquele Baltasar
Eu hoje me vinguei inteiramente,
De cujas almas o céu inda se vingue,
Com males bem maiores do que esses.

CASTELA:

Mas quem foi seu confederado nisso?

VICE-REI:

Esse foi sua filha Bel-Impéria,
Por sua mão foi morto Baltasar:
A vi apunhalá-lo.

REI:

E não fala?

THOMAS KYD: A TRAGÉDIA ESPANHOLA 163

JERÔNIMO:

Que menor liberdade dá o rei
Que o silêncio sem culpa. Dê-me-o, então.
É o que basta. Não posso dizer mais.

REI:

Preparem a tortura; é um traidor
Eu o farei falar.

JERÔNIMO:

Verdade?
Pois me torture, qual o filho dele
Me fez, assassinando o meu Horácio;
Jamais me forçará a revelar
O que eu jurei pra sempre inviolável.
Portanto, apesar das ameaças,
Alegram-me suas mortes e a vingança.
Tirem-me a língua, depois o coração.
(*Ele corta a própria língua com os dentes.*)

REI:

Monstruosa solução pr'um desgraçado!
Vice-Rei, preferiu cortar a língua
A revelar o que nós lhe pedimos.

CASTELA:

Mas pode inda escrever.

REI:

E se nisso também não nos atende,
Lhe imaginamos morte mais horrenda
Que jamais se pensou para um maldito.

JERÔNIMO (*ele pede por gestos uma faca para afiar a pena*).

CASTELA:

Ele pede a faca pra afiar a pena.

VICE-REI:

Aqui, e é melhor que escreva o que é verdade.
Ajudem meu irmão! Salvem Jerônimo!

JERÔNIMO (*ele, com a faca, apunhala o Duque e a si mesmo*).

REI:

Quando se viram feitos tão monstruosos?
Meu irmão, e a esperança sucessória
Que tinha a Espanha após minha morte!
Leve daqui o corpo, pra podermos
Chorar a perda de um irmão querido.
Seja enterrado, seja como for.
Sou o próximo, o mais perto, e o último.

VICE-REI:

Dom Pedro, faça o mesmo por nós:
Leve o filho infeliz, tão cedo morto;
E deitem-me com ele, ele comigo,
Junto ao mastro de barco sem comando.
Que o vento e a maré nos leve embora
Pro golfo inquieto onde Cila[24] late,
Ou para o horrível lago de Aqueronte,
Onde eu possa chorar meu Baltasar:
Português não tem refúgio na Espanha.

As trombetas tocam uma marcha fúnebre; o Rei da Espanha, enlutado, atrás do corpo do irmão, e o Rei de Portugal acompanhando o corpo do filho.

CORO

Entram o Fantasma e a Vingança.

FANTASMA:

Minha esperança acaba com o efeito,
Tristes, com sangue, findam meus desejos:
Horácio morto no jardim do pai;
Pedringano matou o vil Serberino,
O falso Pedringano 'stá enforcado;
Isabella por si teve seu fim;
O Duque de Castela e o filho mau

24 Monstro de doze pés e seis cabeças, que ficava esticando os vários pescoços em todas as direções para prender delfins, tubarões ou marinheiros.

THOMAS KYD: A TRAGÉDIA ESPANHOLA 165

Tiveram morte dada por Jerônimo;
Minha Bel-Impéria caiu qual Dido,
E o bom Jerônimo se suicidou:
Tais cenas muito agradam a minh'alma!
Vou implorar à bela Prosérpina
Que, graças ao seu poder principesco,
Eu possa frequentar os meus amigos,
E dar justa vingança aos inimigos.
O amigo Horácio eu guio pelos campos,
Onde a guerra não morre e sempre vibra;
Bela Isabella eu levo pro recanto
Onde chora a piedade, mas sem dor;
À minha Bel-Impéria, alegrias
Que só vestais e rainhas conhecem;
E levo Jerônimo pr'onde toca Orfeu,
Dando prazer a seus dias eternos.
Mas diz,Vingança, que tens de ajudar-me,
Como mostrar meu ódio a todo o resto?

VINGANÇA:

Esta mão os leva ao fundo do inferno,
De fúrias e traidores lar eterno.

FANTASMA:

Então, doce Vingança, é o meu pedido:
Que eu julgue, e os condene ao prometido.
Faz o corvo Titius libertar[25],
Dando a Dom Castela o seu lugar:
Põe Dom Lorenzo na roda de Ixion,
E pare a dor eterna dos amantes
Que Juno esqueça a ira e o alivie;
Pendura Baltasar na má Quimera,
Onde ele chore o seu amor sangrento,
Nos alegrando com seu sofrimento;
Pese a Serberine pedra fatal,

25 Filho da Terra que no inferno tinha o fígado comido por dois corvos, como
punição por ter agredido Leto.

166 DRAMATURGIA ELIZABETANA

Poupe a Sísifo dores sem final;
O falso Pedringano, por traição,
Afunde na fervura do Aqueronte,
Lá viva, em morte sem fim chamuscado,
Blasfemando contra Deus e o sagrado.

VINGANÇA:
Se finda a morte uma miséria assim,
Começa deles tragédia sem fim.

Saem.

CHRISTOPHER MARLOWE

Dois meses mais velho do que Shakespeare, Christopher Marlowe (1564-1593) nasceu a 6 de fevereiro de 1564, filho de um mestre-artífice da guilda dos sapateiros, que mais tarde ocupou vários postos ligados à igreja inglesa, e de uma filha de um clérigo anglicano, o que obviamente pesou para que fosse planejada para o filho uma carreira eclesiástica. Ao crescer, as ideias liberais de Marlowe foram bem contrárias às que dominaram sua infância e, após uma vida acidentada, morreu assassinado aos vinte e nove anos. O manifesto talento do jovem Christopher lhe valeu bolsas de estudo tanto para o mais importante *grammar school* de Canterbury, o King's School, como para a Universidade de Cambridge, à qual foi admitido em 1581, no Corpus Christ College, popularmente conhecido como Bennet's College. No caso da universidade, a bolsa, concedida sob os auspícios do fundo legado por Matthew Parker, antigo arcebispo de Canterbury (1559-1575), seria por seis anos se ele resolvesse tomar ordens e se dedicar a uma carreira eclesiástica ou três, se ambicionasse outra atividade. Mesmo que obviamente não tivesse a menor intenção de viver uma vida religiosa, Marlowe

170   DRAMATURGIA ELIZABETANA

ficou os seis anos em Cambridge, cumprindo não só todas as exigências para o bacharelado (B.A. 1584) mas também para o mestrado. Para tanto ele estudou teologia, as características da igreja inglesa, as obras dos grandes teóricos do cristianismo, mas também, além de grego e latim, francês, adquirindo, ainda, noções básicas de direito e medicina.

Na hora de receber o título de mestre, no entanto, a universidade hesitou em conceder-lhe o título, tantas e tão prolongadas tinham sido suas ausências no último ano do curso. Um dos primeiros mistérios a respeito da vida de Marlowe tem a ver com uma carta formal do Conselho Privado da rainha Elizabeth I, com ordens para que o título fosse concedido a Marlowe, já que as comprometedoras ausências foram devidas à prestação de grandes e graves serviços à coroa (M.A. 1587).

Ao deixar a universidade, Marlowe já era conhecido como poeta e tinha escrito a peça perdida *The Tragedy of Dido, Queen of Carthage* (A Tragédia de Dido, Rainha de Cartago) e, possivelmente, a primeira parte de *Tamerlão*, montada com imenso sucesso em 1587.

Marlowe é o mais famoso e importante membro do grupo conhecido como *the university wits*, jovens de origens modestas mas formados em Oxford ou Cambridge, que viram no teatro um fantástico caminho para dinheiro e fama em pouco tempo. Ele escreveu suas peças para a companhia do Lord Admiral's Men, cujo primeiro ator era Edward Alleyn.

O primeiro e extraordinário sucesso de Marlowe nos palcos londrinos foi com *Tamburlaine* (Tamerlão), que ele escreveu em duas partes, sendo a primeira, aqui publicada, a única que ficou definitivamente consagrada na história da dramaturgia inglesa. Ambas as partes foram publicadas em 1588; a primeira foi novamente publicada em 1590, 1597, 1602-1603 (o último número está borrado na única cópia conhecida) e 1605, sendo depois publicada novamente apenas duzentos e poucos anos mais tarde.

O nome do autor não aparece em nenhuma dessas edições da época, todas em octavo, e nem há referências da época

CHRISTOPHER MARLOWE

ligando o nome de Marlowe às peças. O estudo do próprio texto, no entanto, quando comparado a seus poemas conhecidos, depõe fortemente em favor da autoria e, a não ser por um breve período no início do século XIX, é unânime o reconhecimento de Marlowe como autor. Uma frase em *Perimida*, um texto de Robert Greene, registrado em 1588, parece referir-se à passagem da Segunda Parte de *Tamerlão*, "ousando tirar Deus do céu com aquele Ateu *Tamerlão*", o que confirma a composição da Primeira Parte em 1587.

Ao deixar a universidade, em lugar de tomar ordens e se dedicar a uma carreira na igreja anglicana, Marlowe foi para Londres e lá, dando largas a seu temperamento inquieto e a sua mente brilhante, levou uma vida de farras e brigas tanto nas ruas quanto nas tavernas onde encontrava temperamentos condizentes com o seu, e possivelmente em algumas tarefas a serviço de Walsingham, o chefe da espionagem inglesa. Sua carreira durou apenas seis anos, durante os quais se viu por várias vezes em problemas com a lei. Em 1589, ele foi acusado de ter assassinado William Bradley, e passou duas semanas na prisão de Newgate. Duas semanas mais tarde, quando foi julgado, acabou inocentado, tendo sido confirmado que seu amigo Thomas Watson é que fora o real assassino, em uma briga que envolvera os três. Em 1592, ele foi novamente levado diante de um tribunal, por uma séria discussão com as autoridades em Shoreditch, a área ocupada por vários teatros, onde morava. Esses tropeços com a lei são na verdade a única fonte que se tem a respeito de sua vida fora da universidade.

O último encontro de Marlowe com a lei foi o mais sério, quando ele se viu acusado de ateísmo e impiedade, faltas gravíssimas na época. Thomas Kyd, com quem ele compartilhava a moradia, foi preso e ele mesmo acusado de ateísmo, graças a uma série de documentos encontrados quando o local onde morava foi vasculhado. Sob tortura, Kyd admitiu que os documentos pertenciam a Marlowe, porém as mais graves acusações, talvez encomendadas, foram feitas por um informante de má fama. Richard Bains declarou ter consigo notas feitas por Marlowe para uma "conferência ateísta", que deveria ser proferida para o grupo de livres pensadores chefiado por sir Walter Raleigh (que, por fim, foi mandado para a Torre de Londres por muitos anos). O caso começou efetivamente a ser julgado em maio de 1593, mas, apesar de seus pensamentos e desmandos, Marlowe foi inocentado; ele tinha amigos importantes, principalmente Thomas Walsingham, parente do chefe da espionagem da corte, sir Francis Walsingham, provavelmente responsável pelos "grandes serviços à coroa", que justificaram suas ausências e conseguiram que ele recebesse seu M.A. em Cambridge.

Nem o perigo passado nesse processo levou Marlowe a uma vida mais calma. No dia 30 de maio de 1593, logo depois, portanto, de ter sido inocentado, Marlowe foi passar o dia em uma taverna em Deptford. Estavam com ele três amigos; Ingram Frizer, Robert Poley e Nicholas Skeres. Todos os três trabalhavam, por coincidência (?), para sir Francis Walsingham.

Conta a versão tradicional do episódio que, depois de horas agradáveis de boa comida e bebida, Marlowe e Frizer começaram a discutir por causa do pagamento da conta. De repente, o instável Marlowe teria arrancado o punhal da bainha do seu colega e, atacando, causou alguns ferimentos superficiais em Frizier que, tomando-lhe a arma, deu-lhe um golpe na cabeça. O punhal provavelmente entrou em um dos olhos de Marlowe, matando-o imediatamente. Marlowe tinha apenas 29 anos, e desde sempre a explicação de sua morte por causa de uma conta de taverna tem merecido a desconfiança de um sem número de estudiosos; contudo, até hoje ninguém conseguiu apresentar qualquer alternativa "verdadeira" sobre o estranho episódio.

O que surpreende é que, em meio a tudo isso, Marlowe produziu não só poesia da mais alta categoria, como ainda escreveu, para o teatro, *Doutor Fausto*, em 1588, *O Judeu de Malta* (The Jew of Malta), em 1588-1589, e *Eduardo II*, em 1593, sendo necessário lembrar que todas essas peças tiveram imenso sucesso em suas temporadas de estreia. Na poesia, Marlowe escreveu o notável *Hero and Leander* (Hero e Leandro) e o fragmento *The Passionate Shepherd to His Love* (O Pastor Apaixonado de Seu Amor). Uma emocionante homenagem ao poeta morto é a citação de *Hero and Leander* que Shakespeare faz em *Como Quiserem*, quando Phebe diz:

> Morto, pastor, sua força 'stá a brilhar,
> "Quem ama, sem ser com o primeiro olhar?"

Christopher Marlowe não era, essencialmente, um talento dramático, mas sim, acima de tudo, um grande poeta. Sua obra dramática revela, mais do que tudo, uma visão pessoal das coisas, além de sua permanente admiração pelos que conquistam o poder. Apesar de ter escrito apenas uma peça sobre rei, justamente a última, nas outras ele traz o tema do poder em diversas circunstâncias: Tamerlão, por exemplo, é um simples pastor cita que se torna imperador; Fausto sonha com o poder pelo conhecimento; e Barrabás tem o poder do dinheiro. Nos três casos, a identificação do autor com seus protagonistas faz com que estes sejam muito bem desenhados como personagens, mas com o sacrifício de todos os outros integrantes do elenco, figuras unidimensionais que servem apenas de "escada" – para usar o velho termo teatral – para o maior brilho do dominante cultor do poder. Isso não significa que suas peças não sejam fascinantes, além de literariamente lindas.

Parte integrante desse universo de valores grandiosos são as imagens que dominam a obra dramática de Marlowe, na qual percentual altíssimo é tirado do Sol, das Estrelas e de figuras da mitologia clássica, que o poeta conhecia bem de seus anos de estudo em Oxford. *Tamerlão* é o texto mais fraco do ponto de vista da dramaturgia, mas o estilo, a fluência do uso do pentâmetro iâmbico, cujas dez sílabas até então vinham sendo usadas de forma monótona, a imagística, a beleza poética, justificam a fama da obra, e, sem dúvida, abriram o caminho para William Shakespeare, que justamente naquele momento chegava a Londres.

174 DRAMATURGIA ELIZABETANA

Não é muito grande o progresso no sentido dramatúrgico nas duas peças seguintes, já que Fausto e Barrabás dominam completamente ambas as tramas, mas, em *Eduardo II*, possivelmente já escrita sob a influência da série de Shakespeare sobre Henrique VI, mostra considerável progresso, na medida em que há personagens, além do protagonista, um pouco mais trabalhadas; a trama, no entanto, fica um pouco sem foco por conta dessa distribuição de interesse nas personagens. Seja como for, não há outro autor na farta e longa história do teatro inglês que tenha alcançado tamanha fama com tão poucas obras.

É interessante notar, no entanto, que a experiência de ter *Tamerlão* 1 e 2 montados levou Marlowe a explorar mais a pura ação cênica; ele, a partir daí, não só se aventura a empregar certos recursos, ao fazer entrar em cena espíritos, anjos e demônios, como também utilizou-se de algumas simples artimanhas ao dizer apenas que alguém está invisível, o que sugere resultados que devem ter sido muito divertidos para seu variado público. Isso sem falar do uso de fogos de artifício para diversos fins. Embora seja um tanto frágil do ponto de vista da dramaturgia, estão no *Doutor Fausto* os dois versos mais citados de toda a obra de Marlowe, quando Mefistófeles permite que Fausto viaje pelo mundo presente e passado e diz, ao ver Helena de Troia:

> Foi esse o rosto que lançou mil naves
> E queimou as altas torres de Ilium?
> Doce Helena, faz-me imortal com um beijo.

Não há dúvida de que a força poética de seus versos continua a ser potente elemento dramático e teatral, pelo ritmo e pelo som.

Quando Marlowe escreve sua última peça, *Eduardo II*, Shakespeare já havia apresentado sua trilogia *Henrique VI*, e fica claro que há alterações significativas em sua dramaturgia; Marlowe ao menos tenta não ficar tão preso ao protagonista e, pela primeira vez, é possível sentir uma ação dramática mais sólida.

De todo o considerável número de dramaturgos desse fantástico período elizabetano-jaimesco, não é gratuito que Marlowe seja o autor mais respeitado depois de William Shakespeare, e tampouco há dúvida de que a pura poesia que aparece em *Tamerlão* e em outras de suas peças foi crucial para o triunfo dos novos dramaturgos; o que lentamente foi desenvolvido ao longo de cerca de quatro séculos, finalmente estava ficando pronto para servir a uma época privilegiada do teatro.

TAMERLÃO

Na realidade, a primeira peça de Christopher Marlowe deve ter sido *Dido, Rainha de Cartago*, provavelmente escrita enquanto o poeta ainda estava na Universidade de Oxford, e sem vida cênica conhecida. A própria Primeira Parte de *Tamerlão*, que é aqui apresentada, deve ter sido pelo menos começada também nesse tempo, e sua estrutura fala da pouca intimidade do autor com a experiência cênica. A peça é composta por uma série de quadros que seguem, cronologicamente, a carreira desse primeiro herói marlowiano, em cada uma das quais a situação é debatida, mas com todas as ações, ou quase, tendo lugar fora de cena.

Ao que tudo indica, Marlowe estava devidamente informado do que vinha acontecendo no teatro inglês, mesmo que os acontecimentos nessa área ainda se davam, em grande parte, nas atividades dos meninos cantores das capelas da rainha e de vários nobres. O autor pressentia que ali encontraria um caminho rápido e fácil para dar vazão à sua expressão criativa, pois a poesia jorrava de seu talento. A história do imperador mongol já fora tema de obras, medievais ou renascentistas, e Marlowe teve acesso a várias delas. Em latim, havia o *Magni Tamerlanis*

Scytharum Imperatoris Vita, de Perondinus (1553), e o latim era mais do que conhecido entre os estudantes ingleses; em 1571 apareceu também uma versão espanhola de Pedro Mexia. E não se pode esquecer que Marlowe também estudara história na universidade, inclusive Heródoto, que trata do assunto.

Mas o texto *Tamerlão* não fica, de modo algum, restrito às narrativas épicas anteriores; o fascínio do próprio Marlowe pelos absolutos do poder e da beleza alteram o modo de ele narrar essa carreira de conquistas, com a introdução da paixão de Tamerlão por Zenócrate como um dos temas principais da obra. É difícil, na verdade, encontrar um rótulo para definir o gênero do texto de Marlowe, pois esta Primeira Parte de *Tamerlão* certamente não é uma tragédia; sua estrutura mais se aproxima da peça crônica que nasceu naquela época, mas as crueldades de Tamerlão trazem em si algo do clima das tragédias de Sêneca. Marlowe, além de tudo, parece ter feito bom uso do então recentemente publicado atlas de Ortelius, *Theatrum Orbis Terram*, tendo encontrado ali vários dos mais sonoros nomes de localidades para usar como material para as distantes conquistas de Tamerlão.

Seja como for, é certo que os ingleses jamais tinham ouvido nada sequer perto da força, da beleza e das sonoridades do verso de Marlowe, e mais certo ainda é que o sucesso do *Tamerlão* foi determinante para a vitória do novo teatro elizabetano.

Dramatis Personae

Micetes, rei da Pérsia
Cosroe, seu Irmão
Ortígius, Ceneus, Meandro, Menafon e Teridamas, nobres
  e capitães persas
Tamerlão, um pastor cita
Bajazet, imperador dos turcos
Rei da Arábia
Rei de Fez
Rei de Marrocos
Rei da Argélia
Sultão do Egito
Governador de Damasco
Agidas e Magnetes, nobres medos
Capolin, um capitão egípcio
Filemus, um Mensageiro

Zenócrate, filha do sultão do Egito

Anipe, sua criada
Zabina, mulher de Bajazet
Ebea, sua criada

Virgens de Damasco, Paxás, Nobres, Cidadãos, Mouros, Soldados e Servidores

O Prólogo

De danças tolas e chistes rimados,
E ideias que sustentam palhaçadas,
Os levamos agora para a guerra,
Onde verão o cita Tamerlão
Que ameaça o mundo em termos fortes
E arrasa reinos que vence co' a espada.
Vejam a cena neste espelho trágico,
E aplaudam sua fortuna a seu prazer.

DRAMATURGIA ELIZABETANA

Ato I
Cena 1

Micetes, Cosroe, Meandro, Teridamas, Ortígio, Ceneu,[Menafon]
e outros.

MICETES:
> Irmão Cosroe, sinto-me entristecido
> Mas incapaz de expressá-lo bem,
> Por ser precisa fala retumbante.
> Bom irmão, conte a causa a esses meus [nobres;
> Sei que tem mais talento do que eu.

COSROE:
> Infeliz Pérsia! – Que em outras eras
> Foi casa de conquistadores fortes,
> Que ou por força ou por diplomacia
> Triunfaram em África e nas bordas
> Da Europa, onde o sol mal aparece,
> E congela como frio os meteoros,
> E ora obedece ao governo de um homem
> Que vem de Cíntia com Saturno unidos,
> Mas a quem Zeus e Mercúrio negaram
> Favores a um caprichoso cérebro!
> Turcos e Tártaros vêm a ti com espadas,
> Querendo estraçalhar tuas províncias.

MICETES:
> Irmão, percebo bem o teu intento,
> E pelos teus planetas sei que julgas
> Não ser eu sábio pra poder ser rei;
> Porém eu me refiro aos meus nobres
> Que me conhecem e são testemunhas
> Que eu posso mandar matar-te por isso:
> Não posso, Meandro?

MEANDRO:
> Não por falta tão pequena, senhor.

CHRISTOPHER MARLOWE: TAMERLÃO

MICETES:

> Não vou fazê-lo, mas eu sei que posso.
> Mas viva, viva; pois, assim deseja o Micetes.
> Meandro, conselheiro confiável,
> Declare a causa por que me entristeço,
> Que vem, Deus sabe, desse Tamerlão,
> Que qual raposa em meio da colheita
> Olha meus rebanhos de passageiros;[1]
> Pelo que ouvi quer me arrancar as plumas:
> Portanto é bom e certo sermos sábios.

MEANDRO:

> Já ouvi Sua Majestade queixar-se
> De Tamerlão, o forte ladrão cita,
> Que rouba os mercadores de Persépolis,
> E vai por terra às Ilhas do Ocidente[2],
> E em suas terras, com um bando sem lei,
> Comete ultrajes civis todo dia,
> E espera (crendo em falsas profecias)
> Reinar na Ásia, e com armas bárbaras
> Fazer-se monarca de todo o Leste;
> Mas antes que entre na Ásia, ou exiba
> Flâmula nômade em campos persas,
> Sua Graça ordenou, por Teridamas,
> Que tropa de mil cavalos o prenda
> E o traga cativo ante o seu trono.

MICETES:

> Disse como é, senhor, verdadeiro,
> Por cujo amor posso chamar de Damon:
> Assim, é o melhor, se todos acham,
> Enviar logo os meus mil cavalos
> Para prender esse mesquinho cita.

---

1 A crítica de modo geral considera o uso do termo "passageiros" como prova da tolice de Micetes.

2 As Ilhas do Ocidente são as Ilhas Britânicas.

Que pensam disso, honrados senhores?
Não é uma resolução real?

COSROE:

Indiscutível, já que vem de si.

MICETES:

Ouve o que mando, bravo Teridamas,
Chefe geral das tropas de Micetes,
Esperança da Pérsia, as próprias pernas,
Dupla na qual se apoia o Estado,
Que nos sustentam contra o inimigo.
Será o líder desses mil cavalos,
Cuja espuma de fel, fúria e desdém
Juraram morte do vil Tamerlão.
Avance em fúria, mas volte sorrindo,
Como Páris voltou com a dama grega.
Volte depressa – o tempo vai correr;
A vida é frágil, posso hoje morrer.

TERIDAMAS:

Antes da lua roubar luz de novo,
Não duvide, senhor e soberano,
Que Tamerlão e aquela ralé tártara
Ou morrem pelas nossas mãos guerreiras,
Ou a seus pés imploram por piedade.

MICETES:

Vá, bravo Teridamas; fale espadas,
E com o olhar conquiste os inimigos.
Anseio vê-lo voltando de lá,
Pra que eu reveja meus cavalos brancos
Carregados de cabeças vencidas
E, dos joelhos bem até os pés,
Criando um espetáculo de sangue.

TERIDAMAS:

Então, senhor, humilde me despeço.

MICETES:

Teridamas, eu digo adeus mil vezes.

CHRISTOPHER MARLOWE: TAMERLÃO

Sai Teridamas.

Ah, Menafon, por que fica pra trás,
Quando outros, na frente, buscam fama.
Vá, Menafon, para a Cítia:
Que os seus pés sigam os de Teridamas.

COSROE:

Não, deixe-o ficar; maior tarefa
Que caçar ladrão cabe a Menafon.
Da África toda faça-o Prorex,
Pra conquistar peitos da Babilônia
Que se revoltam contra o reino persa,
Se 'stá sem rei melhor do que você.

MICETES:

"Se 'stá sem rei melhor do que você!"
São as palavras dele, Meandro, anote-as.

COSROE:

E a elas acrescente – que a Ásia toda
Lamente ver as tolices do rei.

MICETES:

Pois eu juro, por meu real assento...

COSROE:

(*à parte*) Pode aproveitar pra beijá-lo.

MICETES:

Envolto nas sedas que meu posto exige,
Vingar-me desses termos de desprezo.
Onde estão dever e fidelidade?
Se foram pro mar Cáspio e o Oceano?
Chamo-te irmão? Não, melhor inimigo;
Monstro da natureza; és vergonha!
Ousas debochar do teu soberano!
Venha, Meandro; estou sendo abusado!

Sai com Menandro e companhia. Ficam Cosroe e Menafon.

MENAFON:

Então, senhor, abatido e espantado
De o rei por si ameaçar assim?

COSROE:

Menafon, não importam ameaças;
Já estão conspirando os nobres persas,
E os capitães das guarnições dos medos
Pra coroar-me imperador da Ásia.
Porém é isso mesmo que tortura
A essência da minh'alma revoltada –
Ver vizinhos que tremiam outrora
Só com o nome de um monarca persa,
Rirem hoje em deboche do governo;
E, o que pode me levar às lágrimas,
Homens vindos do longínquo equador
Com tropas a pulular na Índia Leste,
Carregar naus com ouro e pedrarias,
Levando roubo das nossas províncias.

MENAFON:

Isso devia alegrar Sua Alteza,
Pela oportunidade que lhe é dada
De ter título de conquistador
Quando curar este ferido império.
África e Europa são nossas fronteiras,
Contíguas como são a seus domínios,
Com que facilidade, e forte tropa,
Pode passar à Grécia, como Ciro,
Obrigando-a a voltar pra sua casa,
Ou ver submissa a joia dos cristãos[3].

Soam trombetas fora.

COSROE:

Mas, Menafon, que são essas trombetas?

---

3 A joia do cristianismo era Constantinopla.

CHRISTOPHER MARLOWE: TAMERLÃO

MENAFON:

Veja, senhor! Ortígius e os outros
Vêm coroá-lo como imperador.

Entram Ortígius e Ceneus, trazendo uma coroa, junto com outros.

ORTÍGIUS:

Magnificente príncipe Cosroe,
Em nome de vários estados persas
E dos comuns deste potente reino,
Lhe outorgamos o imperial diadema.

CENEUS:

Soldados guerreiros e cavalheiros,
Que até agora lotavam Persépolis
Com capitães africanos vencidos,
Cujo resgate os vestia de ouro,
E joias que pendiam das orelhas,
Gemas brilhantes ornando os escudos,
Hoje vivendo em ócio em cidadelas,
Sem soldo e sem disciplina marcial
Ameaçando uma guerra civil,
Bradando abertamente contra o rei.
Para evitar motins inesperados,
Fazemos Sua Alteza imperador,
E os soldados ficam mais felizes
Que os macedônios com a pilhagem
Do grande Dario e sua rica hoste.

COSROE:

Já que vejo cair o estado persa,
E meu irmão definhar o governo,
Aceito bem a coroa imperial;
Juro usá-la pro bem do meu país,
Apesar dos que acusarem o meu título.

ORTÍGIUS:

Qual garantia que há de ter sucesso,
O coroamos monarca do Leste,

Imperador da Ásia e da Pérsia,
Grande Senhor da Média e da Armênia,
Duque da África e da Albânia,
Da Mesopotâmia como da Pártia,
Índia Leste e as ilhas descobertas;
Chefe e senhor do vasto mar Euxínio[4],
E o sempre revoltoso lago Cáspio.
Viva Cosroe, poderoso imperador!

COSROE:

E que Zeus não permita eu viver mais
Do que possa agradar ao seu amor,
E fazer com que me honrem os soldados
Ao triunfar sobre muitas províncias!
Por cujo anseio e disciplina em armas
Eu venha a ser em breve o rei único
E, com as tropas de Teridamas,
(Pra onde ora corremos, meus senhores)
Ficar seguros contra o meu irmão.

ORTÍGIUS:

Antes de o coroar já sabíamos,
Fazendo a cerimônia aqui tão perto,
Da residência desse irmão patético,
Que os nobres não 'stariam muito prontos
A ofender ou suprimir seu título;
Mas, se estivessem, estão preparados
Dez mil cavalos pra daqui levá-lo,
Apesar de possíveis inimigos.

COSROE:

Sei bem disso, senhores, e agradeço.

ORTÍGIUS:

Soem então as trompas. Deus salve
o Rei!

Soam as trompas. Saem.

4 O mar Negro.

CHRISTOPHER MARLOWE: TAMERLÃO   189

Cena 2

Tamerlão, conduzindo Zenócrate; Techeles, Usuncasane, Agidas,
Magnetes, Nobres e Soldados carregados de tesouros.

TAMERLÃO:
> Que isto, senhora, não lhe assuste a mente;
> As joias e os tesouros que tomamos,
> Guardaremos; e quando mais honrada
> Do que se à Síria tivesse chegado
> No círculo dos braços de seu pai,
> O potentíssimo Sultão do Egito.

ZENÓCRATE:
> Ah, pastor! Tem pena do meu sofrer
> (Se, como parece, é assim mesquinho),
> E não busca enriquecer tua gente
> Roubando assim, sem lei, uma donzela,
> Que viajando co' esses nobres medos
> Para Menfis, na Média de meu tio,
> Onde fui educada quando jovem,
> Passei pelos exércitos dos turcos,
> Com este selo e anel, co' a escrita dele,
> Tive salvo-conduto em toda a África.

MAGNETES:
> E depois que chegamos à Cítia,
> Além de mimos do potente Khan,
> Cartas de sua alteza recomendam
> Apoio e ajuda se os necessitarmos.

TAMERLÃO:
> Mas ora veem tais cartas e ordens
> Já contestadas por homem maior,
> E nas minhas províncias são precisos
> Salvo-condutos só do meu poder,
> Se querem ter a salvo o seu tesouro.
> Como eu gosto de ter vida generosa,

190 DRAMATURGIA ELIZABETANA

Mais fácil é a coroa do Sultão
Que levar prêmios do que é minha área;
Pois eles é que ajudam meu estado
Até que o deixem fortes homens e reinos,
E isenta de servidão minha vida. –
Diga, senhora, está noiva Sua Graça?

ZENÓCRATE:

Estou, senhor; tais coisas têm de ser.

TAMERLÃO:

Eu sou nobre; e o provam os meus atos:
Mas por parte dos pais eu sou pastor.
Senhora, a beleza e tom desse rosto
Devem ornar o leito de conquista
De quem quer ser o terror deste mundo,
Que mede os limites de seu império
Com Leste e Oeste, assim como faz Febo.
Fiquem aqui, molambos que desprezo!
Esta armadura e este meu cutelo
São adornos melhor pra Tamerlão.
E, senhora, não importa o que pense,
Este sucesso e perda sem valor,
Hão de fazê-la Imperatriz do Leste;
E os que parecem camponeses tolos
Podem ser chefes de tamanho exército,
Que com seu peso abalarão montanhas,
Como faz a exalação dos ventos
Que abrem a terra por querer passagem.

TECHELES:

Principescos leões que, levantando,
Estendem patas pra assustar as feras,
Assim se mostra Tamerlão armado.
Já vejo reis a seus pés, de joelhos,
E ele, cenho fechado e olhar de fogo,
A arrancar as coroas dos cativos.

CHRISTOPHER MARLOWE: TAMERLÃO

USUNCASANE:

E por fazer reis de mim e Techeles,
Eles seguem Tamerlão até a morte.

TAMERLÃO:

Bem resolvido, amigos, seguidores!
Os nobres podem rir de nosso cálculo,
E achar que sem controle nós falamos;
Mas se nos julgam por demais mesquinhos
Por ter nas lanças impérios de ideias,
E por pensarmos ao nível das nuvens,
Ficam aqui servidores forçados
Até nos possam ver imperadores.

ZENÓCRATE:

Os deuses, que defendem inocentes,
Jamais apoiarão tais intenções,
Que oprimem passageiros sem amigos.
Dê-nos portanto ao menos liberdade,
Já que aspira ser eternizado
Potente Imperador de toda a Ásia.

AGIDAS:

O tesouro da dama mais o nosso
Espero resgatem nossa liberdade.
Voltem sem cargas mulas e camelos,
Pra que possamos viajar pra Síria,
Aonde o noivo dela, Alcimandus,
Aguarda a chegada de sua alteza.

MAGNETES:

E onde quer que hoje repousemos
Só falaremos bem de Tamerlão.

TAMERLÃO:

Viver comigo é indigno pra Zenócrate?
Ou, pr'os senhores, ser meus seguidores?
Julgam que prezo tesouros mais que a si?
Nem todo o ouro das armas da Índia
Compra o menor soldado que me segue.

Zenócrate, mais bela que as mais belas
Mais brilhante que o prateado Ródope
Mais clara do que a neve da Sicília, –
Tu, em ti, vales mais pra Tamerlão
Que até a posse da coroa persa,
Que estrelas, ao nascer, me prometeram.
Cem tártaros terás para servir-te,
Em cavalos mais rápidos que Pégaso;
As tuas vestes só de seda meda
Enriquecida com joias que eu tenho,
Mais ricas em valor que as de Zenócrate.
Corças brancas pra carro de marfim
Terás pr'atravessar lagos gelados,
E escalar montanhas até os picos,
Que a tua beleza num instante derrete.
Os meus prêmios, e mais quinhentos homens,
Ganhos nas ondas revoltas do Volga,
Iremos oferecer a Zenócrate, –
Depois eu mesmo à bela Zenócrate.

TECHELES:

Que é isso? Apaixonado?

TAMERLÃO:

Mulheres gostam de ser bajuladas,
Mas essa é aquela a quem dou meu amor.

Entra um Soldado.

SOLDADO:

Novas! Novas!

TAMERLÃO:

Mas, então, o que é que há?

SOLDADO:

Mil cavaleiros persas vêm aí,
Mandados pelo rei pra conquistar-nos.

TAMERLÃO:

Então, nobres egípcios e Zenócrate!

CHRISTOPHER MARLOWE: TAMERLÃO

Devemos devolver as suas joias,
E eu, o vencedor, ser derrotado?
Que dizem – não é isso que esperavam?

AGIDAS:

'Speramos que as devolva por vontade.

TAMERLÃO:

Também o esperam esses mil cavalos.
Mas, calma, nobres, e doce Zenócrate!
Só arrancados de mim é que partem.
Mil cavalos! Nós, quinhentos a pé! –
Diferença demais para enfrentar-se.
Porém são ricos? Têm boa armadura?

SOLDADO:

Há plumas em elmos de ouro batido;
Espadas esmaltadas; dos pescoços
Pendem correntes até a cintura,
Em tudo eles são ricos e valentes.

TAMERLÃO:

Vamos lutar com eles bravamente?
Ou devo agora ser um orador?

TECHELES:

Não; só fracos, covardes e fujões
Buscam palavras com o inimigo perto.
Espadas serão nossos oradores.

USUNCASANE:

Se os encontrarmos ao pé da montanha,
Com um alarma repentino e quente
Rolaremos cavalos morro abaixo.

TECHELES:

Avante! Marchemos!

TAMERLÃO:

Espera, Techeles. Primeiro uma fala.

Entram os Soldados.

Abram cofres; protejam o tesouro;

Deixem à vista as peças de ouro,
Pra seu reflexo deslumbrar os persas;
Pareçamos amigos quando cheguem.
Mas se oferecem fala ou violência,
Nós lutamos, quinhentos contra um,
Antes de abandonarmos nossas posses.
E contra o general usem espadas,
E ou furamos sua garganta avara
Ou o prendemos; correntes serão
Grilhões até que chegue o seu resgate.

TECHELES:
Ouço que chegam; vamos encontrá-los?

TAMERLÃO:
Mantenham posições; e nem um passo,
E eu enfrento o perigo do ataque.

Entram Teridamas com outros.

TERIDAMAS:
Aonde está o cita Tamerlão?

TAMERLÃO:
Quem buscas, Persa? – Eu sou Tamerlão.

TERIDAMAS:
Tamerlão!
Um pastor cita assim tão enfeitado
Com o melhor natural e trabalhado!
Ameaça o céu e desafia os deuses:
Olhos em chama estão fixos na terra,
Qual concebesse algum estratagema,
Ou fosse entrar pelo negror de Avernus,
E de Hades trazer cão de três cabeças.

TAMERLÃO:
Nobre e humilde parece ser o persa,
Se pelo exterior se julga um homem.

TECHELES:
Sua emoção o torna passional.

CHRISTOPHER MARLOWE: TAMERLÃO

TAMERLÃO:

Com que majestade levanta os olhos!
Em ti, tu, homem valente da Pérsia,
Vejo que é louco o teu imperador.
Apenas capitão de mil cavalos,
Por gravidade vista no teu cenho,
Teu rosto marcial, teu sério aspecto,
Mereces o comando de um exército!
Abandona o teu rei, junta-te a mim,
E dominaremos todo o mundo.
Eu tenho os Fados presos por correntes,
Co' estas mãos giro a roda da Fortuna:
E antes cai o sol de sua esfera
Que seja Tamerlão morto ou vencido.
Toma da espada, potente guerreiro,
Com intenção só de arranhar-me a pele,
E o próprio Zeus do céu estende a mão
Pra impedir o golpe e me guardar.
Veja como me dá chuva de ouro
Como se pra pagar os meus soldados!
E com argumento certo e bem fundado
Diz que eu serei o monarca do Leste,
E manda a rica filha do Sultão
Pra ser minha Rainha e Imperatriz.
E se ficar comigo, homem famoso,
Trazendo os mil cavalos pro meu lado,
Além da parte do butim egípcio
Seus mil cavalos suarão co' o espólio
Da conquista de reinos, mais os saques.
Nós andaremos por altas colinas,
E cristãos que navegam naves russas
Em comércio nas águas do mar Cáspio,
Vão saudar-nos, por senhores do lago.
Reinaremos juntos sobre a terra,
Grandes reis serão nossos senadores.

Zeus se vestiu outrora de pastor,
E pelos passos que escalou aos céus
Talvez seremos imortais quais deuses.
Junta-te a mim enquanto sou mesquinho
(Digo mesquinho porque ainda obscuro,
Nações distantes inda não me admiram)
E quando propalar meu nome e honra
Por onde Boreas abre as suas asas,
Ou manda Botes sua alegre luz,
Então hás de compartilhar comigo,
Sentar com Tamerlão em majestade.

TERIDAMAS:

Nem Hermes, que é o intérprete dos deuses,
Teria persuasão tão comovente.

TAMERLÃO:

E nem mais verdadeiro é o oráculo
Do que hás de ver ser sólido o que digo.

TECHELES:

Somos seus amigos, e se o rei persa
Ao que somos ofertasse ducados,
Julgaríamos perda uma tal troca,
Tão seguro pra nós é o seu sucesso.

USUNCASANE:

E reinos é o menos que esperamos
Além da honra em conquistas certas,
De reis submissos às nossas espadas,
E olhares de soldados espantados
Que nos confessam com línguas tementes:
Esses homens o mundo todo admira.

TERIDAMAS:

Que forte encanto a minha alma tenta
Igual ao desses citas resolutos?
Mas devo eu ser traidor do meu rei?

TAMERLÃO:

Não, sim amigo fiel de Tamerlão.

CHRISTOPHER MARLOWE: TAMERLÃO

TERIDAMAS:

Vencido por sua fala e seu aspecto,
Cedo-me a si, com tropas e cavalos,
Pra seu parceiro para o bem ou mal,
Enquanto tiver vida Teridamas.

TAMERLÃO:

Teridamas, amigo, eis-me a mão,
Que é o mesmo que jura pelo Céu,
E invoca os deuses pra testemunhá-la:
Meu coração se unirá ao teu
Até a reversão aos elementos,
E as almas subam ao trono celeste.
Techeles e Casane, o recebam!

TECHELES:

Bem-vindo seja entre nós, bravo persa!

USUNCASANE:

Que fique sempre entre nós Teridamas!

TAMERLÃO:

São meus amigos, com quem regozijo-me
Mais do que o rei da Pérsia com a coroa;
E pelo amor de Pílades e Orestes,
Cujas estátuas em Cítia adoramos,
De ti e deles nunca hei de afastar-me
Antes de coroá-los reis na Ásia.
Aprecia-os bem, bom Teridamas,
E só por morte eles te deixarão.

TERIDAMAS:

Por ti e eles, nobre Tamerlão,
Meu peito alegre será trespassado
Estando em jogo vossa honra e bem.

TAMERLÃO:

Mil vezes obrigado, Teridamas,
E agora, bela senhora e meus nobres,
Se por vontade ficarem comigo
Serão honrados segundo seus méritos;

198   DRAMATURGIA ELIZABETANA

    Se assim não for, vão pra escravidão.

AGIDAS:

    Com gáudio a ti cedemos, Tamerlão.

TAMERLÃO:

    Quanto à senhora, então, não tenho dúvidas.

ZENÓCRATE:

    Sou forçada a aceitar. Pobre Zenócrate!

Saem.

Ato II
Cena 1

Cosroe, Menafon, Ortígius, Ceneus, com outros Soldados.

COSROE:

    Até aqui buscamos Teridamas
    E o bravo Tamerlão, homem de fama,
    Que ostenta, na fronte da fortuna,
    Figuras bravas e miraculosas.
    Mas diga, Menafon, que já o viu,
    Sua estatura e personalidade.

MENAFON:

    É alto de estatura, e é bem feito,
    O que deseja é altivo e divino;
    Grandes membros, juntas bem armadas,
    Ombros largos prontos a suportar
    Carga de Atlas; no meio do peito
    Usa pérola mais rica que o mundo
    Onde, por soberania da arte,
    Pendem seus instrumentos de visão
    Que, em seus círculos de fogo abraçam
    Um céu de esferas de corpos celestes,
    Guia de seus passos e ações pro trono,

Onde a honra é regiamente investida:
Talhados por paixão tem rosto pálido,
Tem sede de poder, co' amor às armas
Sua alta fronte prefigura a morte,
Mas é suave pra amizade e vida.
Em torno tem cabelos cor de âmbar,
Tão cacheados quanto os tinha Aquiles,
E nos quais brinca o hálito do Céu,
Fazendo-os dançar com majestade.
Braços e dedos longos, vigorosos,
Que falam de bravura e muita força –
Sempre proporcionados como o homem –
Sujeitam todo o mundo a Tamerlão.

COSROE:

Fizeste um bom retrato, em termos vivos,
Por rosto e têmpera u'a maravilha;
Lutam a natureza, fado e estrelas
Pra fazê-lo famoso por seu porte,
Como seu mérito o mostra feito
Qual senhor do destino e rei dos homens,
Que pode persuadir em um repente,
Por razões de seu valor e sua vida,
Mil inimigos jurados e mais fortes.
Então, ao se encontrarem nossas forças,
No alcance de suas balas mortais,
Mesmo sendo estreitos estrada e porto
Que vão à vida e ao palácio do irmão,
Nem fortuna evita que os penetremos.
E quando o régio diadema persa
Pesar demais em sua cabeça tola,
E a morte o tombe qual fruto maduro,
Na bela Pérsia o nobre Tamerlão
Como regente meu pode ser rei.

ORTÍGIUS:

Em boa hora foi posta a coroa

DRAMATURGIA ELIZABETANA

> Em sua cabeça, que nos quer dar honra
> Unido ao homem que os Céus ordenaram
> Tornasse toda ação para o melhor.

CENEUS:

> O que com pastores e pouco mais
> Ousou desdenhar males e tiranos
> Ter liberdade contra a monarquia,
> Que não fará tendo o apoio de um rei,
> Guiando tropas formadas com nobres,
> Repletas de tesouro pr'os seus sonhos!

COSROE:

> E tais hão de servir a Tamerlão.
> Nossa tropa terá quarenta mil,
> Quando encontrarmos Tamerlão
> E o bravo Teridamas junto ao Áraris;
> Juntos enfrentaremos o rei tolo,
> Que agora 'stá marchando junto à Pártia,
> Com tropa relutante e mal armada,
> Pra vingar-se de mim e Tamerlão,
> Ao qual, bom Menafon, guie-me logo.

MENAFON:

> O farei, senhor.

Saem.

Cena 2

Micetes, Meandro, com outros Nobres e Soldados.

MICETES:

> Vamos, Meandro, enfrentar essa história.
> Digo que tenho o coração irado
> Contra o vilão salteador Tamerlão,
> E contra Cosroe, meu irmão traidor.

CHRISTOPHER MARLOWE: TAMERLÃO

Não ofende a um rei um tal abuso,
O ter assim levados mil cavalos?
E, o que é pior, o ter sua coroa
Buscada por crápulas que não o amam?
Eu creio que sim, e juro pelo Céu
Que Aurora não espiará na porta
Antes que eu tenha a cabeça de Cosroe,
E matado co' a espada Tamerlão.
Diga o resto, Meandro; já acabei.

MEANDRO:

Tendo passado os desertos armênios,
Acampado nas colinas da Geórgia,
Com topos cobertos de ladrões tártaros,
Sempre em tocaia à espera de presa,
O que nos cabe senão, já, a batalha,
Que livre o mundo dessa hoste odiada?
Se permitimos que eles permaneçam,
Mais suprimentos vão fortalecê-los.
Pulula no país gente ofensiva,
Que vive de rapina e de butim,
Soldados bons pr' esse mau Tamerlão;
Quem pôde, com presentes e promessas
Seduzir quem levava mil cavalos,
E levá-lo a trair o próprio rei,
Engana fácil os seus semelhantes.
Preparem-se pra luta, bem alertas,
O que puder dar morte a Tamerlão
Governará a província da Albânia:
E quem trouxer do traidor Teridama
A cabeça, governará a Média,
Além de tudo o que ele possuir:
Mas se Cosroe (segundo os espiões
E o que sabíamos) está com Tamerlão,
Sua alteza deseja que ele viva
E seja recebido com leniência.

DRAMATURGIA ELIZABETANA

Entra um Espião.

ESPIÃO:

> Cem cavaleiros da minha unidade
> Buscando informações pela planície,
> Localizaram o exército cita
> Que afirmam ser maior do que o do rei.

MEANDRO:

> Mesmo sendo em seu número infinito,
> Não tendo disciplina marcial
> E por correrem atrás de butim,
> Pensando mais em ganho que em vitória,
> Assim como os cruéis irmãos da terra,
> Que vêm das fatais presas do dragão,
> Degolam por descaso os companheiros,
> E com seus atos nos dão o triunfo.

MICETES:

> Mas, Menafon, existem tais irmãos
> Que nasceram de presas de dragões?

MEANDRO:

> O dizem os poetas, senhor.

MICETES:

> É brincadeira boa ser poeta.
> Bem, bem, Meandro, tu és muito lido,
> E tendo a ti eu sei ter uma joia.
> Continua, e tua carga porfia;
> Teu espírito nos ganha este dia.

MEANDRO:

> Senhores, pra apanhar esses ladrões
> Tropas confusas e desordenadas,
> Se a riqueza com eles prevalece,
> Temos camelos carregados de ouro
> Que vocês, soldados comuns que são,
> Espalharão por esse campo todo;
> E enquanto esses vis tártaros o colhem,

CHRISTOPHER MARLOWE: TAMERLÃO

Vocês, que buscam honra mais que ouro,
Massacrarão os escravos avaros;
E quando já os tiverem dominado,
Pisando nas carcaças retalhadas,
Compartilhem o ouro que os comprou
E vivam quais gentis homens na Pérsia.
Rufem os tambores; avancem, bravos!

MICETES:
Minha gente, é a verdade que ele diz.
Onde os tambores? Meandro ordenou!

Saem, com tambores rufando.

Cena 3

Cosroe, Tamerlão, Teridamas, Techeles, Usuncasane, Ortígius e outros.

COSROE:
Honrado Tamerlão, eu entreguei
Minha esperança à tua boa fortuna.
O que julga virá de nosso esforço?
Pois como de um oráculo firme,
Eu tenho confiança em teu destino.

TAMERLÃO:
Não se engana de todo, meu senhor.
Fados e oráculos do Céu juraram
Que atos de Tamerlão seriam régios,
E abençoar seus sócios nessa luta.
Não o duvido, mas, se me quer bem,
E deixa minha fortuna e valor
Conduzir os seus atos militares,
O mundo lutará contra um enxame
De guerreiros que seguem-me a bandeira:
O exército de Xerxes, diz a fama,

204 DRAMATURGIA ELIZABETANA

Bebeu a água do Araris pátrio,
Mas comparado ao meu é só um punhado.
As nossas lanças, vibrando no ar,
E as nossas balas, quais raios de Zeus,
Dentro de chamas e neblina escura,
Ameaçam deuses mais que os feros Cíclopes;
Com armaduras que brilham quando em marcha
Expulsamos estrelas do Céu, e obscurecemos
Os olhos dos que param pr'admirar-nos.

TERIDAMAS:

Vê, senhor, as palavras com que ele age;
Mas as suas ações superam falas.
O senhor vai calar-se ou elogiá-lo,
E eu serei louvado ou desculpado
Por passar minha tropa ao seu comando.
E seus dois bravos amigos, senhor,
Fazem com que se lute pr'alcançar
Um tal nível de amizade.

TECHELES:

Com dever e amizade nós cedemos
Nosso serviço ao mui justo Cosroe.

COSROE:

O que julgo integrar minha coroa,
Ambos Usucasame e Techeles,
A que tem reino nos portais de Ramnus[5],
E abre a passagem pra todas as armas,
De mim fará o Imperador da Ásia.
E então seus méritos e valor terão
Seus lugares na honra e na nobreza.

TAMERLÃO:

Então, Cosroe, tem pressa pra ser rei.
Pra que eu, meus amigos e soldados
Triunfemos no fado que é esperado.

5 Nêmesis, a deusa da justiça.

CHRISTOPHER MARLOWE: TAMERLÃO

Seu irmão rei agora está bem perto:
Enfrente o tolo, livrando os seus ombros
Desse peso maior que toda a areia
E todo o pedregulho do mar Cáspio.

Entra um Mensageiro.

MENSAGEIRO:
Senhor, descobrimos o inimigo
Com grande hoste pronto pra atacá-lo.

COSROE:
Vem, Tamerlão! Afia a tua espada
Levanta teu bravo braço pr'as nuvens,
Pra tomar a coroa do Rei Persa,
E cingir minha fronte vitoriosa.

TAMERLÃO:
Vê onde está, machado mais afiado
Que todos que ceifaram tropas persas.
Co' estas asas voará ela tão rápido
Quanto o raio ou o hálito dos Céus,
E há de matar com a presteza do voo.

COSROE:
Tuas palavras garantem meu sucesso;
Vai, bravo soldado; avança e ataca
A tropa que desmaia, do rei tolo.

TAMERLÃO:
Venham, Usuncasame e Techeles!
Bastamos pra assustar o inimigo,
E demais pra fazer um imperador.

Saem para a batalha.

[Cena IV][6]

Entra Micetes sozinho, com sua coroa na mão, e procurando escondê-la.

MICETES:

Maldito seja o que inventou a guerra!
Não sabiam aqueles homens simples
Como os que eram feridos por canhões
Cambaleiam e tremem como folhas,
Temendo a força dos ventos de Boreas.
Em cujo triste caso eu estaria
Não me fazendo sábio a Natureza!
Pois reis são alvos em que atiram todos,
Para nossas coroas miram mil;
Julgo portanto ser boa política
Ocultá-la com bom estratagema,
E bem distante de todo homem tolo:
Não hão de conhecer-me; se o fizerem
Não podem me tirar minha coroa,
Pois a escondo aqui neste buraco.

Entra Tamerlão.

TAMERLÃO:

Então, covarde, sai do acampamento
Quando até reis 'stão presentes no campo?

MICETES:

Tu mentes.

TAMERLÃO:

Canalha! Ousas dizer que eu minto?

MICETES:

Vá-se embora; eu sou o rei; não me toque.

---

6 Essa indicação de cena não consta de primeira edição, sendo incluída por editores por ser claramente uma nova situação. Em ocasiões como esta, a numeração das cenas aparece em algarismos romanos entre colchetes.

CHRISTOPHER MARLOWE: TAMERLÃO

Fere as leis da guerra se não clama,
De joelhos, "Piedade, nobre rei."

TAMERLÃO:

Mas é o divertido Rei da Pérsia?

MICETES:

Sim, sou; quer fazer-me algum pedido?

TAMERLÃO:

Que só me diga três palavras sábias.

MICETES:

Posso fazê-lo, se achar conveniente.

TAMERLÃO:

Essa é a sua coroa?

MICETES:

E acaso já viu alguma mais bela?

TAMERLÃO:

Não quer vendê-la, quer?

MICETES:

Outra palavra assim e o mando executar.
Vamos, dê-ma aqui.

TAMERLÃO:

Não; é minha prisioneira.

MICETES:

Mentira; eu lha dei.

TAMERLÃO:

Então é minha.

MICETES:

Não; disse que o deixei pegá-la.

TAMERLÃO:

E eu quero que a tenha novamente.
Tome-a aqui por um pouco. Eu a empresto.
Até o ver cercado de guerreiros:
Então a tirarei de sua cabeça;
Não é par pro potente Tamerlão.
(*Sai.*)

208   DRAMATURGIA ELIZABETANA

MICETES:

Deuses! É esse o ladrão Tamerlão?
Me espanta não a ter roubado logo.
(*Soam trompas para a batalha, ele corre para ela.*)

[Cena v]

Cosroe, Tamerlão, Teridamas, Menafon, Meandro, Ortígius, Techeles, Usuncasane e outros.

TAMERLÃO:

Use duas imperiais coroas,
Cosroe; pense que ostenta realeza,
Pela mão potente de Tamerlão,
Como se muitos reis o circundassem
E o coroassem como imperador.

COSROE:

E o faço, guerreiro de tripla fama.
Só Tamerlão terá essa coroa.
Eu faço a ti meu regente na Pérsia,
E general geral de meus exércitos.
Meandro, ontem guia do meu irmão,
Principal conselheiro de seus atos.
Já que ele cedeu ao golpe da guerra,
Ficamos gratos por sua submissão,
E o temos por igual em nossos tratos.

MEANDRO:

Feliz Imperador, com humildade
Dou meu serviço à sua majestade,
Com a pureza da fé e do dever.

COSROE:

Graças, bom Meandro; e reina, Cosroe,
Levando a Pérsia à sua antiga pompa!
Que embaixadas vão a reis vizinhos,

CHRISTOPHER MARLOWE: TAMERLÃO

Informar que mudou da Pérsia o rei,
Do que não soube os deveres de um rei
Para um que sabe comandar, no posto.
E agora iremos pra bela Persépolis,
Com vinte mil soldados competentes.
Os capitães que servem meu irmão
Com pouco sangue hão de seguir Meandro,
E de ceder ao nosso suave reino.
Meus amigos Ortígio e Menafon,
Agora pago o bem que já fizeram,
Dando peso maior aos seus talentos.

ORTÍGIO:

Como sempre sonhamos seu proveito,
E o servimos com a pompa merecida,
Assim nosso poder e as nossas vidas
Hão de zelar por sua prosperidade.

COSROE:

A ti não agradeço, doce Ortígio;
Meios melhores dirão do meu intento.
As tendas de meu irmão, Tamerlão,
Eu deixo para ti e Teridamas,
Pra que me sigam à bela Persépolis.
Depois marchamos pra minas indianas,
Que o tolo irmão perdeu para os cristãos,
E as resgatamos com fama e usura.
E até que a mim alcances, Tamerlão,
(Depois de juntar tropas espalhadas)
Adeus senhor regente e meus amigos!
Anseio pelo trono do irmão.

MEANDRO:

Logo o terá a sua majestade,
Cavalgando em triunfo por Persépolis.

Saem. Ficam Tamerlão, Techeles, Teridames e Usuncasane.

TAMERLÃO:

"Cavalgando em triunfo por Persépolis!"
Techeles, não é grande ser um rei?
Usucasame e Teridames,
Não é deveras grande ser um rei,
Cavalgando em triunfo por Persépolis?

TECHELES:

Sim, é doce, senhor, com muita pompa.

USUNCASANE:

Ser rei é a metade de ser deus.

TERIDAMES:

Ser deus tem menos glória que ser rei.
Creio que o prazer que gozam no Céu
Não se compara aos dos reis na terra.
Usar coroa ornada de ouro e gemas,
Cuja virtude ordena vida e morte,
Pede e tem, comanda e é obedecida;
Gerar amor com o aspecto, ganhar prêmios –
Tal poder brilha nos olhos de um príncipe!

TAMERLÃO:

Diz se não queres ser rei, Teridames.

TERIDAMES:

Não; o louvo, mas vivo bem sem isso.

TAMERLÃO:

E os outros amigos? Querem ser reis?

TECHELES:

De coração, meu senhor, se pudesse.

TAMERLÃO:

O disse bem, Techeles. E eu também,
E não diriam o mesmo esses outros?

USUNCASANE:

E então, meu senhor?

TAMERLÃO:

Então, Casane, vamos querer algo,
Que este mundo oferece, mesmo raro,

E ficarmos inertes, fracos, tesos?
Creio que não. E estou convencido
De que, se desejar a coroa da Pérsia,
A alcançaria com facilidade,
E não consentiriam meus soldados
Que eu conquistasse uma tal dignidade?

TERIDAMAS:
Sei que sim, com a nossa persuasão.

TAMERLÃO:
Pois, Teridamas, vou tentar primeiro
Obter pra mim a coroa da Pérsia;
Depois tu, a da Pártia, eles da Cítia
E da Média, e 'stando eu firme, por certo
Virão o Turco, o Papa, África e Grécia
Se arrastando trazer-nos suas coroas.

TECHELES:
Vamos mandar que o rei triunfante
Venha lutar por sua coroa nova?

USUNCASANE:
Depressa, antes que esquente o seu lugar.

TAMERLÃO:
Amigos, será chiste divertido.

TERIDAMAS:
Chiste que joga com vinte mil homens!
É maior a importância do butim.

TAMERLÃO:
Julga por ti, não por mim, Teridamas;
Pois breve sai Techeles bem depressa
Pra chamá-lo à batalha antes que avance,
E perca mais labor que vale o ganho.
E então verás o cita Tamerlão
Como um chiste ganhar coroa persa.
Techeles, mil cavalos vão contigo,
Diz-lhe que volte pra lutar conosco,
Que só o fizemos rei por diversão.

212 DRAMATURGIA ELIZABETANA

Não com silêncio covarde é que vamos,
Mas com aviso prévio e com mais tropa.
Techeles, rápido; nós vamos logo.

Sai Techeles.

O que diz Teridamas?

TERIDAMAS:
Vão por mim.

Saem.

Cena VI

Cosroe, Meandro, Ortígius, Menafon, com outros Soldados.

COSROE:
O que quer o diabólico pastor
Com presunção assim tão gigantesca,
Que atira colinas contra o Céu,
E desafia Júpiter irado?
Como ele os[7] encontrou sob as colinas,
Assim eu mando o monstro pro inferno,
Onde su'alma alimentará chamas.

MEANDRO:
Poderes divinos, como infernais,
Foram sementes de sua concepção;
Pois não apareceu de raça humana,
Se pelo espírito[8] de seu orgulho
Ele ousa resolver que quer reinar,
E professar assim sua ambição.

7 "Ele" se refere a Júpiter, e "os" aos titãs.
8 Segundo os editores Brooke e Paradise, fica implícito tal espírito ter sido
quem o gerou.

CHRISTOPHER MARLOWE: TAMERLÃO

ORTÍGIUS:

Que deus, demônio, espírito da terra,
Ou monstro que adotou a forma humana,
Ou de que molde ou brio é ele feito,
Que estrela ou estado é que o governa,
Indaguemos de nossa mente atônita,
E por ódio ao diabólico ladrão,
Em defesa da honra e do direito,
Tomemos armas contra esse inimigo,
Cresça ele do inferno, Céu ou terra,

COSROE:

Muito bem resolvido, bom Ortígius;
E já que respiramos um só ar,
E co' elementos bem proporcionados
Resolvemos, já que estamos unidos,
Jurar igual amor a vida e morte.
Inspiremos nossa tropa a enfrentá-lo,
Imagem tão cruel de ingratidão,
Que, seco, queima por soberania,
A queimá-lo na fúria dessa chama,
Sede que só o império e o sangue matam.
Resolvam, nobres e amigos soldados,
Salvar o rei e a pátria da queda.
Rufem, tambores; e as estrelas todas
Do círculo que orienta a minha vida,
Guiem-me a arma pro peito selvagem,
Que assim se opõe aos desejos dos deuses
E ri da força que governa a Pérsia.

Saem.

[Cena VII]

Entram para a batalha, e depois da batalha entram Cosroe, ferido,
Teridamas, Tamerlão, Techeles, Usuncasane e outros.

COSROE:

Bárbaro e sangrento Tamerlão,
Que assim me priva de coroa e vida!
Mais que traidor e falso Teridamas
Qu'inda na aurora de meu posto alegre,
Mal instalado no trono real,
Buscou-me a queda e repentino fim!
Aguda dor me atormenta a alma,
A morte prende o meu órgão da voz,
Entrando pela brecha feita à espada,
E suga a artéria do meu coração. –
Sangrento e insaciável Tamerlão!

TAMERLÃO:

Sede por reino e por doce coroa,
Que fez o filho da divina Ops,
Empurrar pra longe do trono o pai,
E tomar seu lugar no Céu empíreo,
Levam-me a tomar armas contra ti.
Que melhor precedente que o de Zeus?
A própria natureza ao nos forjar
De seus quatro elementos que disputam
Em nosso peito pela primazia,
Ensinam-nos as mentes a sonhar:
Nossas almas, capazes de entrever
Do mundo a fabulosa arquitetura,
E de medir o curso dos planetas
Em busca de um saber que é infinito,
Exigem que lutemos, sem descanso,
Até atingir o fruto mais perfeito –
Felicidade única e sem jaça –
Doce gozo de coroa na terra.

CHRISTOPHER MARLOWE: TAMERLÃO

TERIDAMAS:

Por isso eu me juntei a Tamerlão:
Por ser pesado qual terra maciça,
Que não sobe, e nem por atos régios,
Tenta voar acima dos melhores.

TECHELES:

Isso nos fez de Tamerlão amigos,
Brandindo espadas contra o rei da Pérsia.

USUNCASANE:

Se, quando Zeus derrubou Saturno,
Netuno e Dis ganharam suas coroas,
Assim queremos nós reinar na Ásia
Com Tamerlão instalado na Pérsia.

COSROE:

Que homens estranhos faz a natureza!
Não sei como encarar suas tiranias.
Meu corpo exangue vai ficando frio,
Com o sangue a vida sai pela ferida;
Minh'alma vai fugindo para o inferno,
E conclama os sentidos pra que partam;
Sangue e umidade já se entrealimentam.
Por falta de alimento que os sustente,
'Stou seco e frio; e a horrenda morte
Com garras prende o coração que sangra,
E como harpia faz de mim sua presa.
Teridamas e Tamerlão, eu morro:
Vingança horrível caia sobre ambos!

Cosroe morre. Tamerlão tira a coroa e a põe na cabeça.

TAMERLÃO:

Sequer as maldições todas das Fúrias
Me fazem deixar prêmio como este.
Teridames, Techeles, e mais todos,
Quem julgam ora ser o Rei da Pérsia?

TODOS:

Tamerlão! Tamerlão!

TAMERLÃO:

Mesmo que Marte, o irado deus das armas,
E os potentados do mundo conspirem
Pra despojar-me desse diadema,
Eu hei de usá-lo a despeito deles,
Qual comandante do leste terreno,
Se aqui disserem que Tamerlão reina.

TODOS:

Reine muito Tamerlão, rei da Ásia!

TAMERLÃO:

Agora está bem firme na cabeça,
Como se os deuses, em seu parlamento,
A mim tivessem dito Rei da Pérsia.

Saem.

Ato III
Cena 1

Bajazet, os Reis de Fez, Marrocos e Argélia, com outros em grande pompa.

BAJAZET:

Grandes reis da Barbária e meus paxás,
Soube que os tártaros e ladrões do leste,
Sob o comando do tal Tamerlão,
Buscam briga com seu imperador,
E pensam levantar o nosso cerco
Da famosa Constantinopla grega.
Sabem que nossa hoste é invencível:
Temos tantos turcos circuncidados
E bandos de renegados cristãos

CHRISTOPHER MARLOWE: TAMERLÃO

Quanto o oceano e o mar Terreno[9]
De gotas d'água ao começar a lua
A juntar seus chifres fazendo um círculo.
Mas não queremos lutar co' estrangeiros
Nem levantar o cerco sem que os gregos
Se rendam, ou sufoquem nas muralhas.

FEZ:

Famoso Imperador e general,
Por que não enviar os seus paxás,
Pra dizer-lhe que fique só na Ásia,
Ou sai ameaça de arma, luta e morte
Da boca do potente Bajazet?

BAJAZET:

Vai logo, meu paxá, procurar Pérsia,
E diz que o Imperador Turco, seu senhor,
Senhor de África, Europa e Ásia,
Grande rei e conquistador da Grécia,
Do oceano Terreno e do mar Morto,
O mais alto monarca deste mundo,
Quer e comanda (eu repito, não peço)
Que nunca ponha o seu pé na África,
Nunca ouse abrir suas cores na Grécia,
Senão incorre em minha fúria e ira.
Diz-lhe que me contento co' armistício,
Por conhecer-lhe a têmpera valente;
Mas se se arrisca, com poder tão tolo,
Deve ser louco pra enfrentar-me as armas.
Depois, fica com ele. Assim eu quero:
E se antes de o sol medir o Céu
Com tripla órbita, não voltas para nós,
Nos tomaremos sua nova manhã,
Pois se ele não devolve o mensageiro,
Queira ele ou não, a ti nós buscaremos.

9 Mar Mediterrâneo.

218 DRAMATURGIA ELIZABETANA

PAXÁ:

Maior e mais possante dos monarcas,
Seu paxá cumprirá o seu desejo,
Mostrando ao persa qual o seu prazer,
Como compete a um legado do Turco.
(*Sai o Paxá.*)

ARGÉLIA:

Eles dizem que é ele o rei da Pérsia;
Mas para ousar abalar o seu cerco,
Precisaria dez vezes mais tropas,
Pois toda carne treme ante sua força.

BAJAZET:

Verdade, Argélia; tremem se eu os olho.

MARROCOS:

Sua tropa apta seca até as fontes,
Pois a chuva não cai aqui na terra,
E nem a tocam os raios do sol,
Tamanha a multidão que ela recobre.

BAJAZET:

Isso é verdade igual a Maomé;
E nosso hálito derruba as árvores.

FEZ:

Que julga ser o melhor de seus feitos
Ao buscar a derrota da cidade?

BAJAZET:

Eu quero que os prisioneiros de Argélia
Cortem a água que dos canos de chumbo
Do monte Carnon chegam à cidade.
Dois mil cavalos buscando o que comer
Impedem que por terra venha auxílio:
Por mar só vão mandar minhas galeras.
Então a infantaria estará perto,
E com canhões de bocas como Orco,

CHRISTOPHER MARLOWE: TAMERLÃO   219

Destroem muros, para entrarmos;
E assim conquistamos nós os gregos.

Saem.

Cena 2

Agidas, Zenócrate, Anipe, com outros.

AGIDAS:
Permita-me ousar, alta Zenócrate,
Saber a causa de inquietos momentos
Que abalam seu repouso costumeiro?
É tão triste que um rosto assim celeste
Por dor no coração empalideça,
Quando a captura vil por Tamerlão
(Que deve ser seu maior desprazer)
Já parece ter sido assimilada.

ZENÓCRATE:
Embora já de há muito assimilada
Devido a seus presentes excessivos,
Que à Rainha do Céu contentariam,
Mudando o meu desdém inicial,
Tenho outra paixão na minha mente,
De conceitos incessantes e tristes,
Que me tornam o rosto assim inerte,
E se levassem ao fim meus extremos
Me fariam contrafação da morte.

AGIDAS:
Antes se derretera o céu eterno,
E o que corta o prateado olhar de Febo,
Mas não aconteça à bela Zenócrate!

ZENÓCRATE:
Que vida e alma pulsem em seu peito,

Com meu corpo insensível como a terra;
Ou unam-se aos dele o meu corpo e alma
Pr'eu viver e morrer com Tamerlão!

Entram [atrás] Tamerlão, com Techeles e outros.

AGIDAS:

Com Tamerlão? Mais que bela Zenócrate,
Não deixe um homem tão vil e tão bárbaro,
Que a separa de seu pai com despeito,
Não lhe concede as honras de rainha,
(E a deixa concubina sem valor),
Ter seu amor senão por necessário.
Se o Sultão tem agora novas suas,
Sua Alteza não duvida que, em breve,
Ele há de – destruindo Tamerlão –
Redimi-la da mortal servidão.

ZENOCRATE:

Agidas, não me fira com palavras;
Fale de Tamerlão como merece.
O tratamento que nós temos dele
Bem dista de vileza ou servidão,
E em outro seria dito principesco.

AGIDAS:

Como gostar de aspecto tão feroz,
Que só planeja golpes marciais?
Alguém que, ao tomá-la em seus braços,
Vai contar-lhe os milhares que matou;
E quando há de esperar fala amorosa,
Só falará de atos de guerra e sangue,
Violentos demais pra seus ouvidos.

ZENÓCRATE:

Como o sol sobre a corrente do Nilo,
Ou a manhã que o estreita em seus braços,
Assim belo é Tamerlão, meu amor;
Fala mais doce que a canção das Musas,

CHRISTOPHER MARLOWE: TAMERLÃO

Quando cantam em honra de Pierides;
Ou qual Minerva em luta com Netuno;
E me daria valor inda mais alto
Que o de Juno, mulher do deus mais alto,
Se me ligasse ao grande Tamerlão.

AGIDAS:

Mas não seja no amor tão inconstante;
Deixe que ainda espere o jovem árabe,
Pra livre escolha depois que for salva.
Veja, embora a princípio o Rei da Pérsia,
Sendo pastor, mostrava amá-la muito,
Agora, em majestade, já não olha,
Nem fala com favor ou com conforto,
Com cortesia apenas rotineira.

ZENÓCRATE:

Donde as lágrimas que marcam meu rosto,
Temendo não merecer seu amor.

*Tamerlão vai até ela, toma-a amorosamente pela mão, tem olhar
furioso para Agidas, mas não diz nada.
Saem todos menos Agidas.*

AGIDAS:

Traído por fortuna e amor suspeito,
Ameaçado com ciúme e cenho irado,
Tomado do temor de uma vingança,
'Stou aterrado; e mais surpreendido
Co' a cólera de ocultos sentimentos,
Envolta no silêncio da alma irada.
Seu cenho retratava morte horrenda;
Nos olhos, a fúria do coração,
Cometas que ameaçam com vingança,
Que lhe deixam o rosto com tom pálido.
Como os homens do mar ao ver as Híades
Juntando hoste de nuvens cimérias,
(Deuses do vento em cavalos alados,

Suarentos, pelas águas dos Céus,
Criando trovões com o bater da espada,
E raios com os escudos se agredindo),
Recolhem velas, o mar examinam,
E oram aos Céus para pedir auxílio
Contra o terror dos ventos e das ondas:
Assim sentiu Agidas esse cenho,
Que lançou tempestade à minha mente,
E adivinha a derrota da minh' alma.

Entra Techeles com adaga nua e Usuncasane.

TECHELES:
Já viu como o rei te saúda, Agidas?
Pede que profetize a intenção.

AGIDAS:
Eu já profetizei, e agora provo
O olhar mortal de ciúme e amor.
Nem teve de falar para eu ter medo;
Palavra é nada ante a ferramenta
Que indica a ação do fim anunciado.
E diz: "Agidas, tu por certo morres,
De atos extremos escolhe o menor;
Mais honra e menos dor podes obter
Morrendo por tua resoluta mão,
Que por tormentos que ele e o Céu juraram."
Depressa, Agidas, pr'evitar as pragas
Que o fado prolongado te trará.
Vai, livre do medo da fúria dele,
Fica longe do tormento e do inferno
Com que ele pode torturar-te a alma,
Deixa Agidas ser morto por Agidas,
E com um punhal dormir pra eternidade.
(*Ele se apunhala.*)

CHRISTOPHER MARLOWE: TAMERLÃO

TECHELES:

Usuncasane, ele acertou bem
O desejo de nosso senhor, o rei.

USUNCASANE:

Sim, Techeles, o homem agiu bem;
E já que era tão sábio e tão honrado
Vamos honrá-lo levando-o daqui,
E dar-lhe funeral de tripla honra.

TECHELES:

De acordo; haveremos de honrá-lo.

Saem carregando o corpo.

Cena 3

Tamerlão, Techeles, Usuncasane, Teridamas, Paxá, Zenócrate, Anipe e outros.

TAMERLÃO:

Paxá, teu senhor e mestre já sabe
Que eu pretendo encontrá-lo em Bitínia:
Vê como eles vêm! Os turcos se gabam
E ameaçam mais do que eles podem.
Enfrentar-me no campo e te levar!
Coitado! Pobre Turco! É muito fraco
Pra enfrentar a força de Tamerlão.
Vê meu campo e diz, sem preconceito:
Meus capitães e tropa não parecem
Já prontos para conquistar a África?

PAXÁ:

Seus homens são valentes, mas são poucos,
Não podem assustar tamanho exército.
Meu senhor, comandante deste mundo,
Além de quinze reis subordinados,
Tem em armas também dez mil janízaros,

Montados em corcéis da Mauritânia,
Trazidos à guerra por homens de Trípoli;
Duzentos mil infantes que serviram
Lutando em duas batalhas na Grécia;
E para a expedição só desta guerra,
Se quiser tira de destacamentos
Muitos homens a mais para servi-lo.

TECHELES:
Quantos mais forem, melhor o butim.
Ao morrerem em nossas mãos guerreiras,
Monto os nossos infantes nos cavalos,
E saqueio os imponentes janízaros.

TAMERLÃO:
Será que os tais reis seguem o teu senhor?

PAXÁ:
Os que quiser, sua alteza; e alguns
Ficam pra subjugar províncias novas.

TAMERLÃO:
(*para os seus Oficiais*) Pois lutem bem, que as coroas
são suas;
Esta mão as pousará em suas testas,
Só por fazer-me Imperador da Ásia.

USUNCASANE:
Traga ele milhões infindos de homens,
Despopulando a África e a Grécia,
Nossa vitória é mesmo assim segura.

TERMIDAME:
O que num instante derrotou dois reis
Mais poderosos que o imperador turco,
Vai surgir na Europa e perseguir
Até a morte sua tropa dispersada.

TAMERLÃO:
Bem dito, Teridames; fale assim;
Pois "Vai" e "Faz" convêm a Tamerlão,
A quem estrelas dão firme esperança

CHRISTOPHER MARLOWE: TAMERLÃO

De triunfo contra todo inimigo.
Sou verdugo de Deus, e não à toa,
Único medo e terror deste mundo.
Primeiro venço o Turco, depois solto
Os cativos cristãos, que escravizam
Pesando os seus corpos com correntes,
Mas dando-lhes comida parca e fina;
Que remam nus por todo o mar Terreno,
E se repousam ou sequer respiram
São espancados co' horrendos bastões,
Até cair arfando nas galés
Cada remada luta pela vida.
São os piratas cruéis da Argélia,
Raça danada, rebotalho d'África,
Habitada por esses renegados,
Que envergonham o sangue cristão;
Mas a cidade há de maldizer
O dia que viu Tamerlão na África.

Entram Bajazet e seus paxás, e os reis subordinados de Fez, Marrocos, e Argélia; Zabina e Ebea.

BAJAZET:

Paxás e meus janízaros da guarda,
Atendam a pessoa de seu senhor,
Que é o maior potentado da África.

TAMERLÃO:

Techeles e todos, espadas prontas;
Quero encontrar-me com esse Bajazet.

BAJAZET:

Reis de Fez, de Marrocos e Argélia,
Ele diz Bajazet quem chamais senhor!
É tal a presunção do escravo cita!
Digo, vilão, que o meu cavalariço
Levam a dignidade de seus títulos.
E ousa chamar-me só de Bajazet?

TAMERLÃO:

 Ouve, Turco, os meus cavalariços
 Te levarão cativo pela África;
 E ousas tu chamar-me Tamerlão?

BAJAZET:

 Pela tumba do primo Maomé
 E por todo o Alcorão aqui juro
 Que ele será feito casto eunuco
 Pra cuidar-me, no harém, as concubinas;
 E esses fortes capitães vão puxar,
 O carro desta minha imperatriz,
 Que eu trouxe para ver sua derrota

TAMERLÃO:

 Por esta espada que venceu a Pérsia,
 Tua queda me dará fama no mundo.
 Eu não direi o que farei contigo,
 Mas todos os soldados da minha hoste
 Sorrirão da miséria em que estarás.

FEZ:

 Por que, potente imperador dos turcos,
 Fala com o vil e baixo Tamerlão?

MARROCOS:

 Homens mouros, valentes da Barbária,
 Como suportam tais indignidades?

ARGÉLIA:

 Deixe as palavras, faça-o sentir lanças,
 Essas que atravessaram ventres gregos.

BAJAZET:

 Meus reis subordinados, foi bem dito:
 Suas triplas hostes, minha imensa tropa,
 Hão de engolir os persas mal nascidos.

TECHELES:

 Potente e renomado Tamerlão,
 Por que prolongar tanto a vida deles?

CHRISTOPHER MARLOWE: TAMERLÃO

TERIDAMAS:

Quero as coroas em nossas espadas,
Pra reinarmos quais reis por toda a África.

USUNCASANE:

Que covarde não luta por tal prêmio?

TAMERLÃO:

Pois lutem com bravura e sejam reis;
Eu disse, minhas palavras são oráculos.

BAJAZET:

Zabina, mãe de três bravos meninos,
Ainda mais que Hércules que, infante,
Esganou as serpentes venenosas;
Com mãos criadas pra lanças guerreiras,
Ombros nascidos para as armaduras,
Membros maiores, mais desenvolvidos,
Que os dos moleques gerados por Tifon;
Que ao atingir a idade do pai,
Hão de derrubar torres com seus punhos:
Senta-te aqui nesta sege de estado[10],
E usa a minha imperial coroa
Até eu trazer o forte Tamerlão
E os seus capitães acorrentados.

ZABINA:

Que um tal sucesso tenha Bajazet!

TAMERLÃO:

Zenócrate, a mais bela das donzelas,
Mais que rochas de pérolas e gemas,
O só paradigma de Tamerlão,
De olhos mais claros que as luzes do Céu,
E fala mais suave que a harmonia!
Cujo aspecto ilumina o céu escuro,
E acalma a ira do trovão de Júpiter:
Senta a seu lado, usa a minha coroa,

10 Sem sugestão no texto, ele agora se dirige a Zabina.

228 DRAMATURGIA ELIZABETANA

Como se fosse imperatriz do mundo.
Não te mexas, Zenócrate, até que
Me vejas marchando com os meus homens,
Em triunfo sobre ele e os seus reis,
Que hás de ver vassalos a teus pés:
Com a coroa atesta o meu valor,
Domina com a palavra; nós com as armas!

ZENÓCRATE:

E possa o meu amor, o Rei da Pérsia,
Voltar sem ferimento e vitorioso!

BAJAZET:

Ora verás a força de armas turcas,
Que já fizeram tremer toda a Europa.
São turcos, árabes, mouros, judeus
Bastantes pra cobrir toda a Bitínia.
Morram milhares; as suas carcaças
Serão pro resto muralha e baluarte;
Qual cabeças de hidra, é o meu poder,
E submisso, será forte como antes.
Se oferecessem nuca às suas espadas
Os braços de teus homens não têm golpes
Para as cabeças que ofereço a ti.
Não sabes, imprudente Tamerlão,
O que é enfrentar-me em campo aberto,
Onde não sobra chão para marchares.

TAMERLÃO:

Nossas espadas abrirão caminho,
Costumamos marchar sobre os vencidos,
Com os cavalos pisando suas tripas –
Os bons cavalos das colinas tártaras.
Como a de César é minha tropa,
Que nunca lutou senão com vitória;
Nem na Farsália houve guerra tão quente
Quanto esta que deseja quem me segue.
Legiões de espíritos pairam no ar

CHRISTOPHER MARLOWE: TAMERLÃO

Dirigindo-nos as balas e as armas,
Nossos golpes ferindo até o ar.
E ao ver nossas bandeiras desfraldadas,
A Vitória começa a retirar-se,
Pra repousar na minha branca tenda.
Vamos, senhores, tomemos as armas;
O campo é nosso, turco, mulher, tudo.
(*Sai com seus seguidores.*)

BAJAZET:

Vamos, reis e paxás; nossas lâminas
Estão sedentas de sangue dos persas.
(*Sai com os seus seguidores.*)

ZABINA:

Vil concubina, assim posta ao meu lado,
Sendo eu a imperatriz do grande Turco?

ZENÓCRATE:

Por que tal desdém, turca preguiçosa!
Chamas-me concubina, a mim, a noiva
Do grande e onipotente Tamerlão?

ZABINA:

De Tamerlão, o grande ladrão tártaro?

ZENÓCRATE:

Ainda irás lastimar tuas palavras,
Quando o mestre dos paxás mais tu mesma
Implorarem piedade aos pés reais,
E me pedirem ser sua advogada.

ZABINA:

Pedir a ti! Te digo, sem-vergonha,
Que serás lavadeira de minha aia!
Tu gostas dela, Ebea? Vai servir?

EBEA:

Senhora, ela se julga boa demais
Mas eu mudo esses trajes, logo, logo,
E faço esses dedinhos trabalharem.

ZENÓCRATE:

> Ouviste, Anipe, falar tua criada?
> E a ameaça da minha escrava, sua senhora?
> Por seu abuso elas serão usadas
> Pra preparar o rancho dos soldados,
> Pois por perto de nós não as queremos.

ANIPE:

> Volta e meia ordene sua alteza
> Que façam o que nem criada faz.

Ouve-se o som da batalha, depois cessa.

ZENÓCRATE:

> Deuses e forças que mandam na Pérsia,
> E fazem de meu senhor um grande rei,
> Façam-no forte contra Bajazet,
> E que o inimigo, um bando de cabritos
> Caçados, fujam lhe temendo o olhar,
> E eu o veja sair conquistador!

ZABINA:

> Agora, Maomé, implora a Deus
> Que do céu caia uma chuva assassina
> Que parta crânios citas e os assassine,
> Que ousaram tomar armas contra aquele
> Que doou joias ao altar sagrado,
> Quando ele combateu contra os cristãos!

Novos ruídos de batalha.

ZENÓCRATE:

> Agora os turcos já nadam em sangue,
> E Tamerlão é o senhor de África.

ZABINA:

> Estás enganada, – Ouvi trombeta assim
> Quando o imperador venceu os gregos,
> E os levou cativos para a África.

CHRISTOPHER MARLOWE: TAMERLÃO

Usarei como devo o teu orgulho,
Prepara-te para viver minha escrava.

ZENÓCRATE:

Se Maomé vindo do céu jurasse
Que meu senhor 'stá morto e conquistado,
Nem mesmo assim deixava eu de saber
Que ele estava vivo e triunfante.

Bajazet foge e ele[11] o persegue. A batalha acabou e eles entram. Bajazet é dominado.

TAMERLÃO:

Então, rei dos paxás, quem conquistou?

BAJAZET:

Tu, graças à fortuna da derrota.

TAMERLÃO:

Onde estão os teus reis subordinados?

Entram Techeles, Teridamas, Usuncasane.

TECHELES:

Eis as coroas; há corpos em pilhas.

TAMERLÃO:

Uma pra cada. Lutaram quais reis!
Entreguem-nas ao meu tesouro.

ZENÓCRATE:

Permita que devolva ao nobre senhor
A sua coroa que foi tão bem ganha.

TAMERLÃO:

Não, Zenócrate; tire dela a turca
E me coroe Imperador da África.

ZABINA:

Não, Tamerlão, pois embora vencendo
Inda não há de ser senhor da África.

11 Tamerlão, fica subentendido.

TERIDAMAS:

Dá-lhe a coroa, turca; é o melhor.

Ele a tira dela e a dá a Zenócrate.

ZABINA:

Vilões injuriosos! Ladrões! Crápulas!
Não se trata assim minha majestade!

TERIDAMAS:

A senhora é Imperatriz; e ela não.

TAMERLÃO:

Não, Teridamas; seu tempo se foi.
As colunas de apoio desse título
Caíram em pedaços aos meus pés.

ZABINA:

Mesmo preso, pode ser resgatado.

TAMERLÃO:

Nem todo o mundo resgata Bajazet.

BAJAZET:

Bela Zabina, em campo nós perdemos;
E nunca sofreu um imperador turco
Tamanha derrota ante um estrangeiro.
Com alegria os hereges cristãos
Badalam seus supersticiosos sinos,
Fazem fogueiras por minha derrota.
Porém antes que eu morra esses idólatras
Vão fazer-me fogueiras com seus ossos,
Pois se perdi a glória deste dia,
África e Grécia têm tropas bastantes
Pra fazer-me de novo soberano.

TAMERLÃO:

As defesas muradas eu derrubo,
E de mim faço o senhor da África.
De modo que do leste até o oeste
Vai Tamerlão cingir com o braço forte.
Trirremes e outras naus de assaltantes

CHRISTOPHER MARLOWE: TAMERLÃO

Que invadem sempre o golfo de Veneza,
E para azar cristão pairam no Estreito,
Vão baixar âncora na ilha de Zante
Até que naves da armada da Pérsia,
Navegando no mar oriental,
Tenham cercado o continente indiano
Desde Persépolis até o México[12],
Daí até o estreito em Gibraltar;
Onde se encontrarão, juntando forças,
Pr'assustar de Portugal a baía[13],
E o oceano das costas britânicas;
E por tais meios tenho enfim o mundo.

BAJAZET:

Fixe um resgate pra mim, Tamerlão.

TAMERLÃO:

Pensas que Tamerlão quer o teu ouro?
Hei de viver pra fazer reis da Índia
Oferecer-me ouro pra ter paz,
Cavar tesouros pr'aplacar-me a ira.
Amarrem ambos; alguém leve o turco,
E serva de meu amor leve a turca.

Eles são amarrados.

BAJAZET:

Vilões! Ousam tocar braços sagrados?
Oh, Maomé! Oh, Maomé que dorme!

ZABINA:

Maldito Maomé, que assim nos faz
Escravos desses citas rudes, bárbaros!

TAMERLÃO:

Vamos, pra dentro; e a alegre conquista
Tenha festa solene e marcial.

---

12 Marlowe não leva em conta o fato de as Américas só terem sido descobertas quase um século após a morte de Tamerlão.

13 O termo usado é Portingale, e se refere a Biscaia.

Saem.
Finis Actus Tertii

Ato IV
Cena 1

O Sultão do Egito, com três ou quatro Nobres, Capolin e um
Mensageiro.

SULTÃO:
      Alerta, homens de Menfis; ouçam sons
      De trompas citas! Ouçam basiliscos[14]
      Que urrando tombam torres de Damasco!
      O canalha do Volga tem Zenócrate,
      A filha do Sultão, por concubina,
      E com tropa de ladrões vagabundos
      Abre suas cores pra nossa vergonha,
      Enquanto vocês, egípcios covardes
      Cochilam nas férteis margens do Nilo,
      Quais crocodilos que ficam sem medo
      Se balas de canhão riscam suas peles.

MENSAGEIRO:
      Não, grande Sultão; e se acaso visse
      O olhar de ira em fogo de Tamerlão,
      Que com terror e olhos imperiais
      Mandam no coração dos companheiros,
      Também se espantaria sua majestade.

SULTÃO:
      Vilão, digo que sendo Tamerlão
      Monstruoso qual górgona, ou do inferno,
      Não se afasta dele um pé o Sultão.
      Diga, que poder tem ele?

14 Canhões.

MENSAGEIRO:

> Senhor,
> Trezentos mil vestidos com armadura
> Em seus corcéis desdenhosos do chão:
> Quinhentos mil infantes, bem armados,
> Brandindo espadas, e lanças pontudas,
> Cercando sua bandeira, que assim vira
> Perigo igual à floresta de espinhos:
> Suas máquinas de guerra e munição
> São força inda maior que toda a tropa.

SULTÃO:

> E com número igual ao das estrelas,
> Ou ao dos pingos das chuvas de abril,
> Ou ao das folhas que caem no outono,
> Mesmo assim o Sultão, com seu poder,
> Iria dispersá-los com sua ira,
> Sem sobrar ninguém vivo pra chorá-los.

CAPOLIN:

> Vossa Alteza podia, se tivesse
> Tempo para juntar tropa e guerreiros.
> Mas Tamerlão, por ser tão diligente,
> Tem vantagem do vosso despreparo.

SULTÃO:

> Pois que tenha a vantagem que puder.
> Se o mundo inteiro lutasse por ele,
> Fosse ele o demo, mas é só um homem,
> Como vingança da bela Zenócrate
> Que ele retém a despeito de nós,
> Este braço o lançaria no Erebus,
> Pra encobrir sua noite de vergonha.

MENSAGEIRO:

> Praza à vossa potência compreender,
> Que ele ser resoluto é mais que tudo.
> No dia um em que monta suas tendas,
> Elas são brancas, e em seu brasão de prata

A pena alva e salpicada é ostentada,
Pra expressar a brandura de sua mente
Que, com butim que baste, não quer sangue.
Mas quando sobe uma segunda Aurora,
Toda rubra se torna a instalação,
E sua ira quente pede sangue,
E não poupa ninguém que porte armas.
Se isso inda não gera submissão,
A sua cor é preta, preta a tenda,
Espada, escudo, corcel, armas, plumas;
Penas negras prometem morte e inferno!
Sem respeito por sexo, idade ou título,
Com fogo e espada arrasa o inimigo.

SULTÃO:
Impiedoso vilão! Vil ignorante
Das leis da guerra e marcial disciplina!
Pilhagem e matança são sua norma;
O escravo usurpa a glória que é a guerra.
Vê, Capolin, que o belo rei da Arábia
Destituído por esse vilão
Da minha bela filha, o seu amor,
Seja logo alertado pra juntar-se
A nós na guerra, e ser também vingado.

Saem.

Cena 2

Tamerlão, Techeles, Terudamas, Usuncasane, Zenócrate, dois Mouros puxando Bajazet em sua jaula, e sua mulher (Zabina) a segui-lo.

TAMERLÃO:
Tragam meu banco para os pés.

CHRISTOPHER MARLOWE: TAMERLÃO

Eles o retiram da jaula.

BAJAZET:

Clérigos do divino Maomé,
Que, em sacrifício, cortam sua carne
E mancham os altares com seu sangue!
Mandem que o céu condene, e que as estrelas
Suguem veneno desses brejos mouros,
E o derramem na goela do tirano.

TAMERLÃO:

Deus supremo, que move toda a esfera
Envolta pelas mil chamas eternas,
Queime antes a glórias desse Céu
Do que conspire pela minha queda.
Mas tu, vilão, que isso me desejas,
Cai prostrado na terra que o desdenha,
Sustenta os pés do grande Tamerlão,
Para que eu suba ao meu trono real.

BAJAZET:

Antes co' a espada me arranques as tripas,
E dês meu coração a morte e inferno,
Que eu me sujeite a tal escravidão.

TAMERLÃO:

Escravo baixo e vil de Tamerlão,
Indigno de abraçar ou pisar chão,
Que tem a honra de aturar-me o peso;
Curva-te, vilão; curva-te te ordena
Quem tem poder pra ver-te retalhado,
Ou espalhado como os altos cedros
Quando atingidos pela voz de Júpiter.

BAJAZET:

Mas quando eu olho esses monstros danados,
Olhem-me, monstros! E tu, deus dos infernos
Bate com o cetro essa terra odiosa,
Para que a ambos nos engula agora!

DRAMATURGIA ELIZABETANA

Tamerlão sobe para a cadeira dele.[15]

TAMERLÃO:

Que limpe o ar sua tripla região,
Pra que a celeste majestade veja
O flagelo e terror de imperadores.
Sorriram astros ao meu nascimento,
Atenuando a luz de outras lâmpadas!
Desdenhem de emprestar de Cíntia a luz,
Pois sou a maior lâmpada da terra,
Nascida suave ao subir no leste,
Mas hoje fixa no meridiano,
Mandarei fogo às esferas que giram,
Fazendo o sol pedir-vos que o emprestem.
A espada tirou fogo de seu aço
Quando esse turco eu venci na Bitínia;
Como quando uma exalação fogosa
Sai das entranhas de nuvem gelada,
Lutando pra passar estala o céu,
E lança a luz de um raio sobre a terra:
Mas antes de marchar pra rica Pérsia,
Deixar Damasco ou campos egípcios,
Como o famoso filho de Climene,
Que quase partiu o eixo do Céu,
Assim nossas espadas, lanças, tiros
Vão encher todo o ar de meteoros:
E então, com o céu tão rubro quanto o sangue
Será dito que eu o fiz vermelho,
Pra que eu pensasse só em sangue e guerra.

ZABINA:

Rei sem valor, que só por crueldade
Ilegalmente roubas trono persa,
Ousas, sem nunca ver um imperador,

---

15 Esse desleixo é típico das rubricas de publicações da época, que confiavam no leitor para deduzir que Tamerlão pisava em Bajazet.

CHRISTOPHER MARLOWE: TAMERLÃO

Antes do meu marido, em campo aberto,
Tendo-o cativo, abusar quem o é?
Prendendo em jaula o seu corpo real,
Que palácios cobertos de ouro
Deviam, preparados, receber?
Pisando, com teus pés tão repugnantes,
Os pés que reis da África beijaram?

TECHELES:

Senhor, precisa achar pior tormento
Para frear essas línguas cativas.

TAMERLÃO:

Cuida, Zenócrate, de tua escrava.

ZENÓCRATE:

É escrava de minha aia, que há de ver
Que tais abusos saiam dessa língua.
Repreende-a, Anipe.

ANIPE:

Ouve essas repreensões, escrava,
Está ofendendo a pessoa do rei;
Se não, será chicoteada, nua.

BAJAZET:

Tamerlão, que és grande por minha queda,
Hás de cair pelo orgulho ambicioso,
Por pisar nas costas de Bajazet,
Que merece cavalgar quatro reis.

TAMERLÃO:

Teus nomes, títulos, tuas dignidades,
Fugiram de Bajazet para mim,
Onde ficam, contra um mundo de reis.
Ponham-no de volta.

Ele é posto de volta na jaula.

BAJAZET:

Este é o lugar pro grande Bajazet?
Que a confusão caia em quem a ti ajuda!

240 DRAMATURGIA ELIZABETANA

TAMERLÃO:

Em vida, é aí que fica Bajazet;

E puxado em triunfo onde eu for.

Tu, sua mulher, alimenta-o com restos

Que os servos te darão, da minha mesa;

E quem lhe der comida que não essa

Fica com ele, mas morre de fome.

É o que penso, e é isso que quero.

Nem todo o rei e imperador do mundo,

Querendo pôr coroas a meus pés,

O resgatam ou tiram-no da jaula.

A história que falar de Tamerlão,

No ano maravilha de Platão[16],

Dirá como eu tratei a Bajazet.

Os mouros que o trouxeram da Bitínia

Para a bela Damasco, onde ficamos,

O puxarão pra onde quer que formos.

Techeles, e meus outros seguidores,

Vemos agora as torres de Damasco

Tais como as sombras das grandes Pirâmides,

Que embelezam as planícies de Menfis.

A estátua de ouro da ave emplumada[17]

Que abre as asas sobre as suas muralhas,

Não as defende dos nossos ataques,

E cada casa agora é um tesouro;

Homens, tesouros, cidade são nossos.

TERIDAMAS:

Com suas tendas, fora dos portões,

Com as bandeiras mostrando amizade,

Duvido que o governador não ceda,

Dando Damasco a sua majestade.

16 Quando ficariam equalizadas as irregularidades dos movimentos planetários.
17 Ibis.

CHRISTOPHER MARLOWE: TAMERLÃO 241

TAMERLÃO:

Por isso vivem ele e todos mais.
Mas se esperar a bandeira sangrenta
Avançar, rubra, no meu pavilhão,
Ele morre, com os que nos impediram.
E se virem hasteada a marca negra,
Com tristes flâmulas sobre as cabeças,
Mesmo sendo a cidade o mundo inteiro
Não escapa ninguém, e morrem todos.

ZENÓCRATE:

Deveria, por mim, sentir piedade,
Por seu o meu país, e o de meu pai.

TAMERLÃO:

Nem pelo mundo; eu jurei, Zenócrate.
Vamos, tragam o turco.

Saem.

Cena 3

Sultão, o Rei da Arábia, Capolin, com flâmulas coloridas, e Soldados.

SOLDADO:

Parecemos marchar qual Meleager,
Cercados por guerreiros da Argólia,
Pra caçar o javali calidônio,
Ou Céfalo e seus valentes tebanos
Contra o lobo que enviou irada Ártemis
Para arrasar doces campos Aônios.
O monstro de quinhentas mil cabeças,
Composto de rapina, saque e assalto,
Lixo do mundo e verdugo de Deus,
Mata no Egito e a nós já perturba.
Senhor, é o sanguento Tamerlão,
Forte, cruel, ladrão de baixa classe,
Que matando alcançou coroa persa,

E ousa mandar em nossos territórios.
Para domar o orgulho dessa fera,
Junte árabes à hoste do Sultão:
Façamos uma nossas reais tropas,
Pra levantar o cerco de Damasco.
É uma mácula na majestade
E posto de imperadores potentes,
Que usurpador vagabundo como esse
Enfrente um rei, ou use uma coroa.

REI DA ARÁBIA:

Sultão famoso, ouviu falar, há pouco,
Da derrota do grande Bajazet
Em função dos limites da Bitínia?
Da escravidão com que ele persegue
O nobre Turco e sua imperatriz?

SULTÃO:

Ouvi, e choro esse seu mau sucesso;
Porém, nobre senhor da grande Arábia,
Acredite o Sultão não sofrer mais
Com as notícias dessa sua queda
Do que os céus quando vê piloto inerte,
Ao ver batida ao vento nau alheia
Que se destroça contra aguda rocha.
Porém em compaixão ao seu estado,
Fiz a ele e aos Céus jura sagrada,
Inda com o nome da sagrada Ísis,
Que Tamerlão vai lamentar o dia
Em que fez a ignomínia de tal erro
Contra a figura sagrada de um príncipe,
Ou retém assim a bela Zenócrate
Por concubina. Temo sua luxúria.

REI DA ARÁBIA:

Que a fúria nos precipite a vingança;
Que Tamerlão, por suas ofensas sinta
Pragas que o céu derrame sobre ele.

CHRISTOPHER MARLOWE: TAMERLÃO

Quero partir minha lança em seu elmo
Pôr à prova seu braço vitorioso;
Creio ser demais pródiga a fama
Ao ressoar no mundo o seu louvor.

SULTÃO:

Capolin, revistaste a nossa tropa?

CAPOLIN:

Imperadores do Egito e da Arábia,
Vossas forças unidas ora contam
Cento e cinquenta mil de bons cavalos;
Duzentos mil infantes, bem armados,
Corajosos, ansiando o desafio,
Como o alegre jogo da caçada
De feras em desertos e florestas.

REI DA ARÁBIA:

Tamerlão, meu espírito prediz
Ruína pra teus homens e tu mesmo.

SULTÃO:

Subam bandeiras; rufem os tambores,
Soldados, vão pros muros de Damasco.
Tamerlão, ora avança o Sultão bravo,
Levando com ele o Rei da Arábia.
Pr'atenuar a tua obscuridade,
Pois tua fama é só de roubo e saque,
Pr'arrasar e espalhar tua torpe corja,
Toda de citas e de escravos persas.

Saem.

Cena 4

*O Banquete; e ele vem até Tamerlão, todos de escarlate, todos em
escarlate, Zenócrate, Teridamas, Techeles, Usuncasane, o Turco,
Bajazet em sua jaula, Zabina, com outros.*

TAMERLÃO:

Pendamos cores rubras em Damasco,
Que ponham tons de sangue em suas mãos,
Quando andam tremendo nas muralhas,
Meio mortos de medo de minha ira:
Depois, nos banqueteemos com alegria,
Bebendo taça cheia ao deus da guerra,
Que quer encher os seus elmos de ouro,
E os fazer todos tão ricos com Damasco
Quanto Jasão com o velocino de ouro. –
Bajazet, ainda tem fome brava?

BAJAZET:

Sim, uma fome, cruel Tamerlão, que me levaria a alimentar-me com seu coração sangrento.

TAMERLÃO:

O seu é bem mais fácil de pegar; arranca-o e nós o serviremos a ti e à tua esposa. Vamos, Zenócrate, Techeles e o resto, comam seus alimentos.

BAJAZET:

Comam, porém sem nunca digeri-los!
Fúrias, que sabem fazer-se invisíveis,
Desçam ao fundo do lago de Avernus,
Tragam nas mãos veneno dos infernos,
Pra manchar a taça de Tamerlão!
Ou serpes aladas do Lerna, deitem
Seu fel fatal nos pratos do tirano!

ZABINA:

Que esse banquete seja tão fatídico
Quanto Progne pro Rei da Trácia adúltero,
Alimentado com partes de seu filho.

ZENÓCRATE:

Meu senhor, como atura as maldições
Tão ultrajantes desses seus escravos?

TAMERLÃO:

Pra que vejam, Zenócrate divina,

CHRISTOPHER MARLOWE: TAMERLÃO

Que acho glória as ofensas do inimigo,
Tendo o poder do Céu imperial
Pra devolvê-las às cabeças deles.

TECHELES:

Eu lhe peço que as permita, senhora; a fala
serve para refrescá-los.

TERIDAMAS:

Mas se sua alteza deixasse que fossem alimentados,
seria melhor para eles.

TAMERLÃO:

Moleque, não come? Teve educação tão delicada que
não pode comer a própria carne?

BAJAZET:

Antes legiões de diabos hão de o fazer em pedaços.

USUNCASANE:

Vilão, não sabe com quem 'stá falando?

TAMERLÃO:

Deixem pra lá. Toma; coma: tome o que está na ponta
da espada, ou a envio no teu coração.
(*Ele o pega e, a seguir, o pisoteia.*)

TERIDAMAS:

Ele amassou com os pés, senhor.

TAMERLÃO:

Apanha aí, vilão, e come; ou te obrigo a tirar fatia de
teus braços como bifes e comê-los.

USUNCASANE:

Não, é melhor que ele mate a mulher, pois assim ela morre
de fome e ele fica arranjado com alimento por um mês.

TAMERLÃO:

Eis minha adaga: liquida com ela enquanto está gorda;
pois se ela ainda viver um pouco mais vai ficar tubercu-
losa só de preocupação e aí não vai valer a pena comer.

TERIDAMAS:

Acredita que Maomé ature isso?

TECHELES:

Acho que sim, já que não pode impedir.

TAMERLÃO:

Vamos logo, engole essa carne. – O que, nem uma dentada? Vai ver que ele ainda não foi regado hoje; deem-lhe algo para beber.

Eles lhe dão água para beber e ele a atira no chão.

TAMERLÃO:

Pois que jejues e agradeças, senhor, quando a fome te fizer comer. Então, Zenócrate, o Turco e sua mulher não são um bom espetáculo para a hora do banquete?

ZENÓCRATE:

São, senhor.

TERIDAMAS:

A mim parecem bem melhor que um pequeno conjunto de músicos.

TAMERLÃO:

Mas a música cairia bem para distrair Zenócrate. Por favor, diga, por que está assim tão triste? Se quiser uma canção, o Turco força a voz. Mas o que é?

ZENÓCRATE:

Ver a cidade de meu pai cercada,
Deserto o próprio campo onde eu nasci.
Como evitar que afete a minha alma?
Se em si ainda perdura algum amor,
Ou meu amor por sua majestade
Merece algum favor de sua alteza,
Levante o cerco aos muros de Damasco,
E com meu pai faça acordo de paz.

TAMERLÃO:

Fosse o Egito a terra de Zeus, Zenócrate,
Faria minha espada Zeus curvar-se.
Eu hei de confundir cegos geógrafos

CHRISTOPHER MARLOWE: TAMERLÃO

Que veem no mundo tripla região[18],
E excluem área que eu hei de traçar,
E com esta pena reduzi-la a mapa,
Chamando rios, cidades, províncias
Pelo meu nome ou pelo seu, Zenócrate.
Aqui em Damasco hei de criar um ponto
Que é o início do perpendicular[19];
Quer que eu adquira o amor de seu pai
Com uma perda tal? – Diga, Zenócrate.

ZENÓCRATE:

Que a honra sirva sempre Tamerlão!
Mas permita-me pedir sempre por ele.

TAMERLÃO:

Contente-se com ficar ele a salvo,
Mais os amigos da bela Zenócrate,
Se com as vidas eles por bem cederem
Ou, forçados, Imperador me fazem;
Egito e Arábia terão de ser meus. –
Come, escravo! Deve dar-se por contente sendo ali-
mentado com os restos do meu prato.

BAJAZET:

Estômago vazio, só com ar quente,
Tira humores sangrentos de outras partes,
Preserva a vida e apressa a cruel morte.
Veias pálidas, tendões secos, duros,
Juntas frias; se eu comer, não morro.

ZABINA:

Come, Bajazet. Vivamos apesar deles, e algum poder
feliz há de salvar-nos.

TAMERLÃO:

Aqui, Turco; não quer um prato limpo?

18 Europa, Ásia e África.
19 Ao que parece, uma espécie de marco zero, o meridiano a partir do qual
seria medida e longitude.

BAJAZET:

Sim, tirano; e mais carne.

TAMERLÃO:

Calma, senhor; tens de fazer dieta; comer
demais causa indigestão.

TERIDAMES:

É verdade, senhor, ainda mais por andar tão pouco e
fazer pouco exercício.

Entra um segundo prato, de coroas.

TAMERLÃO:

Teridamas, Techeles e Casane, esses são os
quitutes em que gostariam de pôr as mãos, não?

TERIDAMAS:

Sim, meu senhor; porém só reis se alimentam com esses.

TECHELES:

Para nós basta vê-los, para só Tamerlão gozá-los.

TAMERLÃO:

Bem, estão aí agora o Sultão do Egito, o Rei da Arábia
e o Governador de Damasco. Pois agora tomem essas
três coroas e façam seus juramentos como meus reis
tributários. Eu os coroo aqui, Teridamas, Rei da Argélia;
Techeles, Rei de Fez; e Usuncasane, Rei do Marrocos.
O que diz a isso, Turco? Esses não são os seus reis
tributários.

BAJAZET:

E nem serão seus por muito tempo. Eu garanto.

TAMERLÃO:

Reis de Argélia, Marrocos e de Fez,
Marcharam felizes com Tamerlão
Desde as praias geladas do Céu
Até as lindas águas da manhã[20],
Dali por terra até a zona tórrida:

---

20 Até o ponto mais a leste.

CHRISTOPHER MARLOWE: TAMERLÃO

Mereçam os títulos que aqui lhes dou
Com bravura e com magnanimidade.
Seus berços não lhes mancharão a fama,
Pois a virtude é de onde nasce a honra,
E dos que merecem ela faz reis.

TERIDAMAS:

E já que sua alteza os outorgou,
Se não as merecermos com mais mérito,
Que tiveram nossos atos passados,
Que as retire e nos faça seus escravos.

TAMERLÃO:

Disse bem, Teridamas; quando os fados
Me deixarem bem forte no Egito,
Queremos viajar pro polo antártico,
Vencer quem vive sob os nossos pés,
E ter mais fama que qualquer monarca.
Zenócrate, não hei de coroá-la
Enquanto não tiver honra maior.

Saem.

Ato v
Cena 1

O Governador de Damasco, com três ou quatro cidadãos, e quatro Virgens com ramos de louro em suas mãos.

GOVERNADOR:

Continua esse homem, deus da guerra,
A bater nos muros e arrasar torres;
E ainda resistir, por teimosia,
Ou esperança que o Sultão nos salve,
Só favorece o sermos derrotados
E perdermos as vidas ameaçadas.

Já vimos suas tendas transformadas,
Com o terror dos mais escuros tons.
Suas cores negras de carvão avançam,
E ameaçam saquear a cidade;
E se, de acordo com os ritos da guerra,
Pedimos segurança à sua clemência,
Temo ser costume de sua espada –
Que ele observa qual parte de sua fama,
Só a fim de aterrorizar o mundo –
Sem qualquer alteração ou remorso,
Só será dada após as nossas mortes.
Então, pensando nestas virgens puras,
Com vida e honra dependendo dele,
Esperemos que suas preces sem jaça,
Suas lágrimas, gemidos de humildade,
Derretam a sua fúria em remorso,
E o façam conquistador amoroso.

VIRGEM 1:
Se humildes preces ou imprecações
(Ditas com lágrimas de dor e sangue,
Da cabeça e peito de nosso sexo,
Algumas suas esposas, outras filhas)
Puderem adoçar seu duro peito
Para dar-nos cuidado e segurança
No perigo que ataca os nossos muros,
As negras ordens para as nossas mortes
Não teriam sido escritas assim,
Nem necessária a nossa fraca ajuda.

GOVERNADOR:
Belas virgens, pensem no bem da pátria,
No amor à honra, que não quer ceder
A estranhos e cangas imperiais,
Nem quer com muita covardia ou medo
(Antes de ver negada toda ajuda)
Submeter-nos todos à servidão.

CHRISTOPHER MARLOWE: TAMERLÃO   251

Por sua própria segurança e a nossa,
Foram pesadas sua honra e vida
Com equilíbrio bem igual ao nosso
Pra suportar malícia das estrelas;
Irado Tamerlão, força guerreira,
A força avassaladora dos céus,
Luta por controlar calor extremo
E em suas faces nos trazer perdão.

VIRGEM 2:

Aqui, ante a majestade do Céu,
E santos patronos da terra egípcia,
Peitos e joelhos humildes rogam
Com piedade pelo dito e pelo aspecto,
Pra que nossos atos sejam propícios,
Os olhos e ouvidos de Tamerlão
Deem a seu coração misericórdia.
Que as marcas de vitória que lhe damos
Façam que em sua cabeça a vitória
Esconda as duras marcas de seu cenho,
E sombreiem o desagrado do rosto
Com olhares piedosos e lenientes.
Deixe a nós e à nossa gente, senhor;
O que virgens possam causar, faremos.

GOVERNADOR:

Adeus, virgens, de cuja volta ilesa
Dependem vidas, e a cidade livre.

Saem todos menos as Virgens.

Cena 2

Tamerlão, Techeles, Teridamas, Usuncasane, com outros. Tamerlão todo de preto, e melancólico.

TAMERLÃO:

O medo tirou as pombas dos ninhos?
Coitadas! Terão de sentir primeiro
A destruição jurada de Damasco?
Me conhecem! Então não poderiam
Tê-las mandado co' as bandeiras brancas,
Que têm misericórdia em seus raios,
Refletida em seus olhos desdenhosos,
E não agora, quando a fúria e o ódio
Chovem terror fatal nas tendas negras,
E afirmam que a submissão veio tarde?

VIRGEM 1:

Mui feliz Rei e Imperador da terra,
Grande imagem de honra e de nobreza,
Pra quem poder divino fez o mundo,
E em cujo trono a santa Graça senta;
Em cuja pessoa está compacta a soma
Da arte natural e o bem celeste;
Tem piedade de nós! E de Damasco!
Dos velhos, em cujas cãs prateadas
Sempre reinaram honra e reverência!
Do leito nupcial, aonde os nobres,
Na plenitude de sua glória e amor,
Agora abraçam com pranto de sangue
O corpo da mulher apavorada,
Cujo rosto e coração, já prevendo
O seu poder e o seu braço incansável
Matem seus corpos, e imploram que as almas
Não cheguem logo ao céu e ainda tenham
O conforto da idade antes da morte,
Também por dor é que o governador
Recusou a piedade da sua mão
(E cetro que anjos beijam, fúrias temem)
Como por liberdade, amor e vida.
Por esses, por aqueles como nós,

CHRISTOPHER MARLOWE: TAMERLÃO

Por nós, crianças, todos desse sangue,
Que contra o seu poder sequer pensaram,
Piedade, Imperador sagrado.
O serviço prostrado da cidade,
Simbolizado em coroa de ouro;
Para a qual todos deram sua quota,
Quais súditos que buscam bons caminhos
Para investir a sua real fronte
Com o verdadeiro diadema egípcio!

TAMERLÃO:

Virgens, em vão tentaram impedir
O que jurou minha honra fazer.
Eis minha espada! O que veem na ponta?

VIRGEM 1:

Só o medo e aço fatal, meu senhor.

TAMERLÃO:

O medo é que embaçou as suas mentes:
Está ali a Morte imperiosa,
Que marca seu alcance pelo fio.
Mas 'stou contente que ali não a vejam;
Está nas lanças da cavalaria,
Matando a fome do corpo esquelético.
Techeles, ordena que alguns deles
Ataque as Damas, e mostre-lhes a Morte
Toda escarlate sentada em suas lanças.

VIRGENS:

Tenha piedade de nós!

TAMERLÃO:

Levem logo, e mostrem-lhe a Morte.

Eles saem, levando-as embora.

Não pouparei egípcios orgulhosos,
Nem mudarei minhas notas marciais
Nem pelo ouro das ondas do Giom,
Ou pelo amor de Vênus, se deixasse

O irado rei da guerra só por mim.
Recusaram a oferta de suas vidas;
Sabem ser meus costumes implacáveis
Como irados planetas, morte e fado.

Entra Techeles.

Seus cavaleiros mostraram a Morte?

TECHELES:

Mostraram; e nos muros de Damasco
Penduraram as carcaças mortas.

TAMERLÃO:

Visão tão triste pra suas almas, penso,
Quanto pras drogas é o Mitrídates.
Mas, vão; passem o resto na espada.

Saem todos menos Tamerlão.

Ah, minha bela e divina Zenócrate!
Bela é expressão feia demais para ti,
Que em tua paixão de amor por teu povo,
E medo de teu pai ter algum mal,
Descabelada enxuga suas faces;
E como Flora no orgulho da manhã
Sacode no ar as tranças prateadas,
Chovendo sobre o chão pérolas novas,
Espalhando safiras pelo rosto,
Onde a Beleza, mãe das Musas, senta
E escreve com sua pena de marfim,
Instruções que recebe dos teus olhos;
Olhos que quando Ebena sobe ao Céu,
No silêncio do teu andar à noite,
Fazem o manto da mais rica noite,
Lua, planetas, meteoros, luz.
Anjos lutam, armados em cristal,
Dúbia batalha com meus pensamentos
Tentados pelo Egito e Sultão vivo;

CHRISTOPHER MARLOWE: TAMERLÃO

Sua vida tanto consome Zenócrate,
Cujas dores são mais cerco à minh'alma
Que toda a tropa em torno de Damasco:
Nem soberanos da Pérsia, nem o Turco,
Perturbaram-me a mente com conflitos
Tanto quanto Zenócrate me atinge.
O que é a beleza, indaga o meu sofrer?
Se toda pena que tomaram poetas
Houvesse alimentado o sentimento
De todo pensamento de seus amos,
E do mel que inspirou seus corações,
Suas mentes e temas mais queridos;
Se toda a essência celestial que tiram
Das flores imortais da poesia,
Nas quais, como num espelho, percebemos
As culminâncias do talento humano;
Se disso fosse feito um só poema,
Banhado na virtude da beleza,
Mesmo assim, em seus cérebros inquietos,
Uma ideia, uma graça, há de pairar
Que não haja palavras pra expressar.
Porém, como cai mal para o meu sexo,
Cavalaria e disciplina de armas,
Minha natureza, o terror do meu nome,
Nutrir ideias fracas, femininas!
Só pelo aplauso justo da beleza
Com cujo instinto o homem é tocado;
Mas o guerreiro que é presa do amor
Da fama, da bravura e da vitória,
Tem de ter a beleza em sua mente:
Assim concebo e domino a ambos
O que dobrou tempestade dos deuses,
Do véu pingado de fogo do Céu,
Pra sentir belo fogo do pastor,
Disfarçado, em cabanas de palha,

Dirá ao mundo, que apesar do berço,
Que só a virtude é a soma da glória,
E forma homens realmente nobres. –
Quem está aí?

Entram dois ou três Servidores.

Bajazet já comeu hoje?

SERVIDOR:

Já, senhor.

TAMERLÃO:

Traga-o aqui; e diga-nos se a cidade foi saqueada.

Saem os Servidores.
Entram Techeles, Teridamas, Usuncasane, e outros.

TECHELES:

A cidade é nossa, senhor, e novas previsões
De conquista e butim oferecidas.

TAMERLÃO:

Essas são boas, Techeles; quais são as novidades?

TECHELES:

O Sultão e o rei da Arábia unidos
Avançam contra nós com uma violência,
Como se não houvesse outro caminho.

TAMERLÃO:

E não há mesmo. Eu garanto, Techeles.

Eles trazem o Turco e Zabina.

TERIDAMAS:

Senhor, sabemos que a vitória é nossa;
Poupemos o reverendo Sultão,
Tanto chora Zenócrate o seu fado.

TAMERLÃO:

É esse o nosso intento, Teridamas;
Pois o mérito da doce Zenócrate
Tem de ver corações todos vencidos.

CHRISTOPHER MARLOWE: TAMERLÃO

Meu apoio do pé, se eu perder
Esperas liberdade e recompensa?
Que ele espere aqui, longe das tendas,
Até ficarmos prontos para o campo.
Reza por nós, Bajazet; 'stamos indo.

Saem todos menos Bajazet e Zabina.

BAJAZET:
Vai, mas pra nunca voltar com vitória!
Que homens aos milhões lhe façam cerco,
E lhe estripem o corpo com feridas!
Que flechas duplas firam-lhe o cavalo!
As Fúrias do negro lago Cocito
Quebrem a terra, e com suas fagulhas
O forcem a correr pra agudas lanças!
Ondas de chumbo lhe atinjam a pele,
Com balas mergulhadas em veneno!
Ou urro de canhões lhe quebre as juntas
E o façam subir mais que uma águia!

ZABINA:
Que toda lança e espada no campo
Entre em seu peito pra fazer seu lar!
Que de todos os poros jorre sangue,
Que dure a dor no coração ferido,
E sua alma louca vá para o inferno!

BAJAZET:
Zabina, maldigamos sua força,
Se zangue o céu, trema de ódio a terra;
Mas tal estrela inspirou-lhe a espada,
Que ordena o céu e contradiz os deuses
Mais que o cimério Styx ou que o destino;
E nós vivemos co' este aspecto abjeto,
Com a vergonha, co' a fome, e eterno horror,
Contorcidos com ideias fracassadas, –
Sem esperar um fim pro nosso êxtase.

ZABINA:

Não resta, então, nem Maomé, nem Deus,
Demo, Fortuna ou esperança que acabe
Nossa escravidão monstruosa e infame?
Abre, terra; deixa os demônios verem
Inferno sem esperança e com temor
Quais as malditas margens do Erebus,
Que abalam com gemidos os fantasmas
Pairando sobre o barqueiro tão feio,
Buscando uma passagem pro Elíseo!
Por que viver? Escravos desgraçados!
Por que, vivos, Bajazet, construímos
Nossos ninhos em zona alta do ar
Vivendo tanto em tamanha opressão,
Que o mundo inteiro vai ver e debochar
Da antiga glória de nosso poder
Nesta obscura e infernal servidão?

BAJAZET:

Oh, vida, mais odiada em pensamento
Que o venenoso vômito das cobras
Que fede o Styx e o inferno todo inteiro,
Passando pros fantasmas dor sem cura!
Tristes máquinas de visão odiada,
Que veem minha coroa, honra e nome
Jogadas sob a canga de um ladrão,
Por que ainda come luz do dia
Sem afogar-me a alma torturada?
Veem minha esposa, imperatriz, rainha,
Criada e sustentada pela fama,
Rainha de quinze outras menores,
Jogada agora em cela asquerosa,
Manchada com tarefas das mais baixas,
Viver em vergonha, desdém, miséria.
Maldito Bajazet, cujos lamentos
(Que querem dar consolo ao coração

CHRISTOPHER MARLOWE: TAMERLÃO

De Zabina, mas só lhe causam pranto)
A fome morde, e agarra as raízes
De onde me vêm ideias e questões.
Pobre Zabina! Ah, minha rainha!
Eu quero água para o peito em fogo,
Que me refresque e conforte mais tempo
Do que o da breve sequência da vida
Em que eu posso pôr a alma em teus braços,
Com palavras de amor cuja tristeza
Foi sustada pela ira e o ódio
Das nossas aflições que não têm fim.

ZABINA:

Meu Bajazet, eu te prolongo a vida
Enquanto com meu sangue ou meu hálito
Corto o tormento desta minha dor.
(*Ela sai.*)

BAJAZET:

Corta então, Bajazet, teus tristes dias.
E arrebenta essa cabeça conquistada,
Já que outros meios me são proibidos
Pra administrar a minha decadência.
Oh, luz mais alta de Zeus sempre vivo,
Maldito dia! Que infectei com dores,
Esconde o rosto em negra e eterna noite,
Fecha as janelas para o céu radioso!
Que a escuridão, em carro enferrujado,
Que a tempestade envolve em nuvens negras,
Sufoca a terra com neblina eterna,
E seus cavalos soprem, co' as narinas,
Ventos rebeldes e trovões terríveis,
Pra que nesse terror Tamerlão viva,
E a minh'alma, tornada em ar líquido,
Ainda emita cruéis pensamentos!
Que o pétreo dardo do frio insensato
Penetre o centro de um coração seco,

260 DRAMATURGIA ELIZABETANA

E deixe passar minha vida odiada.

Ele arrebenta o cérebro contra as grades da jaula.
Entra Zabina.

ZABINA:

O que vejo? O meu marido morto!
O crânio partido, desfeito o cérebro!
De Bajazet, meu senhor e soberano!
Bajazet, meu marido e meu senhor!
Oh, Bajazet! Oh, Turco! Imperador!
Dar-lhe água? Eu, não. Tragam leite e fogo,
e meu sangue eu lhe dou de novo. – Façam-me
em pedaços! Deem-me uma espada com bola de fogo na
ponta. Abaixem-no! Abaixem-no! – Vão ver meu filho!
Andem! Andem! Andem! Salvem o infante! Salvem-no!
Salvem-no! Eu, eu mesma, falo com ela. – O sol se tinha
posto; flâmulas brancas, rubras, negras, aqui, aqui, aqui!
Atirem a carne no rosto dele! – Tamerlão, Tamerlão! –
Que os soldados sejam enterrados. – Inferno! Morte!
Tamerlão! Inferno! – Aprontem meu carro, minha
cadeira, minhas joias. Já vou! Já vou! Já vou!

Ela corre de encontro à jaula e arrebenta a cabeça.
Entram Zenócrate e Anipe.

ZENÓCRATE:

Zenócrate, maldita, vive e vê
Sangue egípcio nos muros de Damasco,
Súditos de teu pai, o povo egípcio;
Ruas cobertas com juntas humanas,
Feridos que suspiram pela vida:
Pior, vê essa tropa ensolarada
De virgens puras e imaculadas
(Cujo aspecto faz o irado deus da guerra
Quebrar palavra e falar de amor)
Por lanças de cavaleiros içadas,

CHRISTOPHER MARLOWE: TAMERLÃO

Sofrendo mudas sua cruel morte:
E todo corcel tártaro, malvado,
Pisou os outros com o estrondo das patas,
Quando os que os montavam, com suas lanças,
Puxaram rédeas pra reter o chão,
Olhando seus aspectos de beleza.
Foste tu, Tamerlão, a causa disso?
E dizes teu amor ser de Zenócrate?
Amava suas vidas mais Zenócrate
Que a própria, e tudo menos teu amor.
Vê esse outro espetáculo sangrento!
Olhos malditos, que o meu peito odeia,
Como se enchem com visão tão triste,
E falam mais de sangue sem piedade!
Veja, Anipe, se respiram ou não.

ANIPE:

Nenhum dos dois respira, sente ou mexe.
Senhora, a escravidão é que fez isso,
E Tamerlão impiedoso e cruel.

ZENÓCRATE:

Terra, jorra fontes de tuas entranhas
Molha as faces por mortes tão precoces!
Que o seu peso te abale, só por dor,
Que se envergonhe o céu, que as honrou
Mas as deixou morrer morte tão bárbara!
Quem se orgulha do império caprichoso
E preza mais a pompa desta terra,
Olhe pro Turco e sua Imperatriz!
Ah, Tamerlão, amor, meu Tamerlão!
Lutas por cetros e coroa incerta,
Olha pro Turco e sua Imperatriz!
Tu, que ao seguir tua feliz estrela
Dormes à noite com a fronte na conquista,
Porém evitas da guerra a incerteza,
Temendo desesperos como esse,

Olha pro Turco e sua Imperatriz!
Pudessem Zeus e o santo Maomé
Perdoar meu amor! E o seu desdém
Por fortuna terrena e por piedade,
Não deixai que a conquista, tão sem dó,
Tenha empenho igual contra sua vida
Ao do Turco e sua triste Imperatriz!
Perdoai-me por não me comover
Ao vê-los viver tanto em tal miséria!
O que te pode acontecer, Zenócrate?

ANIPE:

Senhora, calma, e seja resoluta.
Seu amor manda tanto na Fortuna,
Que ela não mudará a sua roda,
Enquanto a vida mantiver o braço
Que luta pra adornar sua cabeça.

Entram Filemus e um Mensageiro.

ZENÓCRATE:

Que outras novas más nos traz Filemus?

FILEMUS:

Seu pai, senhora, e o rei da Arábia,
Primeiro candidato à sua excelência,
Agora vem, como Turnus contra Eneias,
Com lança armado para o campo egípcio,
Prontos pra luta contra o rei, meu senhor.

ZENÓCRATE:

A vergonha e o dever, o amor e o medo
Trazem mil dores para o meu martírio.
A quem vou desejar fatal vitória,
Se vejo assim meu prazer dividido,
Com o coração no cepo do dever?
O meu pai, mais o meu primeiro noivo;
Lutam com a minha vida e o novo amor:
Com meus atos infames ante o mundo.

CHRISTOPHER MARLOWE: TAMERLÃO 263

Se os deuses, pra findar males troianos,
Não só privaram Turnus de Lavínia
Como deram o amor fatal a Eneias,
Assim, como final de minhas penas,
Pra trazer paz a meu país e amor,
Deverá Tamerlão, com tais poderes,
Assinar um tratado honroso, espero;
Então, com o que ordenaram os Poderes,
Ficando a salvo a vida de meu pai.
Trazer defesa igual pra bela Arábia.

*Ruídos de batalha fora; e Tamerlão goza a vitória:
depois o Rei da Arábia entra, ferido.*

REI DA ARÁBIA:
Mãos assassinas, que poder maldito
Têm os soldados do tirano infame,
Que nem fuga salva seus inimigos,
Fortuna alguma os priva da vitória?
Deita-te Arábia, a ferida é mortal;
Que possam ver, os olhos de Zenócrate,
Que se por ela portaste essas armas,
Por ela também morres nesses braços,
Deixas teu sangue qual prova de amor.

ZENÓCRATE:
Cara prova desse amor, meu senhor.
Mas vê Zenócrate, o maldito objeto,
Cujo fado jamais cortou-lhe as dores;
Vê a ferida, em ideia, por ti,
Como por mim está teu caro corpo.

REI DA ARÁBIA:
Meu coração, assim, morre contente,
Já que ele viu a divina Zenócrate,
Cuja bela visão me tira a vida –
E agora traz doçura a este meu talho –
Não 'stivesse eu ferido como estou.

Que as mortais dores que sinto agora
Cedessem uma hora à minha língua,
Para eu falar de alguns doces momentos
Que teu mérito trouxe à servidão:
Pudesse eu conhecer a condição
De tua alegria merecida e amor.
Porém, fazendo uma virtude o ver-te,
Que expulsa toda a dor da minha alma,
E se a morte me priva de alegrias,
Sem dor, meu coração morre em conforto,
Se a mão que desejei fecha os meus olhos.

Ele morre.
Entra Tamerlão, trazendo o Sultão, Techeles, Teridamas, Usuncasane, e outros.

TAMERLÃO:
Vem, feliz pai de Zenócrate,
Título bem maior que o de Sultão;
Embora eu com a mão destra o traga preso,
Sua filha, a princesa, aqui o liberta:
Ela aplacou-me a fúria da espada,
Que o banharia com rios de sangue
Tão vastos quanto o Nilo e o Eufrates.

ZENÓCRATE:
Visão três vezes bem-vinda à minha alma,
É ver o rei, meu pai, aqui a salvo
Da luta contra o vencedor que eu amo!

SULTÃO:
Bom vê-la, cara e única Zenócrate,
Mesmo perdendo o Egito e a coroa.

TAMERLÃO:
Fui eu, senhor, quem obteve a vitória,
Portanto não se queixe dessa queda,
Já que tudo eu vou pôr em suas mãos,
E aumentar a força dos domínios

CHRISTOPHER MARLOWE: TAMERLÃO

Que até aqui teve a coroa egípcia.
O deus da guerra me deu o seu lugar,
Pois quis me fazer general do mundo.
Se Zeus me vê em armas, fica pálido,
Teme que o meu poder lhe tire o trono.
Aonde eu vou, as Irmãs Fatais suam,
E a horrenda Morte, corre sem destino
Pra homenagear a minha espada;
E aqui na África, de chuva rara,
Des'que cheguei, com tropa triunfante,
Encheu as nuvens, sugando feridas,
Que se aliviam com torrentes rubras,
E o meteoro que assusta a terra
E a faz tremer ao beber cada gota.
Milhões de almas, nas margens do Styx,
Aguardam lá o carro de Caron;
Fantasmas lotam o Inferno e o Elísio,
Dos que eu mandei de campos de batalha.
Para aumentar-me a fama em Céu e Inferno.
Veja, senhor, visão estranha e forte,
Reis e imperadores, a meus pés.
O Turco e sua Imperatriz, parece,
Deixados sós, indo nós pra batalha,
Deixam, em desespero, a vida escrava;
Também Arábia deixou a sua vida:
Esse é o poder que me adorna a vitória.
Tais feitos caem bem em Tamerlão;
Que, como em um espelho, neles vê
A sua honra, que é feita de sangue,
Quando alguém pega em armas contra mim.

SULTÃO:

Tem forte mão de Deus e Maomé,
Famoso Tamerlão, a quem os reis
De força cedem coroas e impérios;
A mim agrada a minha derrubada

Se, como faz pessoa de seu nível,
Tem usado Zenócrate com honra.

TAMERLÃO:

Não lhe faltam, como vê, pompa e honra;
Da pecha imunda contra a castidade
Eu juro pelo Céu que ela está livre.
Não hei portanto de esperar mais tempo
Para agraciá-la com a coroa persa.
Mas estes reis que servem-me a fortuna,
Que foram coroados por valor,
A esta mesma mão que os criou
Vão juntar as suas mãos às minhas
Pra investi-la com a coroa da Pérsia.
Que dizem, nobre Sultão e Zenócrate?

SULTÃO:

Agradecido eu proclamo agora
Honras sem fim a si, por amor dela.

TAMERLÃO:

Eu estou certo de que a bela Zenócrate
Logo dará satisfação a ambos.

ZENÓCRATE:

Eu agiria mal se não, senhor.

TAMERLÃO:

Ponhamos a coroa em sua cabeça,
Que há tanto espera por posto tão alto.

TECHELES:

A minha mão está pronta para o ato;
Seu casamento a nós trará descanso.

USUNCASANE:

Senhor, eis a coroa; ajude a pô-la.

TAMERLÃO:

Sente-se agora, divina Zenócrate;
A coroamos Rainha da Pérsia,
E de todos os reinos e domínios
Que o poder de Tamerlão já domou.

CHRISTOPHER MARLOWE: TAMERLÃO

Como Juno, vencidos os gigantes
Que dos montes miravam seu irmão,
'Stá meu amor, que sombreia com a fronte
Meus triunfos e troféus de vitórias;
Ou como a filha de Latona, em armas,
Que me estimula a mente pra conquista.
Para agradar minha doce Zenócrate,
Egípcios, Mouros, e homens da Ásia,
Famosos da Barbária até o oeste,
Pagarão a seu pai anual tributo;
E dos limites da África às margens
Do Ganges se estenderá o seu braço.
E agora, meus nobres seguidores,
Que com atos marciais compraram reinos,
Deixem as armas, vistam mantos rubros,
Vão pros reais lugares de seus títulos,
Cercados pelos nobres de suas tropas,
Governando com leis suas províncias.
Pendurem as armas no portal de Alcides,
Pois Tamerlão quer trégua em todo o mundo.
O seu primeiro prometido, Arábia,
Enterraremos com a honra merecida,
Com o grande Turco e sua Imperatriz.
E depois dessas solenes exéquias,
Vêm nossos ritos solenes de boda.

A TRÁGICA HISTÓRIA DO DOUTOR FAUSTO

Se o cita Tamerlão buscou o poder literalmente pela conquista guerreira, Fausto mostra ambição igual pelo conhecimento, primeiro científico e depois, insatisfeito com os limites desse, os alcançados pela necromancia, ou seja, magia negra, mesmo que para isso tenha de vender sua alma a Lúcifer. O tema de Fausto já era tradicional na Europa, e na Inglaterra havia um Faustbook que pode ter servido a Marlowe para consulta. Marlowe, no entanto, usa ideias suas para desenvolver a história; apesar de todas as edições modernas terem divisões de atos e cenas, a estrutura do texto se divide em três etapas distintas.

Na primeira parte conhecemos os antecedentes de Fausto e testemunhamos o processo de seu abandono da ciência e dos valores cristãos para comprar, vendendo sua alma ao diabo, vinte e quatro anos de poder e prazer. A segunda parte é composta por uma série de cenas que ilustram alguns momentos culminantes do período de gozo das vantagens que lhe foram garantidas, tendo a seu serviço Mefistófeles, e a terceira parte mostra o cumprimento final do contrato assinado por Fausto em sua fome de conhecimento e poder.

Marlowe abandona a simplicidade da lenda popular, com a introdução de debates entre bons e maus anjos, e pela consciência que Fausto tem, a todo momento, de ter perdido a alma em favor do transitório.

O texto aqui traduzido é o normalmente publicado hoje em dia em qualquer boa edição do *Doutor Fausto*. As primeiras edições da obra estabelecem dois textos bastante diversos, ambos precários: as de 1604, 1609 e 1611 representam o chamado texto A, reconhecidamente um mau texto. O texto A deixa a peça muito curta e nele se pode constatar, sem dificuldades, a falta de ao menos duas cenas, além da inclusão de passagens que obviamente resultam de cacos de atores, com intenção de fazer graça. As edições de 1616 e 1631 contêm o texto B, ao qual faltam cerca de 36 linhas do texto A, mas, em compensação, inclui nada menos que 600 linhas novas, com as quais a peça passa a ter um tamanho normal, para sua época, e satisfatório do ponto de vista cênico.

A Trágica História do Doutor Fausto mostra um Marlowe um pouco mais à vontade com a forma dramática, e principalmente com maior domínio da ação cênica. Mesmo assim, ele continua essencialmente preso ao protagonista que, ao menos em parte, expressa algumas de suas próprias convicções. Todo o resto do elenco não tem funcionalidade a não ser a de cumprir ações diretamente ligadas ao protagonista, sem configurar existência própria.

Quando se deu a primeira montagem documentada do *Doutor Fausto* de Christopher Marlowe, o poeta já estava morto havia mais de um ano. Não há garantias de que seja a primeira encenação, já que nos documentos de Philip Henslowe não aparece, em relação a ela, a anotação "ne", que significa "new", nova; mas o excepcional sucesso, com o texto sendo apresentado vinte e quatro vezes em sua primeira temporada, não deixa de sugerir tratar-se de uma novidade. Das obras dramáticas de Marlowe, esta é a que com maior frequência é remontada na Inglaterra.

Dramatis Personae

Coro
Fausto
Wagner, seu Fâmulo ou Bolsista Pobre
Alemão Valdes, amigo de Fausto
Cornelius, amigos de Fausto
Lúcifer
Belzebu
Mefistófeles
Anjo Bom e Anjo Mau, monitores a serviço de Fausto
Os Sete Pecados Capitais

O Papa
Carlos V da Alemanha
Cardeal de Lorena
Duke de Vanhold (Anhalt)
Duquesa de Vanholt

Robin e Rafe (Ralph), dois cômicos

Um Velho; um Cavaleiro; um Correio a cavalo; um Taberneiro; um Cômico; Frades e Atendentes; Espíritos na forma de Alexandre o Grande, sua Amante, e Helena de Troia; Demônios.

A ação se passa em Wittenberg, Roma na Corte de Carlos v e em Anhalt.

Entra o Coro

CORO:
        Sem marchar agora em Trasimeno,
        Onde Marte aliou-se aos de Cartago;
        E nem entregue aos brinquedos do amor
        Em cortes onde os reis são derrubados;
        Nem na pompa de seus feitos audazes,
        Quer nossa Musa usar versos celestes:
        Senhores, temos só de apresentar
        As fortunas de Fausto, más ou boas.
        Só pedimos julgamentos pacientes,
        E falamos de Fausto em sua infância.
        Agora ele nasceu, de pais humildes,
        Na cidade de Rhodes, na Alemanha;
        Mais maduro, ele foi pra Wittenberg.

Lá foi criado por alguns parentes.
Tão depressa aproveita a teologia,
Veloz belisca o fruto da escolástica
Que em breve teve o nome de doutor,
Brilhando em todas as doces disputas
Nos temas sacros da teologia;
Até que, inchado de brilho e vaidade,
Com asas de cera foi além do certo,
E conspiraram os céus sua queda;
Pois caindo em hábitos diabólicos,
E entupido com os dons de ouro do estudo,
Ele buscou maldita necromancia.
Nada lhe é tão doce quanto a mágica,
Que prefere à maior felicidade.
É esse o homem que está em seu estúdio.
(*Sai.*)

Cena 1

Entra Fausto, no estúdio.

FAUSTO:
Firma teus estudos, Fausto, e começa
A ir ao fundo do que hoje professa;
Se o quer, tenha aparência de teólogo,
Mas busque até o fim todas as artes,
E viva e morra segundo Aristóteles.
Doce Analítica, tu me venceste,
Bene disserere est finis logices.
É "bem disputar o bom fim da lógica"?
Não produz tal arte maior milagre?
Então não lê mais, tu chegaste ao fim;
A mente de Fausto merece mais.

CHRISTOPHER MARLOWE: A TRÁGICA HISTÓRIA DO DOUTOR FAUSTO 275

Adeus, *on cai me on**; vem, Galeno**,
Vendo *Ubi desinit philosophus, ibi incipit medicus*[1];
Sê médico, Fausto, empilha ouro,
Eternizado por curas famosas.
Summum bonum medicinae sanitas,
"Corpo saudável é o fim da medicina."
E, Fausto, não alcançaste tal bem?
Não é tua fala de preceitos sólidos?
Não vemos consagradas tuas receitas,
Que salvaram da peste mil cidades,
E aliviaram mil desesperados?
Mas assim mesmo és Fausto e um homem.
Podias dar ao homem vida eterna,
Ou fazer com que, mortos, se levantem.
Assim terias louvada a profissão.
Medicina, adeus. Onde Justiniano***? (*Lê.*)
Si una eademque res legatur duobus, alter rem, alter valorem rei, &c.[2]
É muito bom para heranças pequenas! (*Lê.*)
Exhaereditare filium non potest pater, nisi[3]
Esse mesmo é o assunto do Instituto[4]
E tal o corpo universal da lei.
É estudo pra escrivão rotineiro
Que só sonha com lixos exteriores;
Pra mim, muito servil e limitado.
No fim, teologia é o melhor;
Estuda, Fausto, a Bíblia de Jerônimo. (*Lê.*)

---

* Ser e não ser (Aristóteles, *Metafísica*). (N. da E.)
** Galeno (130-200), o mais famoso médico da Antiguidade. (N. da E.)
1 Onde para o filósofo, começa o médico (Aristóteles).
*** Justiniano I (482-565), codificador da lei romana. (N. da E.)
2 Se a mesma coisa é legada a duas pessoas, que uma receba a coisa e a outra o seu equivalente em outro tipo de propriedade (Justiniano, *Institutas*).
3 Um pai não pode deserdar um filho a não ser que [...] (Justiniano, *Institutas*).
4 Eram correntemente assim referidos os Institutos de Justiniano, texto de lei romana.

Stuipendius peccati mors est. Ha! *Stipendium,
&c.*
"A paga do pecado é a morte". É duro. (*Lê*.)
*Si peccassi negamus, fallimur, et nulle est in
nobis veritas.*
"Se dizemos que não temos pecado em nós, nos enga-
namos, e não há verdade em nós."
Então, parece, temos de pecar
E, por isso, morrer.
Sim, temos de morrer a morte eterna.
Como chama essa doutrina? *Che sera, sera*.
"O que será, será." Adeus, Teologia!
Ai, essas metafísicas dos mágicos
E livros de necromancia são celestes;
Linhas, círculos, senos, letras, signos,
Esses são o que Fausto mais quer.
Ah, que mundo de proveito e deleite,
De poder, de honra e de onipotência
É prometido no estudo virtuoso!
Tudo o que move entre os polos quietos
A meu mando! Imperadores e reis
Só têm obediência em certas áreas,
Não levantam ventos ou abrem nuvens;
E o domínio que excede a isso
Vai além do que alcança a mente humana.
Mágico sólido é um deus potente:
Fausto, arrisca o cérebro pela divindade.
Wagner!

Entra Wagner.

Recomende-me a meus amigos,
Ao alemão Valdes e a Cornelius[5];
Insista pra que venham visitar-me.

---

5 Os nomes podem ter sido inspirados no humanista espanhol Juan de Valdés
(c. 1500-1540) e no alquimista alemão Cornelius Agrippa (1486-1535).

CHRISTOPHER MARLOWE: A TRÁGICA HISTÓRIA DO DOUTOR FAUSTO   277

WAGNER:

Já vou, senhor. (*Sai.*)

FAUSTO:

Conversa que será de mais ajuda
Que todo o meu trabalho vagaroso.

Entram o Anjo Bom e o Anjo Mau.

ANJO BOM:

Afasta, Fausto, esse livro maldito,
Não o olhes, pra não tentar-te a alma,
E em ti baixar a ira do Senhor.
Lê as Escrituras; isso é blasfêmia.

ANJO MAU:

Avança, Fausto, nessa grande arte,
Onde está o tesouro da Natureza:
Sê tu da terra como Zeus nos céus,
Comandante e senhor dos elementos.

Saem os Anjos.

FAUSTO:

Como me engasgam tais apreensões!
Faço espíritos darem-me o que quero,
Liberto-me de tudo o que é ambíguo,
Realizo a empresa louca que quiser?
Vou mandá-los buscar ouro na Índia,
Saquear oceanos por suas pérolas.
Buscar no mundo recém-descoberto
Frutos doces, prazeres principescos;
Ler pra mim estranhas filosofias,
Contar-me os segredos de outros reis;
Mando murar com bronze a Alemanha,
Fazer o Reno cercar Wittenberg:
Encher com sedas as escolas públicas,
E os alunos serão bem vestidos;
Trazer moedas para pagar-me as tropas,

278   DRAMATURGIA ELIZABETANA

Botar pra fora o Príncipe de Parma,
Para eu reinar em todas as províncias;
Máquinas mais estranhas para a guerra
Que quilha em fogo na ponte de Antuérpia,
Hão de inventar espíritos meus servos.
Venham, alemão Valdes e Cornelius,
E me abençoem com nossas consultas.
(*Entram Valdes e Cornelius.*)
Valdes, doce Valdes, e meu Cornelius,
Suas falas afinal me conquistaram
Pra prática da mágica e outras artes:
Suas falas e minha fantasia,
Que não me fixa na cabeça tema
Senão o ruminar com a necromancia.
Odiosa e escura é a filosofia,
Lei e saúde são pra mentes fracas;
Teologia a mais baixa dessas três,
Desagradável, dura, desprezível:
Bons amigos, ajudem-me a tentar;
Eu, que enganei com silogismos
Pastores da igreja da Alemanha,
E fiz a flor do orgulho em Wittenberg
Fluir pra os meus problemas, como os demos
Para o doce Musaeus, quando no inferno,
Serei esperto como foi Agrippa,
Cujas sombras a Europa toda honrava[6].

VALDES:

Esses livros, sua mente, e o que sabemos
Vai nos canonizar entre as nações;
Qual mouros que obedecem espanhóis,
Assim as forças de todo elemento
'Starão sempre a serviço de nós três;

6 No prólogo da comédia *Campaspe*, de John Lyly, aparece a frase "Sombras de Agrippa, que no momento em que eram vistas eram de qualquer forma que se pudesse conceber".

CHRISTOPHER MARLOWE: A TRÁGICA HISTÓRIA DO DOUTOR FAUSTO   279

Serão leões de guarda se quisermos,
Cavalaria alemã com suas maças,
Gigantes da Lapônia a nosso lado;
Às vezes quais mulheres ou donzelas,
Mostrando mais beleza em suas frontes
Que Vênus mostra em seus alvos seios:
De Veneza virão grandes argósias,
Velocino de ouro da América,
Que enche o tesouro anual de Felipe;
Estando o sábio Fausto resolvido.

FAUSTO:

Valdes, a isso estou tão resolvido
Quanto tu a viver; não há senões.

CORNELIUS:

Os milagres que operará a mágica
Te farão não estudar mais nada.
O que tem formação de astrologia,
É rico em línguas, sabe ler cristais,
Tem os princípios que exige a mágica.
Tenha certeza, Fausto, então, da fama,
Mais procurado por esse mistério
Que outrora foi em Delfos, o Oráculo.
Dizem-me espíritos que secam mares,
Trazem tesouros de naufrágio ao longe,
Todo o tesouro que os antepassados
Ocultaram nas entranhas da terra;
Diz, Fausto: que faltará a nós três?

FAUSTO:

Nada, Cornelius! Tenho quente a alma!
Dê-me a demonstração de alguma mágica,
Pr'eu criar arvoredo de luxúria
Com posse plena de tais alegrias.

VALDES:

Vai buscar arvoredo solitário,

280 DRAMATURGIA ELIZABETANA

Levando a obra de Bacon e Albanus[7],
Salmos hebreus e o Novo Testamento;
E tudo o mais que seja necessário
Nós lhe diremos após conversarmos.

CORNELIUS:

Valdes, primeiro as palavras da arte;
E após ter aprendido o ritual
Fausto, só, provará sua destreza.

VALDES:

Primeiro, hei de ensinar-te os rudimentos,
Mas hás de ser mais perfeito que eu.

FAUSTO:

Venham jantar comigo e, após a carne,
Vamos examinar tudo o que importa;
Não durmo sem testar tudo o que posso:
Esta noite eu conjuro ou então morro.

Saem.

Cena 2

Entram dois Estudiosos.

1º ESTUDIOSO:

Me pergunto que fim levou Fausto, que costumava fazer
a escola vibrar com *sic probo?*[8]

2º ESTUDIOSO:

Vamos saber, pois aí vem seu rapaz.

Entra Wagner.

1º ESTUDIOSO:

Como é, rapaz? Onde está o seu senhor?

---

7 Roger Bacon, franciscano inglês do século XIII, cujas práticas científicas lhe
deram fama de alquímico, como foi na realidade Patrus de Albano.

8 Assim provo.

CHRISTOPHER MARLOWE: A TRÁGICA HISTÓRIA DO DOUTOR FAUSTO 281

WAGNER:

Só Deus sabe!

2º ESTUDIOSO:

Como? Então você não sabe?

WAGNER:

Sim, eu sei. Mas não se segue daí.

1º ESTUDIOSO:

Pare com isso! Chega de brincadeira, e diga onde ele está.

WAGNER:

Não se segue por força de argumento que os senhores, sendo licenciados[9], possam se firmar nisso; portanto, admitam seu erro e prestem atenção.

2º ESTUDIOSO:

Ora, você não disse que não sabia?

WAGNER:

E tem alguma testemunha disso?

1º ESTUDIOSO:

Tenho, moleque. Eu o ouvi.

WAGNER:

Pergunte ao meu colega se eu sou ladrão.

2º ESTUDIOSO:

Então, não vai nos contar?

WAGNER:

Sim, senhor. Vou contar, mas se não fossem tamanhos tolos, jamais me fariam tal pergunta; pois não é ele *corpus naturale*? E isso não é *mobile*? Então por que me fazer tal pergunta? Se eu não fosse por natureza fleugmático, lento de ira, e dado a luxúrias (ao amor, diria eu), não deveriam chegar a doze metros do local de execuções, embora não duvide que eu veja ambos enforcados na próxima sessão do tribunal. Assim, tendo vencido a ambos, vou armar meu semblante de puritano e começar a falar assim: – Em verdade, meus

9 O termo era aplicável a quem tivesse título de Mestre ou mais alto.

querados irmãos, meu senhor está lá dentro, ceando
com Valdes e Cornelius, como este vinho, se pudesse
falar, informaria aos senhores; e, assim, que o Senhor
os abençoe e os guarde, meus queridos irmãos, meus
queridos irmãos. (*Sai.*)

1º ESTUDIOSO:

Então temo que ele tenha caído naquela arte maldita,
pela qual esses dois são infames no mundo inteiro.

2º ESTUDIOSO:

Se ele fosse um estranho, não ligado a mim, mesmo assim
lamentaria por ele. Mas venha, vamos informar o Reitor,
ver se por seus graves conselhos ele pode recuperá-lo.

1º ESTUDIOSO:

Temo que nada possa recuperá-lo.

2º ESTUDIOSO:

Mesmo assim façamos o que pudermos.

Saem.

Cena 3

Trovão.
Entra Fausto, para conjurar.

FAUSTO:

Agora que a dura sombra da terra,
Ansiando pra ver Órion chuvoso,
Salta do mundo antártico pro céu,
E o sombreia com escuro hálito,
Começa, Fausto, tua encantação;
Vê se demônios ouvem teu chamado,
Já que oras e sacrificas por ele.
O nome de Jeová está neste círculo,
Seu anagrama visto em toda forma,
Nomes de santos bem abreviados,
As estrelas do céu como figuras,

CHRISTOPHER MARLOWE: A TRÁGICA HISTÓRIA DO DOUTOR FAUSTO   283

Planetas e sinais com suas marcas,
Que forçam os espíritos a erguer-se;
Não temas, Fausto; fica resoluto
E tenta tudo o que pode a mágica.

Trovão

*Sini mihi Dei Acherontis propitii! Valeat numen triplex
Jehovae! Ignei, aerii, aquae, terrae, spiritus, salvete!
Orientis princeps, Belzebub, infernis ardentis monarcha,
et Demogorgon, propitiamus vos, ut appareat et surgat
Mephistophilis. Quid tu moraris? Per Jehovam, Gehe-
nam, et consecratam aquam quam nunc spargo, sinunque
crucis quod nunc facio, et per vota nostra, ipse nunc surgat nobis dicatus Mephistophilis!**

Entra um Demônio.

Ordeno que vás mudar a tua forma:
És feio demais para a mim servires.
Vai e volta franciscano velho,
Forma santa melhor calha ao demônio.

Sai o Demônio.

Vejo virtude em palavras celestes;
Quem não seria apto nessa arte?
Como é flexível esse Mefistófeles,
Cheio de obediência e humildade!
Que força têm meus encantos e mágica.
Não, Fausto, conjurador laureado,
Tu não mandas no grande Mefistófeles:
Quin redis Mephistophilis fratris imagine.

---

* Sejam propícios a mim, deuses do Aqueronte! Possa a tripla divindade de
Jeová prevalecer! Salve, espíritos de fogo, ar, água, granizo! Belzebu, príncipe do
Oriente, monarca do inferno em chamas, e Demogorgon, propiciamo-vos, que
Mefistófeles possa aparecer e ascender. Por que te atrasas? Por Jeová, Geena e a
água benta, que eu ora aspirjo, e pelo sinal da cruz, que agora faço, e pela nossa
oração, possa Mefistófeles, por nós invocado, agora se erguer! (N. da E.)

Entra Mefistófeles em trajes de monge franciscano.

MEFISTÓFELES:

Agora, Fausto, que queres que eu faça?

FAUSTO:

Quero que me sirvas enquanto vivo,
Que faça tudo o que Fausto ordenar.
Seja tirar de sua esfera a lua,
Ou o oceano avassalar o mundo.

MEFISTÓFELES:

Sou um servo do grande Lúcifer,
Não te posso seguir sem ordem dele;
Só o que manda eu posso executar.

FAUSTO:

Ele mandou que me aparecesses?

MEFISTÓFELES:

Não; vim aqui só por vontade própria.

FAUSTO:

Não veio por minha conjuração?

MEFISTÓFELES:

Foi essa a causa, mas *per accidens*;
Se alguém ofende o nome do Senhor,
Nega o Evangelho e Cristo o Salvador,
Tenho a esperança de captar uma alma;
Não vimos, a não ser que ele use meios
Que o ameacem com a danação:
Melhor atalho pra conjuração
É atacar diretamente a Trindade,
E rezar para o Príncipe do Inferno.

FAUSTO:

Isso Fausto já fez,
E sustenta firmemente o princípio
Que não há chefe senão Belzebu
A quem Fausto se afirme dedicado.
O termo "danação" não o assusta,

CHRISTOPHER MARLOWE: A TRÁGICA HISTÓRIA DO DOUTOR FAUSTO   285

Pois em Elísio, ele encontra o inferno;
Seu espírito vive com os antigos!
Sem ligar pras vaidades da alma humana,
Diga o que é o Lúcifer, seu senhor?

MEFISTÓFELES:
Arqui-regente, é quem comanda espíritos.

FAUSTO:
E não foi Lúcifer um anjo, outrora?

MEFISTÓFELES:
Foi, sim; e o mais querido de Deus.

FAUSTO:
E como então é príncipe de demos?

MEFISTÓFELES:
Ora, por seu orgulho e insolência,
Pelos quais Deus o expulsou do Céu.

FAUSTO:
E o que são os que vivem com Lúcifer?

MEFISTÓFELES:
Espíritos que com Lúcifer caíram,
Que conspiraram contra Deus com Lúcifer,
E 'stão pra sempre danados, com Lúcifer.

FAUSTO:
E onde estão danados?

MEFISTÓFELES:
No inferno.

FAUSTO:
Como acontece você não estar no inferno?

MEFISTÓFELES:
Isto é o inferno, não estou fora dele.
Pensas que eu, que vi de Deus a face,
E gozei das alegrias do Céu,
Não sinto mil infernos de tortura
Por ser privado da alegria eterna?
Fausto, abandona essas demandas frívolas,
Que apavoram-me a alma que desmaia.

FAUSTO:

Mas sofre tanto o grande Mefistófeles,
Privado das celestes alegrias?
Com Fausto aprenda a viril fortaleza,
E desdenhe alegrias que não tem.
Leva estas novas para o grande Lúcifer:
Já que Fausto incorreu em morte eterna
Desatinado contra Zeus divino,
Diz-lhe que ele entrega a sua alma
Desde que ele, por vinte e quatro anos,
Faça-o viver na mais plena volúpia;
E tendo a ti pra sempre a meu serviço;
Para dar-me o que quer que eu vá pedir,
Dizer-me tudo o que eu perguntar,
Dizer-me tudo que eu exigir;
A inimigos dar morte, bem a amigos,
E sempre obedecer minha vontade.
Vai e retorna ao potente Lúcifer,
E vem ao meu estúdio à meia-noite,
Pra informar-me o que pensa teu senhor.

MEFISTÓFELES:

Já vou, Fausto. (*Sai.*)

FAUSTO:

Tivesse eu tantas almas quanto estrelas,
E todas daria por Mefistófeles.
Me fará ele Imperador do mundo,
E armará uma ponte pelo ar
Pr'eu cruzar o oceano com um bando;
Hei de ligar montanhas que há na África
E fazê-las contíguas com a Espanha,
Ambas servas. servindo minha coroa.
O Imperador só vive se eu deixar
Como outros potentados da Alemanha.
Agora que obtive o meu desejo,

CHRISTOPHER MARLOWE: A TRÁGICA HISTÓRIA DO DOUTOR FAUSTO   287

Viverei pra especular minha arte
Até que Mefistófeles retorne. (*Sai.*)

Cena 4

Entram Wagner e um Cômico.

WAGNER:
Olá, moleque, venha cá.

CÔMICO:
Como é, moleque? Pelas Chagas de Cristo, moleque!
Espero que tenha visto tantos moleques com um cava-
nhaque assim quanto eu. Moleque, disse ele!

WAGNER:
Diga lá, moleque; você tem muitas entradas?

CÔMICO:
Tenho, e saídas também. Como pode ver.

WAGNER:
Pobre coitado! Vejam como a pobreza brinca com
a nudez dele! O vilão está nu e sem trabalho, e tão
faminto que sei que dava a alma ao diabo por um
lombo de carneiro, até mesmo cru.

CÔMICO:
O quê? Minha alma ao diabo por um lombo de carneiro, mesmo cru? Nada disso, amigo. Pela Virgem,
precisava que ele estivesse muito bem cozido e com
um bom molho para eu pagar tanto assim.

WAGNER:
Se quiser me servir, eu o faço andar como *qui mihi
discipulus?*[10]

CÔMICO:
Como, em verso?

---

10 Como meu discípulo, como estudante exemplar.

WAGNER:

Não, moleque; em seda lisa e erva-piolheira.

CÔMICO:

Como é, terra de safado! Essa é toda a terra que o pai deixou para ele. Ouviu? Eu ia ficar triste de roubá-lo de seu ganha-pão.

WAGNER:

Moleque, eu falei erva-piolheira.

CÔMICO:

Ah! Ah! Erva-piolheira! Pois acredito que se fosse trabalhar para você ia ficar coberto de vermes.

WAGNER:

E é como vai ficar, comigo ou não. Fora de brincadeira, moleque, se não ficar me servindo por sete anos, vou fazer todos os piolhos e vermes te deixar em pedaços.

CÔMICO:

Sabe, senhor? Pode se poupar desse trabalho, pois eles já me são muito familiares. Juro que têm tanta liberdade com a minha carne quanto se tivesse pago por minha comida e bebida.

WAGNER:

Ora, está ouvindo, moleque? Espere, tome aqui estes três guilders[11].

CÔMICO:

Gradís! O que é isso?

WAGNER:

Ora, coroas francesas.

CÔMICO:

Pela missa, com o nome de coroa francesa, é melhor homem ter uma porção de fichas inglesas. O que vou fazer com elas?

WAGNER:

Ora, moleque, pode ficar com uma hora de aviso de onde e quando o diabo virá buscá-lo.

11 Moeda holandesa.

CÔMICO:

Isso, não; tome seus gradís de volta.

WAGNER:

Mas eu não os quero.

CÔMICO:

Mas vai ter de querer.

WAGNER:

Sejam testemunhas de que eu os dei a ele.

CÔMICO:

Sejam testemunhas de que eu dei de volta.

WAGNER:

Muito bem, vou mandar dois diabos virem logo para buscá-lo. – Baliol e Belcher!

CÔMICO:

Pois o seu Baliol e seu Belcher que venham aqui, que os esmurro como nunca foram esmurrados desde que viraram diabos. E se eu matar um deles, o que é que vão dizer? "Viram aquele sujeito de calças redondas? – ele matou o diabo," E eu seria chamado de Mata-diabo em toda a paróquia.

Entram dois Diabos e o Cômico sai correndo e gritando para cima e para baixo.

WAGNER:

Baliol e Belcher! Espíritos, saiam!

Os Diabos saem.

CÔMICO:

Onde é que eles foram? Uma vingança para eles, que têm umas unhas compridas de fera! Tinha um diabo e uma diaba! Vou te contar como se sabe quem são; todos os diabos têm chifres, todas as diabas têm as patas cortadas e separadas.

WAGNER:

Muito bem, moleque; vamos.

CÔMICO:

Mas escute – se eu fosse servi-lo, você me ensinava a fazer aparecer os Banios e Belcheos?

WAGNER:

Eu te ensino a se virar no que quer que queira, cachorro, gato, camundongo, ou rato, ou qualquer outra coisa.

CÔMICO:

O quê? Um cristão em cachorro, gato, camundongo ou rato! Não, senhor; se quiser me transformar em alguma coisa, que seja no aspecto de uma pulguinha bonitinha e esperta, para eu poder ficar aqui, ali, ou onde eu quiser. Eu ia comichar muito nas fendas das saias das moças; bem no meio delas, palavra.

WAGNER:

Bem, moleque; vamos.

CÔMICO:

Você escutou, Wagner?

WAGNER:

E como! Baliol e Belcher!

CÔMICO:

Senhor! Deixe o Baniol e o Belcher dormirem.

WAGNER:

Vilão, me chame de Mestre Wagner, e faça o seu olho esquerdo olhar diametralmente para o meu calcanhar direito, com *quasi vestigias nostras insistere**. (*Sai.*)

CÔMICO:

Deus que me perdoe, ele fala um holandês pomposo. Bem, vou com ele, irei servi-lo, isso está certo. (*Sai.*)

---

* Quase como se pisando em nossas pegadas. (N. da E.)

CHRISTOPHER MARLOWE: A TRÁGICA HISTÓRIA DO DOUTOR FAUSTO 291

Cena 5

Entra Fausto em seu estúdio.

FAUSTO:
Agora, Fausto, tens
De ser danado, e não podes ser salvo:
Que adianta então pensar em Deus e o Céu?
Esquece essa tolice e desespera:
Esquece Deus, confia em Belzebu.
Não volta atrás, Fausto; sê resoluto.
O que, hesitas? Ouço em meu ouvido
"Abjura a mágica, e retorna a Deus!"
Isso, e Fausto retornará a Deus.
A Deus? – Ele não te ama –
O Deus que serves é teu apetite,
Onde está o amor a Belzebu;
Pra ele hei de criar altar e igreja,
E oferecer sangue morno de infante.

Entram o Anjo Bom e o Mau.

ANJO BOM:
Doce Fausto, abandona essa arte horrível.

FAUSTO:
Contrição, oração, arrependimento! O que são eles?

ANJO BOM:
Ah, eles são os meios que te levam ao Céu.

ANJO MAU:
São ilusões, são frutos da loucura,
Que fazem tolos os homens que os creem.

ANJO BOM:
Doce Fausto, pensa no que é celeste.

ANJO MAU:
Não, Fausto, pensa em honras e riqueza.

Saem os Anjos.

FAUSTO:

Em riqueza!
A senhoria Endem será minha,
Com Mefistófeles 'stando ao meu lado.
Que Deus pode me magoar? Estás seguro;
Chega de dúvidas. Vem, Mefistófeles,
Traz boas novas do grande Lúcifer; –
Não é meia-noite? Vem, Mefistófeles;
Veni, veni, Mephiustophilis!

Entra Mefistófeles.

Conta logo, que diz teu senhor Lúcifer?

MEFISTÓFELES:

Que eu hei de servir Fausto enquanto viva,
Des' que compre o serviço com sua alma.

FAUSTO:

Mas Fausto já a arriscou por ti.

MEFISTÓFELES:

Agora tem de ser jura solene,
Doação por escrito, com teu sangue,
Garantia que Lúcifer aspira.
Se o recusares, volto pro inferno.

FAUSTO:

Fica, Mefisto! E diz que bem trará
Minha alma a teu senhor.

MEFISTÓFELES:

Maior reino.

FAUSTO:

Isso é razão pra que nos tente assim?

MEFISTÓFELES:

Solamen miseris socios habuisse doloris[12].

FAUSTO:

Sofrem também os que torturam outros?

---

12 A desgraça gosta de companhia.

MEFISTÓFELES:

Tanto quanto a alma humana dos homens.
Mas diga, Fausto, vou ganhar sua alma?
Para ser seu escravo, e pra servi-lo,
E dar-lhe mais que sequer imagina.

FAUSTO:

Sim, Mefistófeles, a ti eu a dou.

MEFISTÓFELES:

Então fere o seu braço com coragem
E empenha a alma pra que, certo dia,
O grande Lúcifer tome-a pra si;
E então será tão grande quanto Lúcifer.

FAUSTO:

(*furando o braço*)
Vê, Mefistófeles, quanto eu te amo,
Eu corto o braço e, com o próprio sangue,
Dou minha alma ao grande Lúcifer,
Dono e regente da noite perpétua!
Vê como o sangue pinga do meu braço,
E que ele propicie o meu desejo.

MEFISTÓFELES:

Mas, Fausto, inda precisa
Assinar por contrato a doação.

FAUSTO:

E o farei. (*Escreve.*) Mas, Mefistófeles,
Congela o sangue, e eu não posso mais.

MEFISTÓFELES:

Vou trazer sangue pra descongelá-lo. (*Sai.*)

FAUSTO:

Que significa retenção assim?
Reluta em que eu assine o documento?
Por que não corre para eu reassinar?
Fausto te dá sua alma. Está feito.
E por que não? A alma não é tua?
Torna a escrever: *Fausto te dá sua alma.*

294   DRAMATURGIA ELIZABETANA

Entra Mefistófeles, com uma terrina com carvão.

MEFISTÓFELES:

Eis o fogo. Vamos, Fausto, comece.

FAUSTO:

Agora o sangue corre novamente;

E eu acabo com isso agora mesmo. (*Escreve.*)

MEFISTÓFELES:

(*à parte*)

O que não faço pra obter-lhe a alma?

FAUSTO:

Consumatum est; está feito o pacto

E Fausto entregou a sua alma a Lúcifer.

Mas que é essa inscrição no meu braço?

Homo, fuge! Mas fugir para onde?

Se pra Deus, ele me joga no inferno, –

Os sentidos se iludem; não há pacto: –

Mas vejo claro: está escrito aqui

Homo fuge! Porém Fausto não foge.

MEFISTÓFELES:

Vou buscar algo para diverti-lo. (*Sai.*)

Entram Mefistófeles e Diabos, dando coroas e ricos trajes a Fausto. Depois dançam, depois saem.

FAUSTO:

Fala, Mefisto; que é esse espetáculo?

MEFISTÓFELES:

Nada senão divertir a sua mente

E lhe mostrar o que se faz com mágica.

FAUSTO:

Quando quiser, posso chamar espíritos?

MEFISTÓFELES:

Sim, Fausto, e até coisas bem maiores.

FAUSTO:

Isso é o bastante pra valer mil almas.

CHRISTOPHER MARLOWE: A TRÁGICA HISTÓRIA DO DOUTOR FAUSTO 295

Eis aqui, Mefistófeles, o trato,
A doação de corpo e de alma:
Mas continua a executar
Os artigos que ambos acertamos.

MEFISTÓFELES:

Fausto, eu juro pelo inferno e Lúcifer
Que cumpro o prometido pelo acordo.

FAUSTO:

Então ouve enquanto eu leio: *Nas seguintes condições.*
Primeiro, que Fausto possa ser um espírito em forma
e substância.
Segundo, que Mefistófeles seja seu servo, a seu comando.
Terceiro, que Mefistófeles faça e traga tudo o que ele quiser.
Quarto, que ele seja invisível em seu quarto ou casa.
Finalmente, que ele apareça o dito Johannes Faustus
todas as vezes e qualquer forma que ele quiser:
Eu, Johannes Faustus, de Wittenberg, doutor, pelo pre-
sente documento dou tanto o corpo quanto a alma a
Lúcifer, Príncipe do Leste, e a seu ministro Mefistófeles,
e além disso concedo a eles que, passados vinte e quatro
anos, os artigos escritos acima, invioláveis, todo o poder
para buscar e levar o dito Johannes Faustus, em corpo e
alma, carne, sangue, ou bens, para qualquer que seja a
sua habitação. Por mim, Johannes Faustus

MEFISTÓFELES:

Diga, Fausto, entrega isso como sendo documento seu?

FAUSTO:

Sim, leva-o, e que o diabo o aproveite.

MEFISTÓFELES:

Agora, Fausto, pede o que quiser.

FAUSTO:

Primeiro o interrogo sobre o inferno.
Onde fica o lugar chamado inferno?

MEFISTÓFELES:

Sob os céus.

FAUSTO:

Sim, mas aonde?

MEFISTÓFELES:

Dentro das tripas destes elementos,
Onde somos torturados para sempre.
O inferno não tem limites nem fica
Num só lugar; o inferno é onde estamos.
Pra concluir, quando acabar o mundo
E toda criatura estiver pura,
Tudo o que não for Céu será inferno.

FAUSTO:

Vamos, penso que o inferno é uma fábula.

MEFISTÓFELES:

Pois pense, até que a experiência o mude.

FAUSTO:

Pensas então que Fausto será danado?

MEFISTÓFELES:

Inevitavelmente; eis o tratado
Em que doou a sua alma a Lúcifer.

FAUSTO:

E o corpo também; mas, e daí?
Crês ser tão tolo Fausto que acredite
Que haja dor, para além desta vida?
Bobagem, são contos da carochinha.

MEFISTÓFELES:

Eu sou exemplo de prova em contrário.
Pois eu estou danado, e no inferno.

FAUSTO:

O quê? Agora, no inferno?
Mas se isto é o inferno, que me danem.
Eu que durmo, como, ando, e debato?
Mas deixa isso pra lá; quero uma esposa,
A mais bela da Alemanha, pois estou
Presa de lasciva luxúria, e não posso
Viver sem uma esposa.

CHRISTOPHER MARLOWE: A TRÁGICA HISTÓRIA DO DOUTOR FAUSTO 297

MEFISTÓFELES:
>
> Como... esposa?
> Eu lhe peço, Fausto; nada de esposa.

FAUSTO:
>
> Não, doce Mefisto, traz-me uma,
> pois esse é o meu desejo.

MEFISTÓFELES:
>
> Pois a terá. Sente aí até que eu volte:
> Lhe trarei uma esposa em nome do diabo. (*Sai.*)

Entra Mefistófeles com um Diabo vestido como uma mulher, com fogos de artifício.

MEFISTÓFELES:
>
> Diga, Fausto, que tal a tua esposa?

FAUSTO:
>
> Que a praga a leve, puta quente!

MEFISTÓFELES:
>
> Quieto, Fausto;
> O casamento é um rito de brinquedo;
> E se me ama, não fale mais nisso.
> Lhe trarei as mais belas cortesãs,
> À sua cama, todas as manhãs;
> Se o olho gostar, o coração terá,
> Mesmo se for casta como Penélope,
> Tão sábia quanto Sabá, ou tão bela
> Quanto era Lúcifer antes da queda.
> Tome este livro, e o leia com cuidado:
> (*Dá-lhe um livro.*)
> O dito nessas linhas lhe traz ouro;
> E formar esse círculo no chão
> Traz tempestades, raios e trovões;
> Com devoção repete isso três vezes,
> E homens de armadura lhe virão,
> Prontos pr' executar os seus desejos.

298 DRAMATURGIA ELIZABETANA

FAUSTO:
Obrigado, Mefistófeles, mas preferia um livro em que pudesse achar feitiços e encantações, para poder invocar espíritos quando quisesse.

MEFISTÓFELES:
Aqui estão eles, nesse livro. (*Aí vira a página para eles.*)

FAUSTO:
Agora queria um livro que pudesse ver todos os fenômenos e planetas nos céus, para conhecer seus movimentos e disposições.

MEFISTÓFELES:
Também estão aí. (*Vira [novamente a página] para eles.*)

FAUSTO:
Bem, e dê-me mais um livro – depois, acabou – no qual eu pudesse ver todas as plantas, ervas e árvores que crescem sobre a terra.

MEFISTÓFELES:
Estão aqui.

FAUSTO:
Estás enganado.

MEFISTÓFELES:
Não, eu lhe garanto. *Vira [de novo a página] para eles.*

Saem.

Cena 6

Entram Fausto, em seu estúdio, e Mefistófeles.

FAUSTO:
Quando observo os céus, eu me arrependo,
E eu te maldigo, oh, mau Mefistófeles,
Pois me privaste dessas alegrias.

MEFISTÓFELES:

Ora, Fausto,
Julga que o céu é coisa tão gloriosa?
Não tem metade da sua beleza,
Ou dos homens que respiram na terra.

FAUSTO:

E como o provas?

MEFISTÓFELES:

Feito pro homem, o homem é melhor.

FAUSTO:

Se pro homem, foi feito para mim;
Renego a mágica e me arrependo.

Entram o Anjo Bom e o Anjo Mau.

ANJO BOM:

Arrependa-se e Deus se apiedará.

ANJO MAU:

És espírito, e Deus não se apiada.

FAUSTO:

Quem me sussurra que eu sou espírito?
Mesmo diabo, Deus se apiedará;
Sim, se apiedará se me arrependo.

ANJO MAU:

Sim, mas Fausto não se arrependerá.

Saem os Anjos.

FAUSTO:

Meu duro coração não se arrepende.
Mal posso dizer fé, céu, salvação,
Que odiosos ecos gritam-me no ouvido
"Estás danado, Fausto"; e então espadas,
Veneno, armas mortais, aço nocivo,
Se apresentam pra eu me despachar,
E há muito que o teria eu já feito,
Se o prazer não vencesse o desespero.

Não fiz cantar pra mim o cego Homero
De Alexandre o amor, de Oenone a morte?
Quem levantou as muralhas de Troia
Com os sons de sua harpa melodiosa,
Não fez música com meu Mefistófeles?
Por que pra mim a morte, o desespero?
Já resolvi: não se arrepende Fausto.
Vem, Mefisto, para em novo debate
Discutir a divina astrologia.
Quantas esferas há pr'além da lua?
São os corpos celestes um só todo,
Como a substância da terra central?

MEFISTÓFELES:

Tal como os elementos são os céus,
Desde a lua até a orbe empírea.
Envoltas mutuamente em suas esferas,
E juntas se movendo em um só eixo
Cujo término é o polo do mundo;
E os nomes de Saturno, Marte, Júpiter
São apenas de estrelas errantes.

FAUSTO:

Mas têm todos eles
Um movimento, em ambos *situ et tempore*?[13]

MEFISTÓFELES:

Todos, unidos, movem-se de leste para oeste em vinte e
quatro horas quanto aos polos do mundo; porém dife-
rem em seu movimento quanto aos polos do zodíaco.

FAUSTO:

Bobagem!
Essas tolices até Wagner sabe;
Não terá arte maior Mefistófeles?
Quem não conhece esses tempos duplos?
O primeiro finda em dia natural;

13 Em direção e duração.

CHRISTOPHER MARLOWE: A TRÁGICA HISTÓRIA DO DOUTOR FAUSTO 301

O segundo assim, como Saturno em trinta anos; Júpiter, em doze; Marte, em quatro; o Sol, Vênus e Mercúrio em um ano; a lua em vinte e oito dias. Ora, essas são suposições de calouros. Mas diz-me, tem cada esfera domínio ou *intelligentia*?

MEFISTÓFELES:

Sim.

FAUSTO:

Quantos céus, ou esferas, existem?

MEFISTÓFELES:

Nove: os sete planetas, o firmamento e o céu empíreo.

FAUSTO:

Mas não existe o *coelum igneum et cristalinum*?[14]

MEFISTÓFELES:

Não, Fausto, isso é apenas fábula.

FAUSTO:

Bem, responda-me esta questão: por que não temos conjunções, oposições, fases, eclipses, todos no mesmo número, mas temos mais em alguns anos, menos em outros?

MEFISTÓFELES:

Per inaequalem motum respectu totius[15].

FAUSTO:

Estou satisfeito. Diz-me, quem fez o mundo?

MEFISTÓFELES:

Não digo.

FAUSTO:

Doce Mefistófeles, dize.

MEFISTÓFELES:

Não me bajule, eu não direi.

FAUSTO:

Vilão, não tenho a tua garantia de me dizer qualquer coisa?

14 O céu fogoso e cristalino.
15 Em função da inequalidade da velocidade ao todo.

MEFISTÓFELES:

Tudo o que não for contra nosso reino; mas isso é.
Lembre-se que está no inferno, e danado.

FAUSTO:

Lembra-te, Fausto, que Deus fez o mundo.

MEFISTÓFELES:

Lembre-se disso! (*Sai.*)

FAUSTO:

Sim, espírito maldito, ao inferno! Tu é que
danaste a alma do desatinado Fausto. Não é tarde demais?

Entram o Anjo Bom e o Anjo Mau.

ANJO MAU:

Tarde demais.

ANJO BOM:

Nunca é tarde, se Fausto se arrepender.

ANJO MAU:

Se arrepender-se, os demos o estraçalham.

ANJO BOM:

Arrependa-se, que eles não hão de feri-lo.

Saem os Anjos.

FAUSTO:

Ah, Cristo, meu Salvador,
Tente salvar a triste alma de Fausto.

Entram Lúcifer, Belzebu e Mefistófeles.

LÚCIFER:

Cristo, que é justo, não te salva a alma;
Ninguém no céu se interessa por ela.

FAUSTO:

Quem és tu, de aspecto tão horrível?

LÚCIFER:

Eu sou Lúcifer,
E esse o outro príncipe do inferno.

CHRISTOPHER MARLOWE: A TRÁGICA HISTÓRIA DO DOUTOR FAUSTO   303

FAUSTO:

Oh, Fausto! Vieram pra buscar-te a alma!

BELZEBU:

Viemos pra dizer que nos ofendes.

LÚCIFER:

Clamas por Cristo, o que é contra o contrato.

BELZEBU:

Não deves pensar em Deus.

LÚCIFER:

Pensa no Diabo.

BELZEBU:

E também na mãe dele.

FAUSTO:

Eu o farei doravante; perdoai-me.
Fausto jura jamais olhar para o Céu,
Jamais falar em Deus, jamais louvá-lo,
Queimar as Escrituras, matar padres,
Fazer espíritos ruirem igrejas.

LÚCIFER:

Assim te mostras servo obediente,
E hás de ser muito bem recompensado.

BELZEBU:

Fausto, viemos do inferno em pessoa para mostrar-te alguns passatempos. Senta-te e hás de ver os Sete Pecados Mortais aparecerem em suas próprias formas e aparências.

FAUSTO:

A visão será prazer para mim
Como foi o Paraíso pra Adão,
Quando foi criado.

LÚCIFER:

Não fale de Paraíso ou criação, antes repara no que mostramos. Vá deixá-los entrar, Mefistófeles.

Entram os Sete Pecados Capitais.

Agora, Fausto, repare bem seus vários nomes e disposições.

304 DRAMATURGIA ELIZABETANA

FAUSTO:

Como o farei? O que és tu, o primeiro?

ORGULHO:

Sou o Orgulho. Desdenho ter tido pais. Sou como a pulga de Ovídio; posso rastejar por todos os recantos de uma moça; às vezes, como peruca, fico-lhe na testa; como leque de plumas, beijo-lhe os lábios; sim, senhor – o que não faço e? Mas que cheiro é esse? Não digo mais palavra, a não ser que o chão seja perfumado e coberto com tapetes.

FAUSTO:

O que és tu, o segundo?

AVAREZA:

Eu sou a Avareza, concebida por um miserável em uma velha sacola de couro; e se pudesse ter meu desejo, queria que esta casa e toda a gente nela fossem transformados em ouro, para que eu pudesse trancá-los no meu bom cofre. Ah, meu doce ouro!

FAUSTO:

O que és tu, o terceiro?

IRA:

Eu sou a Ira. Não tive pai nem mãe: saltei da boca de um leão quando só tinha meia hora de vida; e desde então tenho corrido por todos os cantos do mundo com essa caixa de punhais com os quais me feria quando não tinha mais ninguém para ferir. Nasci no inferno; e preste atenção, pois alguns de vocês serão meu pai.

FAUSTO:

O que és tu, o quarto?

INVEJA:

Sou a Inveja, gerada por um varredor de chaminés e uma vendedora de ostras. Não sei ler, por isso quero que todos os livros sejam queimados. Fico magro só de ver os outros comerem. Quem dera houvesse uma grande fome neste mundo, para que todos morressem

CHRISTOPHER MARLOWE: A TRÁGICA HISTÓRIA DO DOUTOR FAUSTO   305

e só eu ficasse viva! Será que você deve ficar sentado e eu ficar de pé? Trate de descer, e depressa!

FAUSTO:

Fora, crápula invejosa! O que és tu, o quinto?

GULA:

Quem, eu, senhor? Eu sou a Gula. Meus pais estão mortos, e nem um raio de um *penny* me deixaram, só uma mísera pensão de três refeições por dia e dez lanches – uma mesquinharia para satisfazer a natureza. Sim, meus pais são da realeza! Meu avô foi um pernil de bacon e minha mãe foi um barril de vinho e meus padrinhos foram Peter Harenquedefumado e Martin Carnedefumada. Mas minha avó era uma dama muito alegre, muito querida em toda cidade e aldeia: seu nome era Margery Cervejademarço. Agora, Fausto, que já conhece toda a minha família, não pode me convidar para jantar?

FAUSTO:

Prefiro vê-la enforcada! Você ia comer todas as minhas provisões.

GULA:

Pois que o Diabo o sufoque!

FAUSTO:

Sufoque-se você mesma, gulosa! O que é tu, o sexto?

PREGUIÇA:

Ora viva! Sou a Preguiça. Fui concebida em um recanto ensolarado, onde fiquei deitada desde então; e você me injuriou, e muito, me fazendo sair de lá: deixe a Gula e a Luxúria me carregarem de volta pra lá. Viva! Não digo mais uma palavra, nem pelo preço de um rei.

FAUSTO:

E o que és tu, Senhorita Raposa, a sétima e última?

LUXÚRIA:

Quem, eu, senhor? Sou quem gosta mais de uma polegada de carneiro cru do que uma vara de peixe frito; e a primeira letra do meu nome começa com Luxúria.

LÚCIFER:

Vão para o inferno! Pro inferno!

Saem os Pecados.

Então, Fausto, gostou de tudo isso?

FAUSTO:

Me satisfez a alma!

LÚCIFER:

O inferno, Fausto, é cheio de prazeres.

FAUSTO:

Se eu pudesse ver o inferno e voltar,
Como eu seria feliz!

LÚCIFER:

Verá; virão buscá-lo à meia-noite.
No meio-tempo tome este livro; leia-o com atenção, e
há de se mudar na forma que quiser.

FAUSTO:

Muito obrigado, potente Lúcifer!
O guardarei como se fosse a vida.

LÚCIFER:

Adeus, Fausto, e só pense no Diabo.

FAUSTO:

Adeus, bom Lúcifer! Vem, Mefistófeles.

Saem todos.

Cena 7

Entra o Coro.

O sábio Fausto,
Pra ter os segredos da Astronomia,
Gravados no altivo céu de Zeus,

Escalou o Olimpo até o topo;
Aonde, em carruagem rebrilhante,
Puxada por pescoços de dragões,
Viu as nuvens, planetas e estrelas,
As zonas tropicais, quartos dos céus,
Do claro arco dos chifres da lua
Até o máximo do *Primum Mobile*[16].
E ao girar pela circunferência,
Dentro do raio côncavo do polo,
De leste a oeste os dragões deslisavam,
Voltando ao lar a cada oito dias.
Sem ficar muito nesse lar tranquilo
Pra descansar os ossos do trabalho,
Aventuras mais novas o chamaram,
E ele montou nas costas de um dragão,
Cujas asas separam o ar etéreo,
E foi investigar cosmografia,
Que mede as costas e os reinos da terra;
A primeira parada, eu creio, é Roma,
Pra conhecer o Papa e sua corte,
Participar da festa de São Pedro
Que é comemorada nesse dia.
(*Sai.*)

Os Apartamentos Privados do Papa. Entram Fausto e Mefistófeles.

FAUSTO:
Já tive agora, meu bom Mefistófeles,
Os prazeres da cidade de Treves,
Circundada por cumes arejados,
Com muralhas de pedra e lagos fundos,
Que não se abrem a conquistadores;

16 A mais alta das esferas celestes dentro das quais se encontrava a Terra.

308 DRAMATURGIA ELIZABETANA

Depois, de Paris, no reino da França,
Vimos o rio Maine cair no Reno,
Em cujas margens há vinhedos férteis;
Daí pra Nápoles, na alta Campania[17],
Com prédios que encantam nossos olhos,
Ruas retas, cobertas com tijolos,
Que cortam a cidade em quatro partes.
Lá 'stá a tumba de ouro de Virgílio,
E como ele cortou toda uma milha
De rocha, só no tempo de uma noite[18];
Dali para Veneza, Pádua e o resto,
Em uma delas suntuoso templo,
Que ameaça as estrelas com seu topo,
Com paredes de pedras multicores,
E o alto telhado trabalhado em ouro.
Fausto gastou assim todo esse tempo:
Mas diz-me, que descanso é esse, agora?
Acaso, como eu comandei outrora,
Fui pra dentro das muralhas de Roma?

MEFISTÓFELES:

Foi, Fausto, e como não quero que fiquemos desprovidos, tomei para nosso uso os apartamentos particulares de Sua Santidade.

FAUSTO:

Espero que Sua Santidade venha receber-nos.

MEFISTÓFELES:

Isso não importa; vamos ficar alegres, com a boa vontade dele[19].
E agora, meu Fausto, vai aproveitar
Tudo o que Roma tem pra deleitá-lo;
Ela é cercada por sete colinas,
Que sustentam o piso dela toda.

17 O engano é do livro que foi a fonte usada por Marlowe.
18 O túnel em Posilippo, perto do túmulo de Virgílio.
19 As últimas quatro linhas estão corrompidas.

CHRISTOPHER MARLOWE: A TRÁGICA HISTÓRIA DO DOUTOR FAUSTO   309

Bem pelo meio corre o rio Tibre,
Cujas margens separam duas partes.
Sobre ele se estendem quatro pontes,
Que ligam entre si partes de Roma:
Na ponte que se chama Ponte Ângelo
Erige-se um castelo muito forte,
Dentro do qual se guardam armamentos,
Canhões duplos recobertos de bronze,
São tantos quanto os dias que há num ano;
Junto às portas estão altas pirâmides
Que o nobre Júlio César trouxe d'África[20].

FAUSTO:

E pelos reinos do poder do inferno,
Stix, Aqueronte e o lago fogoso
De Flageton, que queima sempre, eu juro
Que anseio pr'admirar tais monumentos
E as vistas dessa Roma esplendorosa.
Portanto, vamos indo logo.

MEFISTÓFELES:

Espere; eu sei que quer olhar o Papa,
E tomar parte nas festas de Pedro,
Pra ver o bando de frades carecas[21]
Cujo *summum bonun*[22] é pança cheia.

FAUSTO:

Estou disposto a brincar assim,
E me alegrar com as loucuras deles.
Então me põe um encanto, pra que eu possa
Invisível fazer o que eu quiser,
Não sendo visto enquanto estou em Roma.

Mefistófeles o encanta.

---

20 São, em verdade, obeliscos.
21 Tonsurados.
22 Bem maior.

310 DRAMATURGIA ELIZABETANA

MEFISTÓFELES:

Assim, Fausto, e agora
Faça o que quer, pois ninguém pode vê-lo.

Soa uma clarinada. Entram o Papa e o Cardeal de Lorena para o banquete, com frades para servi-los.

PAPA:

Senhor Lorena, não quer aproximar-se?

FAUSTO:

Avancem, e que o diabo os sufoque aos senhores e sua magreza!

PAPA:

Ora essa, quem foi que falou?
Frades, procurem aí.

FRADE:

Não há ninguém aqui, se me permite Sua Santidade.

PAPA:

Senhor, aqui está um prato delicado, enviado pelo Bispo de Milão.

FAUSTO:

Obrigado, senhor. (*Toma para si o prato.*)

PAPA:

Ora essa, quem foi que arrancou de mim meu prato de carne? Ninguém procura? Senhor, este prato foi mandado pelo Cardeal de Florença.

FAUSTO:

É verdade; e eu quero. (*Pega o prato.*)

PAPA:

O que, de novo! Senhor, eu bebo à sua Graça.

FAUSTO:

Eu garanto a Graça. (*Agarra o copo.*)

LORENA:

Senhor, talvez seja algum fantasma recém-chegado do purgatório, que esteja pedindo perdão a Sua Santidade.

CHRISTOPHER MARLOWE: A TRÁGICA HISTÓRIA DO DOUTOR FAUSTO   311

PAPA:

Talvez. Frades, preparem uma missa fúnebre para acalmar a fúria desse fantasma. Mais uma vez, podem comer, senhores. (*O Papa faz o Sinal da Cruz.*)

FAUSTO:

O que, está se persignando? Ora, não use mais esse truque, é o que lhe aconselho.

Ele torna a fazer o Sinal da Cruz.

É a segunda vez. Cuidado com a terceira,
Eu estou avisando.

Ele faz mais uma vez. Fausto dá-lhe um soco na orelha; e todos saem correndo.

Vamos, Mefistófeles; o que vamos fazer?

MEFISTÓFELES:

Não, não sei. Vamos ser danados, com sino, livro e vela,
Para frente e para trás, pro maldito Fausto ir pro inferno!
Em breve vai ouvir um porco roncar, um bezerro chorar e um asno relinchar,
Porque é o feriado de São Pedro.

Entram todos os frades e cantam a Missa.

FRADE:

Vamos, irmãos, vamos fazer as nossas atividades com boa devoção.

Cantam o seguinte.

Maldito quem roubou a carne de Sua Santidade da mesa! *Maledicta Dominus!*
Maldito o que deu um murro no rosto de Sua Santidade! *Maledicta Dominus!*
Maldito o que deu um tapa na careca de Frei Sandelo! *Maledicta Dominus!*

312 DRAMATURGIA ELIZABETANA

Maldito o que perturbar a ordem de nossa santa missa!
Maledicta Dominus!
Maldito o que levou o vinho de Sua Santidade! *Maledicta Dominus! Et omnes sancti! Amen!*

Mefistófeles e Fausto batem nos frades, e atiram fogos de artifício neles; e com isso saem todos.

Cena 8

Entra Robin, o cavalariço, com um livro na mão.

ROBIN:

Mas é maravilhoso! Roubei um dos livros de esconjuração do doutor Fausto, e juro que vou procurar uns truques para meu próprio uso. Agora vou fazer todas as moças da nossa paróquia dançarem quando eu quiser, ficarem nuas em pelo na minha frente; e assim, com isso, vou ver mais do que jamais senti ou vi até hoje.

Entra Rafe chamando Robin.

RAFE:

Robin, por favor vem logo; tem um senhor que está reclamando o cavalo dele, e quer que as coisas dele sejam escovadas e limpas. Está reclamando tanto com a patroa que ela me mandou procurar você. Por favor, vem logo.

ROBIN:

Fique aí fora, fique fora, pois senão vai ser explodido, e desmembrado, Rafe; fique fora, pois estou a ponto de fazer um trabalho do barulho.

RAFE:

Vamos, o que está fazendo com esse livro? Você não sabe ler.

ROBIN:

É, meu patrão e minha patroa vão descobrir que eu sei

CHRISTOPHER MARLOWE: A TRÁGICA HISTÓRIA DO DOUTOR FAUSTO 313

ler, ele pela testa, ela por sua salinha particular; ela nasceu para me aguentar, a não ser que minha arte fracasse.

RAFE:

Mas Robin, que livro é esse?

ROBIN:

Que livro? Ora, o mais intolerável livro de esconjuros que já foi inventado por qualquer diabo de enxofre.

RAFE:

E você sabe esconjurar com ele?

ROBIN:

Posso fazer todas essas coisas muito facilmente com ele: primeiro, posso ficar bêbado com hipocraz[23] em qualquer taverna da Europa, de graça; essa é uma das minhas obras de esconjuro.

RAFE:

O nosso mestre pastor diz que isso não é nada.

ROBIN:

Verdade, Rafe; e mais, se você tiver qualquer queda por Ana Espeto*, a nossa cozinheira, pode espetá-la e fazê-la se virar para seu próprio uso quantas vezes quiser, à meia-noite.

RAFE:

Ah, bravo Robin, vou ficar com a Ana Espeto para meu próprio uso? Com essa condição eu alimento o seu diabo com comida de cavalo enquanto ele viver, e de graça.

ROBIN:

Chega, meu doce Rafe: vamos lá, limpar estas botas sujas em nossas mãos, e depois esconjuramos em nome do Diabo.

Saem.

23 Mistura de vinho com água e açúcar.
* Em inglês, Nan Spit; a fala inteira de Robin joga com uma das funções da cozinheira, de virar a carne assando no espeto, de óbvia conotação sexual neste caso. [N. da E.].

Cena 9

Entram Robin e Rafe com uma taça de prata.

ROBIN:
> Então, Rafe, eu não tinha dito a você que nós estávamos feitos para sempre com esse livro do doutor Fausto? *Ecce signum*, eis aqui uma pequena aquisição para cavalariços; nossos cavalos não vão comer aveia enquanto isto durar.

Entra o Vinhateiro.

RAFE:
> Robin, aí vem o vinhateiro.

ROBIN:
> Silêncio! Vou enganá-lo de modo sobrenatural. Copeiro, espero que esteja tudo pago: Deus esteja convosco. Vamos, Rafe.

VINHATEIRO:
> Calma, senhor; uma palavra consigo. Tenho de receber do senhor o pagamento de uma taça, antes que se vá.

ROBIN:
> Eu, uma taça. Rafe; eu, uma taça? Eu o desprezo, o senhor não passa de um qualquer. Eu, uma taça? Reviste-me!

VINHATEIRO:
> Pretendo fazer isso, senhor, com sua licença.
> (*Ele o revista.*)

ROBIN:
> E o que diz agora?

VINHATEIRO:
> Tenho de falar um pouco com seu companheiro. O senhor aí!

RAFE:
> Eu, senhor! Eu, senhor! Reviste o que quiser. (*O Vinhateiro o revista.*) Agora, senhor, devia sentir vergonha de acusar um homem honesto com questões de verdade.

CHRISTOPHER MARLOWE: A TRÁGICA HISTÓRIA DO DOUTOR FAUSTO   315

VINHATEIRO:

Bem, um de vocês dois está com a tal taça consigo.

ROBIN:

Está mentindo, copeiro; ela está na minha frente. – Seu moleque, vou ensiná-lo a acusar homens honestos; fique quieto aí; – Vou revistá-lo pela taça! – É melhor afastar-se. Eu o ordeno, em nome de Belzebu – Procure a taça, Rafe.

VINHATEIRO:

O que quer dizer, moleque?

ROBIN:

Eu lhe digo o que quero dizer. (*Ele lê.*) *Sanctobulorum, Periphrasticon* – Não, eu vou lhe fazer cócegas, Vinhateiro. – Procura a taça, Rafe.
Polypragmos Belseborams framanto pacostiphos tostu. Mephistophilis, &c.[24]

Entra Mefistófeles, solta busca-pés atrás deles, e sai. Eles correm de um lado para outro.

VINHATEIRO:

O nomine Domine![25] O que é que está fazendo, Robin? A taça não está com você.

RAFE:

Peccatum Peccatorum! Aí está a sua taça, bom Vinhateiro. (*Dá a taça ao Vinhateiro, que sai.*)

ROBIN:

Misericordia pro nobis! O que farei? Bom Diabo, me perdoe agora, e eu nunca mais roubo a sua biblioteca.

Vem a eles Mefistófeles.

MEFISTÓFELES:

Sumam, vilões, um parece um macaco, outro um urso, e o terceiro é um asno, por cair nessa invenção!

24 &c indicava que aqui apareceria um caco, uma piada inventada pelo ator.
25 Em nome de Deus.

DRAMATURGIA ELIZABETANA

Rei do inferno, sob cuja negra força
Ajoelham-se, tementes, potentados,
Em cujos altares mil almas jazem!
Por que me irritam tais vilões? Encantos?
Vim apressado de Constantinopla
Para agradar esses malditos crápulas.

ROBIN:

Como de Constantinopla? Fez uma longa viagem.
Aceita seis vinténs em sua bolsa, para pagar seu jantar,
e ir embora?

MEFISTÓFELES:

Muito bem, vilões, por sua presunção eu te transformo
em macaco e a ti em cachorro, e deem o fora. (*Sai.*)

ROBIN:

O quê? Em macaco? Essa é boa. Vou me divertir com
os rapazes. Assim vou ganhar bastantes nozes e maçãs.

RAFE:

Mas eu tenho de ser cachorro.

ROBIN:

Verdade, e sua cabeça não vai sair nunca da panela de
ensopado.

Saem.

Cena 10

Entra o Coro

CORO:

Após Fausto ter visto, com prazer,
O que há de raro e as cortes dos reis,
Ele parou e voltou para casa;
E os que sofreram com a sua ausência,
Seus amigos e companheiros próximos,

CHRISTOPHER MARLOWE: A TRÁGICA HISTÓRIA DO DOUTOR FAUSTO 317

Com boas palavras saudaram sua volta,
E em suas conversas sobre o acontecido,
Em sua viajem pelo mundo e o ar,
O inquiriram sobre astrologia,
E Fausto respondeu com sapiência,
E todos admiraram seu espírito.
Sua fama já alcançava a terra toda:
Entre outros estava o Imperador
Carlos Quinto, e em seu palácio agora
Fausto foi festejado entre a nobreza.
O que ele fez pra testar sua arte,
Não conto; vejam-no executado.
(*Sai.*)

Entram o Imperador, Fausto, Mefistófeles e um Cavaleiro, com seguidores.

IMPERADOR:

Mestre Fausto, ouvi estranhos relatos de teu conhecimento na arte negra, e de como ninguém no meu império ou no mundo inteiro pode comparar-se contigo para os efeitos raros da mágica. Dizem que tu tens um espírito familiar por meio do qual podes fazer o que quiseres. Este, portanto, é o meu pedido, que me dês alguma prova de tua habilidade, que meus olhos possam testemunhar, para confirmar o que meus ouvidos ouviram relatado; e aqui eu te juro, pela honra de minha coroa imperial que, faças o que fizeres, não serás de modo algum prejudicado ou posto a perigo.

CAVALEIRO:

Na verdade, ele parece bem um invocador. (*À parte.*)

FAUSTO:

Meu Gentil soberano, embora tenha de me confessar bem inferior aos relatos que têm sido publicados, e em nada merecedor da honra de sua majestade imperial, mesmo assim, pelo amor e dever que a ela me ligam,

318 DRAMATURGIA ELIZABETANA

fico satisfeito em fazer tudo o quanto sua majestade
me ordenar.

IMPERADOR:

Mestre doutor Fausto, escute o que digo.
Estando eu certa vez só, sentado
Em minha sala, tive pensamentos
Tangendo a honra de meus ancestrais:
A bravura que lhes rendeu tais feitos,
Tanta riqueza, subjugando reinos,
E como sucedê-los, ou aqueles
Que mais além terão o nosso trono;
Mas jamais (temo) subir a tal nível
De alta fama e grande autoridade.
Entre tais reis 'stá Alexandre o Magno,
Mais importante dos grandes do mundo,
Cujo brilho de feitos gloriosos
 Clareia o mundo com reflexos raios;
E só ouvindo alguém mencioná-lo
Me dói a alma por nunca o ter visto.
Se podes trazê-lo das profundezas
Em que jaz tal famoso vencedor,
E com ele sua amante belíssima,
Ambos na mesma forma, gesto e traje
Que ostentavam enquanto estavam vivos,
Tu verás satisfeito o meu desejo,
Fazendo que eu o louve enquanto vivo.

FAUSTO:

Gentil senhor, estou pronto a realizar o seu pedido, na
medida em que, por arte e o poder de meu Espírito, for
capaz de executá-lo.

CAVALEIRO:

Na verdade, isso aí não é nada. (À parte.)

FAUSTO:

Porém, se me concede sua Graça, não tenho a habilidade de apresentar diante de seus olhos os corpos

CHRISTOPHER MARLOWE: A TRÁGICA HISTÓRIA DO DOUTOR FAUSTO   319

verdadeiros e substanciais daqueles que há muito já se tornaram pó.

CAVALEIRO:

Ah, pela Virgem, mestre doutor, agora vejo um traço de graça em si, quando chega a confessar a verdade.

FAUSTO:

Mas tais espíritos podem com vivacidade se assemelharem a Alexandre e sua amante para aparecer diante de sua Graça do modo em que ambos viveram, em sua grande pompa florescente; o que não duvido há de satisfazer sua majestade imperial.

IMPERADOR:

Avante, mestre doutor, deixe-me vê-los agora mesmo.

CAVALEIRO:

Ouviu, mestre doutor? Traga Alexandre e sua amante diante do Imperador!

FAUSTO:

O que é isso, senhor?

CAVALEIRO:

Garanto que isso é tão verdade quanto Diana me ter transformado em um alce!

FAUSTO:

Não, senhor, mas quando Aecton morreu, ele lhe deixou os seus chifres. Mefistófeles, saia!

Sai Mefistófeles.

CAVALEIRO:

Pois o senhor continue com seus esconjuros, que eu vou embora. (*Sai.*)

FAUSTO:

Eu me acerto logo com o senhor, por me interromper assim. Aí estão eles, meu Gentil senhor.

Entra Mefistófeles com Espíritos na forma de Alexandre e de sua Amante.

320   DRAMATURGIA ELIZABETANA

IMPERADOR:

Mestre doutor, creio que essa senhora, quando viveu,
tinha uma verruga ou mancha no pescoço. Como posso
saber se tinha ou não?

FAUSTO:

Sua Alteza pode ousar aproximar-se para ver.

Saem Alexandre e o outro Espírito.

IMPERADOR:

Por certo esses não eram espíritos, mas os verdadeiros
corpos substanciais dos dois príncipes falecidos.

FAUSTO:

Poderia sua Alteza agora mandar chamar o cavaleiro
que ainda há pouco caçoou tanto aqui de mim?

IMPERADOR:

Vá alguém aí chamá-lo.

Sai um dos servos.
Entra o Cavaleiro com um par de chifres na cabeça.

Como é, senhor cavaleiro! Eu pensava que fosse sol-
teiro, mas agora vejo que tem uma esposa, que não só
lhe põe chifres como ainda obriga-o a usá-los. Sinta aí
sua cabeça.

CAVALEIRO:

Maldito crápula, cão detestável,
Gerado numa rocha monstruosa,
Como ousa abusar de um gentil-homem?
Vilão, ordeno que desfaça o feito!

FAUSTO:

Não tão depressa, senhor; não há pressa; não se lembra
como me atrapalhou em minha conversa com o Imperador? Creio que agora o respondi por isso.

IMPERADOR:

Bom mestre doutor, a pedido meu, liberte-o; já fez
penitência suficiente.

CHRISTOPHER MARLOWE: A TRÁGICA HISTÓRIA DO DOUTOR FAUSTO   321

FAUSTO:

Meu gentil senhor, não foi tanto pela injúria que me fez aqui na sua presença, quanto para deleitá-lo com algum divertimento que Fausto pagou esse cavaleiro injurioso; que foi só o meu desejo. Fico contente de o libertar de seus chifres; e, senhor, daqui em diante fale bem de quem estuda. Mefistófeles, transforme-o agora. (*Mefistófeles remove os chifres.*) E agora, meu bom senhor, tendo cumprido o meu dever, eu apresento minhas despedidas.

IMPERADOR:

Passe bem, doutor; mas antes de ir
Receba de mim paga generosa.

Saem o Imperador e outros.

Cena 11

Local indefinido.
Entram Fausto e Mefistófeles

FAUSTO:

Mefistófeles, o percurso inquieto
Que faz o Tempo, calmo e silencioso,
Corta-me o tempo e o fio da vida,
E pede a paga dos últimos anos;
Portanto, Mefistófeles, partamos
Depressa pra Wittenberg.

MEFISTÓFELES:

Mas prefere ir a cavalo ou a pé?

FAUSTO:

Até o fim deste verde agradável
Irei a pé.

Entra um Correio-Montado.

322 DRAMATURGIA ELIZABETANA

CORREIO:

Passei o dia todo buscando um tal mestre Faustian; pela missa, olhe ele aí! Deus o salve, mestre doutor!

FAUSTO:

Ora, Correio-Montado! Feliz encontro.

CORREIO:

Ouviu, senhor? Eu trouxe quarenta dólares pelo seu cavalo[26].

FAUSTO:

Não posso vendê-lo por isso; se o quiser por cinquenta, pode levar.

CORREIO:

Que pena, eu não tenho mais. Por favor, fale aí por mim. (*Dirigindo-se a Mefistófeles.*)

MEFISTÓFELES:

Eu lhe peço que o deixe levá-lo: ele é um bom rapaz e arca com uma grande carga – não tem mulher nem filho.

FAUSTO:

Vá lá, dê-me aqui seu dinheiro. O meu rapaz o entregará a você. Mas tenho de lhe dizer uma coisa antes de entregá-lo: não entre com ele na água de jeito nenhum.

CORREIO:

Ora essa, ele não vai beber água?

FAUSTO:

Ah, ele bebe qualquer tipo de águas, mas não pode entrar na água; cavalgue-o pelas margens de riacho ou vala, mas não na água.

CORREIO:

Agora sou homem para sempre. Eu não deixo o meu cavalo por quarenta. Se ele ao menos soubesse dançar o hey-ding-ding, hey-ding-ding eu faria uma fortuna com ele; ele tem uma bunda lisa como uma enguia. (*À parte.*)

---

26 Dólares (ou Thaler) era moeda corrente na área de língua alemã.

CHRISTOPHER MARLOWE: A TRÁGICA HISTÓRIA DO DOUTOR FAUSTO   323

Bem, Deus esteja convosco, o seu rapaz vai me entregar; se meu cavalo ficar doente ou indisposto, eu trago a água dele para o senhor, e o senhor me diz o que há?

FAUSTO:

Fora, vilão! Está pensando que sou médico de cavalo?

Sai o Correio-Montado.

Tu, Fausto, és só um condenado à morte?
Tua hora fatal já chega ao fim;
O desespero deixa a mente incerta,
Confunde tais paixões com sono quieto;
Calma. Cristo na cruz chamou o ladrão;
Repousa, Fausto, com pensamento calmo.
(*Ele adormece na cadeira, ao fundo do palco.*)

Entra o Correio-Montado, todo encharcado, chorando.

CORREIO:

Ai, ai! Eu falei, doutor Fausto? Pela missa, o doutor Lupus nunca foi um médico desses[27].
Ele me deu um purgante que me purgou de quarenta dólares; esses não vejo nunca mais. E por isso, asno que fui, não quis obedecer suas regras, que me diziam que não o cavalgasse para dentro das águas. E eu, pensando que meu cavalo tivesse alguma qualidade rara que ele não quisesse que eu soubesse, eu mesmo, como um jovem aventureiro, entrei por dentro do laguinho fundo lá no fim da cidade. Mal cheguei no meio do lago, que meu cavalo desapareceu, fiquei sentado em cima de uma garrafa de feno, e eu nunca cheguei tão perto de me afogar. Mas vou procurar meu doutor, conseguir meus quarenta dólares de volta, ou faço dele um cavalo caríssimo! – A maravilha dos mata-esfola. – Está ouvindo? Seu monte de feno, onde está seu senhor?

27 Doutor Lopez, judeu português, médico da rainha Elizabeth, falsamente acusado e executado.

324   DRAMATURGIA ELIZABETANA

MEFISTÓFELES:

Ora, senhor, o que quer? Não pode falar com ele.

CORREIO:

Mas eu quero falar com ele.

MEFISTÓFELES:

Mas ele está dormindo profundamente. Venha alguma
outra hora.

CORREIO:

Eu vou falar com ele agora, ou quebro essas janelas
todas em cima das orelhas dele.

MEFISTÓFELES:

Estou dizendo que há oito noites que ele não dorme.

CORREIO:

E se não tivesse dormido há oito semanas, eu ia falar
com ele.

MEFISTÓFELES:

Veja como ele está dormindo mesmo.

CORREIO:

Lá isso está. Seus o salve, mestre doutor! Mestre doutor!
Mestre doutor Faustiano! – Quarenta dólares, quarenta
dólares por uma garrafa de feno!

MEFISTÓFELES:

Ora essa, não vê que ele não está ouvindo?

CORREIO:

Não, está, ah, ah, ah! (*Ele grita no ouvido de Fausto.*)
Como é, não acorda? Pois não saio sem fazê-lo acordar.
(*Puxa uma perna de Fausto, e a perna se solta.*) Meu
Deus, estou perdido! O que é que eu faço?

FAUSTO:

Ai minha perna, minha perna! Socorro, Mefistófeles!
Chame os que me servem! Minha perna, minha perna!

MEFISTÓFELES:

Vamos, vilão, para a polícia.

CORREIO:

Meu Deus, deixe eu ir embora, e eu lhe dou mais quarenta dólares.

MEFISTÓFELES:

Onde estão?

CORREIO:

Não tenho nada comigo, mas se vier até onde me hospedo, eu os dou ao senhor.

MEFISTÓFELES:

Passa fora, e depressa.

O Correio sai correndo.

FAUSTO:

Como é, foi embora? Que passe bem! Fausto já recuperou a perna e o Correio, pelo que vi, ficou com uma garrafa de feno por seu trabalho. Bom, esse truque há de lhe custar mais quarenta dólares.

Entra Wagner.

Como é, Wagner; quais são as novidades?

WAGNER:

Senhor, o Duque de Vanholt requer, com empenho, a sua companhia.

FAUSTO:

O Duque de Vanholt é um gentil-homem honrado, para com quem não devo ser avaro de minha habilidade. Vamos, Mefistófeles, vamos até ele.

Saem.

Cena 12

O Castelo do Duque de Anhalt. Fausto e Mefistófeles em cena. A eles vêm o Duque de Anhalt e a Duquesa.

DUQUE:

Acredite, mestre doutor, esse divertimento muito me alegrou.

FAUSTO:

Meu gentil senhor, fico contente que tão bem o satisfiz. – Mas talvez, senhora, não encontrou grande deleite nisso. Ouvi dizer que mulheres com o ventre arredondado desejam esta ou aquela delícia. Qual a sua, senhora? Diga-me, e a terá.

DUQUESA:

Obrigada, senhor mestre doutor; e vendo sua cortês intenção de me agradar, não lhe ocultarei a coisa que meu coração deseja; se fosse agora verão, como é janeiro e o momento mais morto do inverno, eu desejaria mais do que qualquer carne um prato de uvas maduras.

FAUSTO:

Sinto, senhora, isso não é nada! Mefistófeles, vá logo.

Sai Mefistófeles.

Se houvesse alguma coisa maior do que essa que a contentasse, haveria de tê-la.

Entra Mefistófeles com as uvas.

Aí estão elas, senhora; será que pode fazer a gentileza de as provar?

DUQUE:

Acredite, mestre doutor, isso me causa mais admiração que todo o resto, que estando nós agora no mais morto inverno, no mês de janeiro, o senhor pudesse obter essas uvas.

FAUSTO:

Se permite sua Graça, o ano se divide em dois círculos pelo mundo inteiro, de modo que quando é inverno conosco no círculo contrário é verão com eles, como na Índia, Sabá e os mais longínquos países do Leste; e por meio de um rápido espírito que é meu,
fiz com que fossem trazidas até aqui, como viu. Gostou delas, senhora? Estão boas?

DUQUESA:

Acredite, mestre doutor, são as melhores uvas que provei em toda a minha vida até aqui.

FAUSTO:

Alegro-me que a tenham contentado, senhora.

DUQUE:

Vamos para dentro, senhora, onde deverá recompensar bem esse sábio homem pela grande bondade que exibiu para com a senhora.

DUQUESA:

Assim farei, senhor; e enquanto viver a ele ficarei devedora por tal cortesia.

FAUSTO:

Humilde, eu agradeço a sua Graça.

DUQUE:

Venha, mestre doutor, siga-nos e receba a sua recompensa.

Saem.

Cena 13

A Casa de Fausto. Entra Wagner, só.

WAGNER:

Meu senhor, creio, pensa em morrer breve.
Fez testamento e deu-me sua riqueza:

A casa, os bens, a baixela de ouro,
E mais dois mil ducados em dinheiro.
Mas eu penso que, a morte estando perto,
Não daria banquetes, bebedeiras,
Com os estudantes, como faz agora,
Que 'stão ceando, com tais gargalhadas
Como Wagner não vira antes na vida.
Lá vêm eles; a festa, acho, acabou.

Entra Fausto, com dois ou três Estudiosos, e Mefistófeles.

1º ESTUDIOSO:

Mestre doutor Fausto, desde a nossa conferênciaa sobre mulheres belas, e qual a mais bonita do mundo, resolvemos entre nós que Helena da Grécia foi a mais admirável dama que jamais existiu. Portanto, mestre doutor, se nos quiser fazer o favor de deixar-nos ver essa dama grega sem par, a quem todos admiramos por sua majestade, nós lhe ficaríamos grandemente devedores.

FAUSTO:

Cavalheiros,
Já que não fingem a sua amizade,
E Fausto não costuma se negar
A atender aos que o querem bem,
Hão de ver a ímpar dama da Grécia,
Não mais longe da pompa e majestade
Que quando cruzou com Páris os mares,
Que levou pra Dardânia o seu espólio.
Silêncio, na palavra é que há perigo.

Soa música, e Helena atravessa o palco.

2º ESTUDIOSO:

Minha mente não sabe elogiar
Quem o mundo respeita em majestade.

3º ESTUDIOSO:

Não espanta que a Grécia em sua ira

CHRISTOPHER MARLOWE: A TRÁGICA HISTÓRIA DO DOUTOR FAUSTO 329

Dez anos guerreasse por Helena,
Cuja beleza foi incomparável.

1º ESTUDIOSO:

Vimos da Natureza a obra-prima,
Único paradigma de excelência.

Entra um Velho.

VELHO:

Ah, doutor Fausto, que eu prevaleça
Em te guiar para o modo de vida
Cujo doce caminho há de levar-te
Ao alvo do repouso celestial!
Fausto gentil, deixa a arte danada,
A mágica que te chama pro inferno,
E te priva, afinal, da salvação!
Se até aqui ofendeste como homem,
Não persevere em erro como diabo:
Tu tens ainda uma alma amável,
Se o pecado não marca a natureza.
Depois, não adianta arrepender-te,
Quando banido dos olhos do céu.
Mortal não sabe a dor que há no inferno!
Pode ser que esta minha exortação
Pareça dura e inimiga: mas não!
Pois, filho, não é com ira que eu falo,
Ou por inveja, mas em terno amor,
E piedade por miséria futura.
Espero que a bondosa repreensão,
Prendendo o corpo, lhe corrija a alma.
Coração, sangra, e junto o sangue às lágrimas
Que caem da tristeza arrependida
De tuas odientas imundícies,
Cujo fedor corrompe a alma íntima
Com atrocidade e pecado hediondo
Que nem a comiseração expele,

330 DRAMATURGIA ELIZABETANA

Mas, Fausto, apenas a misericórdia
Do Salvador, que lava toda culpa.

FAUSTO:

Onde estás, Fausto? Vil, o que fizeste?
Estás danado; desespera e morre!
O inferno quer o seu, e com voz forte
Diz "Vem, Fausto! Tua hora 'stá chegando!"
E Fausto vem, pra cumprir o teu direito.

Mefistófeles lhe dá um punhal.

VELHO:

Não dá, bom Fausto, esse passo maldito!
Um anjo sobrevoa a tua cabeça,
E com um frasco de preciosa graça
Oferece entorná-la em tua alma:
Pede socorro, e evita o desespero.

FAUSTO:

Meu doce amigo, eu sinto
O teu conforto em minha alma perdida.
Deixa-me, pra pensar nos meus pecados.

VELHO:

É com tristeza, Fausto, que me vou;
Temo a ruína de tua alma torpe. (*Sai.*)

FAUSTO:

Fausto maldito, onde a misericórdia?
Eu me arrependo, mas eu desespero;
Inferno e graça lutam no meu peito:
Que fazer pr'evitar da morte a rede?

MEFISTÓFELES:

Fausto traidor, eu prendo a tua alma
Por desobediência ao meu senhor;
Revolta-te ou eu te estraçalho.

FAUSTO:

Me arrependo por ter-te ofendido.
Doce Mefisto, implora a teu senhor

CHRISTOPHER MARLOWE: A TRÁGICA HISTÓRIA DO DOUTOR FAUSTO   331

Que me perdoe qualquer presunção,
E com meu sangue eu de novo confirmo
O voto que eu antes fizera a Lúcifer.

MEFISTÓFELES:

Faz agora, e sem coração fingido,
Pra não correr um risco inda maior.

FAUSTO:

Atormenta, meu amigo, o torto
Mundo que me dissuadiu de Lúcifer,
Com tormentos maiores que os do inferno.

MEFISTÓFELES:

Sua fé é grande, não toco a alma dele;
Mas com o que puder afetar seu corpo
Hei de tentar, mesmo sem ter valor.

FAUSTO:

Uma coisa, bom servo, vou pedir-te,
Pra saciar-me a fome de desejo, –
Que como amante eu pudesse ter
A celestial Helena, há pouco vista,
Cujo doce abraço pode extinguir
Ideias que me afastam de meu voto,
E confirmam a jura a Lúcifer.

MEFISTÓFELES:

Isso, Fausto, e tudo o mais que deseje
Será cumprido num piscar de olhos.

Entra Helena de novo, desfilando entre dois Cupidos.

FAUSTO:

É esse o rosto que lançou mil naves
E queimou as altas torres de Ilium?
Doce Helena, faz-me imortal com um beijo.
(*Ele a beija.*)
Seu lábio me rouba a alma; ela voa!
Vem, Helena, dar de volta a minh'alma.
(*Torna a beijá-la.*)

Meu lar é aqui. Seus lábios são o céu,
Tudo é escória se não é Helena.

Entra o Velho.

Eu serei Páris, e por teu amor
E em lugar de Troia, saqueio Wittenberg;
Vou combater com o fraco Menelau,
E usar as tuas cores no meu elmo;
Eu furo Aquiles em seu calcanhar,
E depois volto pra beijar Helena.
Tu és mais bela que a brisa da tarde,
Vestida na beleza das estrelas;
Tu brilhas mais do que as chamas de Júpiter
Quando mostrou-se à infeliz Semele;
Mais linda que o monarca desse céu
Nos braços de Aretusa sensual[28]:
Porém só tu serás a minha amante.

Saem Fausto e Helena.

VELHO:

Maldito Fausto, homem miserável
Que da alma expulsou graças do céu
E foge de seu trono-tribunal.

Entram os Demônios.

Satã me testa agora em seu orgulho,
Como no forno Deus me testa a fé.
Fé que há de triunfar sobre o inferno.
Monstros vis! Vede o céu sorrir
Da sua repulsa, rir de seu desprezo!
Fora, inferno! Eu voo para o meu Deus.

Saem.

28 O monarca é Apolo e Aretusa, variante do nome de uma das muitas ninfas
ou deusas que aparecem ligadas a ele.

CHRISTOPHER MARLOWE: A TRÁGICA HISTÓRIA DO DOUTOR FAUSTO 333

Cena 14

Nos aposentos de Fausto.
Entra Fausto com os Estudiosos.

FAUSTO:

Ah, cavalheiros!

1º ESTUDIOSO:

O que tem, Fausto?

FAUSTO:

Ah, meu querido companheiro de quarto, quem dera eu inda morasse contigo! Mas agora eu morro eternamente. Vê, ela não vem? Ela não está vindo?

2º ESTUDIOSO:

O que quer dizer Fausto?

3º ESTUDIOSO:

Ao que parece ele desenvolveu alguma doença, por andar excessivamente solitário.

1º ESTUDIOSO:

Se assim for, havemos de ter médicos. É só excesso. Não se assuste, homem.

FAUSTO:

Excesso de pecado mortal que danou corpo e alma.

2º ESTUDIOSO:

Mas, Fausto, olha para o alto; lembra-te que a misericórdia de Deus é infinita.

FAUSTO:

Mas as ofensas de Fausto não podem ser perdoadas. A serpente que tentou Eva pode ser salva, mas não Fausto. Ah, cavalheiros, ouvi-me com paciência, e não tremei ante as minhas palavras! Embora meu coração arfe e tremule ao lembrar que fui estudante aqui por trinta anos, quem dera eu jamais tivesse visto Wittenberg, ou lido um livro! Que maravilhas operei, toda a Alemanha pode testemunhar, sim, todo o mundo; pelo

334   DRAMATURGIA ELIZABETANA

que agora Fausto perdeu tanto a Alemanha quanto o mundo, – sim, o próprio Céu, sede de Deus, trono dos abençoados, o reino da alegria; e tenho de ficar no inferno para sempre; o inferno, ah, o inferno, para sempre! Doces amigos! O que acontecerá a Fausto, no inferno para sempre?

3º ESTUDIOSO:

Mesmo assim, Fausto, clama por Deus.

FAUSTO:

Por Deus, a quem Fausto abjurou! Por Deus, contra quem Fausto blasfemou! Ah, meu Deus, queria chorar, mas o Diabo me seca as lágrimas. Jorra sangue, em vez de lágrimas! Sim, a vida e a alma! Ai, ele me trava a língua! Gostaria de erguer as mãos, mas vede, eles as prendem, eles as prendem!

TODOS:

Quem, Fausto?

FAUSTO:

Lúcifer e Mefistófeles. Ah, cavalheiros, a eles dei a minha alma pela esperteza!

TODOS:

Que Deus não permita!

FAUSTO:

Deus não o permitiu, na verdade; mas Fausto o fez. Pelo vão prazer de vinte e quatro anos Fausto perdeu a alegria e a felicidade eternas. Eu escrevi para eles um pacto com meu próprio sangue: a data expirou, eles virão, e me buscarão.

1º ESTUDIOSO:

Por que Fausto não nos disse isso antes, para que sacerdotes pudessem ter rezado por ti?

FAUSTO:

Muitas vezes pensei em fazê-lo, mas o Diabo ameaçava me fazer em pedaços se eu invocasse Deus; arrebatar corpo e alma se eu sequer uma vez desse ouvidos à

CHRISTOPHER MARLOWE: A TRÁGICA HISTÓRIA DO DOUTOR FAUSTO   335

divindade: e agora é tarde demais. Cavalheiros, ide-vos!
Para não perecer comigo.

2º ESTUDIOSO:

O que faremos para salvar Fausto?

FAUSTO:

Não faleis de mim; salvai a vós mesmos, e parti.

3º ESTUDIOSO:

Deus há de me fortalecer. Eu ficarei com Fausto.

1º ESTUDIOSO:

Não tente Deus, doce amigo; vamos para o quarto ao
lado, onde rezaremos por ele.

FAUSTO:

Sim, rezai por mim, rezai por mim! E ouvindo o barulho
que ouvirdes, não vinde a mim, pois nada poderá salvar-me.

2º ESTUDIOSO:

Reza, e nós rezaremos para que Deus tenha misericórdia de ti.

FAUSTO:

Cavalheiros, adeus! Se eu viver até a manhã, hei de visi-
tar-vos; se não, Fausto foi para o inferno.

TODOS:

Fausto, adeus!

Saem os Estudiosos.

MEFISTÓFELES:

Fausto, agora não tens mais esperanças;
Desespera, pois, e pensa no inferno,
A mansão onde tu hás de viver.

FAUSTO:

Monstro de encanto! Foste a tentação
Que me roubou a alegria eterna.

MEFISTÓFELES:

Eu o confesso, Fausto, e comemoro.
Fui eu que, quando ias para o céu,
Represei-te a passagem; vendo o livro

Das Escrituras, eu virei as páginas
E guiei-te os olhos.
O que, choras? É tarde. Desespera.
Adeus.
Quem ri na terra vai chorar no inferno. (*Sai.*)

Entram o Anjo Bom e o Anjo Mau, por portas diferentes.

ANJO BOM:
Fausto, se me tivesses tu ouvido,
Alegrias sem fim te seguiriam;
Mas tu amavas o mundo.

ANJO MAU:
A mim ouviste,
E vais sofrer no inferno eternamente.

ANJO BOM:
O que prazeres, riquezas e pompas te adiantam hoje?

ANJO MAU:
Nada, só agravam
Faltar no inferno o que sobrou na terra.

Música, enquanto o Trono baixa.

ANJO BOM:
Perdeste celestial felicidade,
Prazer indizível, benção sem fim!
Tivesses tu prezado a religião
Diabo não te teria em seu poder;
Se tivesses seguido o bom caminho,
Fausto, vê em que esplendor te verias
Naquele trono, como os claros santos,
Tendo vencido o inferno. Mas perdeste
E, pobre alma, o Anjo Bom te deixa,

O Trono sobe.

A boca aberta do inferno te aguarda.

O Inferno é descoberto.

CHRISTOPHER MARLOWE: A TRÁGICA HISTÓRIA DO DOUTOR FAUSTO   337

ANJO MAU:

E agora, Fausto, olha com terror
Essa perpétua sala de tortura.
As Fúrias lá batem almas danadas
Com tridentes; queimam corpos em chumbo.
Lá sobre brasas vivas queimam corpos
Que não morrem. Essa cadeira em chamas
É pro repouso de almas torturadas.
Os que só comem pão molhado em chamas
Eram glutões, que adoravam petiscos,
E riam dos famintos nos portões.
Mas isso não é nada; hás de ver
Mil torturas muito mais horríveis.

FAUSTO:

O que vi já me basta por tortura.

ANJO MAU:

Não; tens de senti-las, prová-las todas:
O que ama o prazer cai por prazer.
E assim te deixo, Fausto, até mais logo,
E então hás de cair na confusão. (*Sai.*)

O relógio bate onze.

FAUSTO:

Ah, Fausto,
Tu só tens uma hora pra viver,
E então terás a danação perpétua!
Quietas, esferas celestes que correm,
Para o tempo parar, sem meia-noite!
Olho da Natureza, nasça sempre,
E cria o dia eterno. Que esta hora
Seja um ano, mês, semana, um só dia,
Pra que Fausto se arrependa e salve a alma!
O lete, lete, currite, noctis equi![29]

---

29 Correi lentos, lentos, cavalos da noite.

Mas correm tempo e astros; toca o sino,
Virá o Demo, para danar Fausto.
Saltarei para Deus! Quem me derruba?
O sangue de Cristo corre no céu!
Uma gota me salva! Meia! Ah, Cristo!
Não rasgue o coração por dizer Cristo!
Mas o invocarei! Poupa-me Lúcifer! –
Mas onde está? Se foi; vede onde Deus
Estende o braço, e franze o cenho irado!
Montanhas, morros, caiam sobre mim,
E escondam-me da densa ira de Deus!
Pra quando eu for vomitado para o ar,
Meus membros deixem a boca em fumaça.
Não! Não!
Caio eu então de cabeça na terra;
Terra aberta não há de receber-me!
Estrela que brilhou quando eu nasci,
Cuja influência marcou morte e inferno,
Inspira agora Fausto como bruma
Pras entranhas do labor de tua nuvem,
Pra minh'alma poder subir ao Céu.

O relógio soa a meia hora.

Ah, foi-se meia hora; logo a outra!
Oh, Deus!
Se Tu não te apiedas de minh'alma,
Só por amor a Cristo, que salvou-me,
Marca algum fim pra minha dor eterna.
Que Fausto viva mil anos no inferno –
Cem mil, mas que por fim seja ele salvo!
Não há limite pra alma danada!
Por que não foste criatura sem alma?
Ou por que é imortal a que tu tens?
Ah, a metempsicose de Pitágoras!
Se fosse verdadeira

CHRISTOPHER MARLOWE: A TRÁGICA HISTÓRIA DO DOUTOR FAUSTO   339

Esta alma fugia de mim, e então ia
Pr'alguma fera! As feras são felizes,
Pois quando morrem
Suas almas se tornam elementos;
A minha tem de viver, sofrer no inferno.
São malditos os pais que me engendraram!
Não, Fausto! Maldiz a ti mesmo e a Lúcifer,
Que te privou da alegria do Céu.

O relógio bate as doze.

Ele toca! Meu corpo, faz-te ar,
Ou Lúcifer o leva para o inferno.

Trovões e raios.

Ah, alma, muda-te em gotas d'água,
E, no oceano, não sejas achada.
Meu Deus, meu Deus! Não me olhes com tal fúria!

Entram Diabos.

Cobras, serpentes! Que eu respire ainda!
Não te abras, feio inferno; não vem, Lúcifer!
Queimo meus livros todos! Mefistófeles!

Saem, os Diabos levando-o.

Cena 15

Entram os Estudiosos.

1º ESTUDIOSO:
Vamos visitar Fausto, cavalheiros,
Pois não foi vista noite assim horrível
Desde o início da criação do mundo.
Nunca se ouviram tais guinchos e urros.
Praza a Deus que o doutor tenha escapado.

340 DRAMATURGIA ELIZABETANA

2º ESTUDIOSO:

Deus nos acuda, eis os membros de Fausto,
Tudo espalhado pela mão da morte.

3º ESTUDIOSO:

Os demos a quem serviu fizeram isso;
Entre as doze e a uma, me parece,
Eu o ouvi gritando por socorro,
E a casa parece 'star toda em fogo
Com o horror pavoroso desses monstros.

2º ESTUDIOSO:

Embora o fim de Fausto seja, amigos,
Dos que o cristão lamenta só em pensar;
Ele foi estudioso e admirado
Por seu saber em escolas alemãs.
Enterremos os membros em pedaços;
E os estudantes, em negro de luto,
Compareçam ao triste funeral.

Saem.
Entra o Coro

CORO:

Foi podado o que nasceu pra ser reto,
Tornado galho do louro de Apolo,
Crescido outrora nesse homem sábio.
Foi-se Fausto! Eis sua queda infernal,
Cujo fado sem bem pode advertir
O sábio a perseguir só o legal,
E cujo obscuro tenta o que anda ao léu
A praticar mais que permite o céu.

GLOSSÁRIO

Aeceus
Ou Éaco, filho de Zeus com Égina. Quando ele nasceu, a ilha de Égina não era habitada e seu pai transformou as formigas ali existentes em homens – os Mirmidões sobre os quais Éaco reinou

Alcides
nome dado a Héracles [Hércules] ao nascer, por ser neto de Alceu.

Argólia
Argólida, região montanhosa do Peloponeso, na antiga Grécia.

Ariadne
filha de Minos e Parsifae, apaixonou-se por Teseu e deu-lhe o novelo de fio que o guiou pelo Labirinto a fim de chegar ao Minotauro e matá-lo. Deixando Creta em seguida, Teseu levou Ariadne consigo, abandonando-a na ilha de Naxos, onde Dionísio a encontrou e casou-se com ela.

Aurora
deusa do amanhecer, que tem a seu cargo a tarefa de descerrar ao sol as portas do oriente.

Bitínia
região montanhosa a noroeste da Anatólia, Turquia.

Boötes
o Boieiro, uma constelação do hemisfério celestial norte.

Boreas
Bóreas, deus do vento norte, filho do titã Astreu e da Aurora.

Caronte
Caron, em grego antigo; o barqueiro do Hades que transportava as almas do mundo dos vivos para o dos mortos sobre as águas dos rios Estige e Aqueronte.

342 DRAMATURGIA ELIZABETANA

Céfalo
filho de Hermes, rei da Tessália. Matou acidentalmente sua esposa, Prócris, princesa ateniense, e por desespero atirou-se do alto do rochedo de Leucade.

Ciclopes
gigantes de um olho só.

Ciclops
drama satírico de Eurípides, em que intervém o ciclope Polifemo.

Cimério
membro do povo fabuloso que, segundo Homero, vivia nos limites do mundo, onde o sol nunca brilhava; mas Heródoto designa assim um povo histórico na orla do mar Negro; por extensão, o termo passou a significar lúgubre, infernal.

Cínti
Cíntio e Cíntia, nomes dados a Apolo e Artemis (Diana), que teriam por berço o monte Cintos, em Delos.

Ciro
da dinastia aquemênida, cognominado o Grande, fundador do império persa, morreu em 529 a.C.

Cita
indivíduo da Cítia, região ao norte da Grécia. Os citas foram um antigo povo iraniano de pastores nômades, que deixaram um acervo de obras de arte espantoso.

Clímene
filha de Mínias, amada pelo Sol, mãe de Faeton; em outra versão, ela é filha de Oceano e Tétis, mulher de Jápeto e mãe de Atlas, Prometeu e Epimeteu.

Cócito
rio dos Infernos, que cercava o Tártaro.

Dámon
filho de Daimônides, foi um musicólogo grego. Conhecido por ter sido professor e conselheiro de Péricles.

Dario
rei dos persas (521-486 a.C.), expandiu seu império até a Índia, a Trácia e a Macedônia, mas não conseguiu dominar os gregos, que o derrotaram na batalha de Maratona.

Dis
deus do mundo subterrâneo, na religião romana.

Ebena
deusa da sonolência.

Erebus
Êrebo, deus das trevas primordiais, gerado pelo Caos e pai do Dia e da Noite.

Ericto
Erictônio, filho de Dárdano, primeiro rei mítico de Atenas.

Fados
Fata, Parcas, em latim; Moiras, em grego; filhas da Noite ou de Zeus e Têmis, eram três divindades dos Infernos, Cloto, Láquesis e Átropos, que fiavam a vida dos homens.

GLOSSÁRIO

343

Febo
deus romano equivalente a Apolo, irmão gêmeo de Diana, personificava a luz.

Flegeton
um dos três outros rios que, além do Estige e do Aqueronte, isolavam o Hades.

Fortuna
divindade romana e grega (Tykhé), personificação do acaso, do imprevisto e dos caprichos do destino.

Fúrias
nome romano das Erínias, os três seres primevos de horrendas feições, Tísifone, Alecto e Megera, as filhas das gotas do sangue de Urano sobre a Terra, que viviam no Tártaro e puniam os crimes humanos.

Górgonas
três divindades gregas, Stenó, Euriale e Medusa, netas do Mar e da Terra, que eram representadas com semblantes hediondos e tinham o poder de petrificar quem as olhasse. Medusa, a única mortal entre elas, foi amada por Posseidon e morta pela espada de Perseu.

Hades
deus grego do mundo subterrâneo, filho de Cronos e Rea. Governava o reino dos espectros dos mortos, razão pela qual passou a designá-lo genericamente.

Hécate
deusa lunar da geração dos Titãs, associada ao mundo subterrâneo e à morte. Reinava sobre os espectros e a magia, sendo a protetora das feiticeiras e das bruxas.

Híades
"as chuvosas" ninfas, filhas de Atlas, que, na mitologia grega, supriam a terra de água.

Himeneu
filho de Apolo e Afrodite, era divindade que presidia os casamentos.

Íbis
pássaro venerado como a encarnação do deus egípcio Thot.

Irmãos da terra
Jasão semeou a terra com dentes de dragões, daí nasceram guerreiros muito cruéis.

Íxion
um tessálio, rei dos lápitas, que, em uma disputa com o sogro o assassinou e, como castigo, perdeu a razão, tendo sido purificado do crime por Zeus e convidado por ele ao banquete com os deuses no Olimpo. Porém Íxion, tendo se embriagado pelo néctar, passou a assediar a esposa de seu anfitrião, a própria Hera Crônida. Ao que parece, Zeus encontrava-se com um bom humor anormal nesse dia, e para testar seu hóspede forjou um simulacro de sua própria esposa usando uma nuvem, e deixou-a a sós com Íxion, que a possuiu. Desse conúbio nasceu a raça dos centauros. Todos os centauros são descendentes de Íxion, exceto Quíron (preceptor de Aquiles entre outros) e Folo.

Jasão
herói grego da Tessália, construiu a nave *Argos* e organizou a expedição dos Argonautas para apoderar-se do Tosão de Ouro, na Cólquida, feito que alcançou realizar graças aos serviços de Medeia.

344 DRAMATURGIA ELIZABETANA

Jove
nome dado também pelos romanos a Júpiter (Jovis).

Juno
irmã e mulher de Júpiter, deusa da feminilidade e do casamento, corresponde a Hera helênica.

Júpiter
pai e rei das divindades do Olimpo, na mitologia latina, equivalente a Zeus entre os gregos, deus do Céu, da Luz, do Raio e do Trovão, protetor da cidade e do Estado.

Mar terrenum
o Mediterrâneo.

Meléagro
filho de Eneu e Altaia, rei e rainha de Calidon, irmão de Djanira. Quando ele nasceu, sua mãe observava uma acha no fogo da lareira, quando apareceram as Parcas e lhe disseram que seu filho viveria enquanto aquele pedaço de lenha não fosse consumido. Altaia apressou-se em retirar a acha do fogo e passou a preservá-la. Entretanto, enfurecida com Meléagro por este ter matado os irmãos dela, Altaia atirou a acha de novo ao fogo, deixando-a consumir-se, o que determinou a morte de Meléagro.

Mênfis
cidade do Baixo Egito, capital do Antigo Império e centro do culto ao deus Ptah, teria sido fundada por Menes, que unificou o país e foi seu primeiro faraó.

Mercúrio
equivalente romano ao Hermes grego, o deus do comércio, dos viajantes e dos ladrões.

Minerva
equivalente da Atena helênica, deusa romana da sabedoria, das artes e da guerra, filha de Júpiter.

Minos
filho de Zeus e Europa, rei lendário de Creta, governou com tanta sabedoria e justiça que, após a morte, diz o mito, os deuses tornaram-no juiz no Hades.

Mirmidões
antigo povo da Tessália que lutou na guerra de Troia ao lado de Aquiles.

Mitridates
dito o Grande, rei do Ponto (123-63 a.C), inimigo implacável de Roma, com quem travou guerras por quase trinta anos.

Nêmesis
filha da Noite, deusa grega da vingança e da punição dos mortais por seus excessos.

Ops
deusa romana da riqueza e da colheita, identificada com a Reia dos gregos, mulher de Saturno e mãe dos Titãs e de Júpiter.

Orco
nome latino do Horco grego, o inferno ou a divindade infernal que punia o perjúrio.

GLOSSÁRIO 345

Orestes
filho de Agamnenon e Clitemnestra, irmão de Ifigênia e Electra, matou a mãe
e seu amante, Egisto, para vingar o pai, assassinado por eles quando Agamnenon retornou de Troia. Perseguido pelas Erínias, foi absolvido pelo Areópago
e tornou-se rei de Argos e da Lacedemônia.

Orfeu
poeta e músico lendário, filho da musa Calíope, sua arte era tão perfeita que
encantava até os animais selvagens; casou-se com Eurídice, uma dríade.

Palas
filho de Crio, um dos Titãs da segunda geração; também filha de Tritão e irmã
de criação de Atena que, depois de feri-la mortalmente numa disputa amistosa,
é tomada de grande pesar e, para expressar o seu arrependimento, dedica-lhe
uma estátua à semelhança de Palas, o paládio.

Partia
antiga região da Ásia, hoje Khorasan, estendia-se do mar Cáspio ao Indo e ao
Eufrates, onde floresceu o Império Parta, que durou de 250 a.C. até 226 d.C.

Pégaso
na mitologia grega, cavalo alado nascido do sangue da Medusa quando Perseu
cortou-lhe a cabeça, tendo servido de montaria ao herói grego, Belerofonte,
quando ele eliminou o monstro Quimera e quis voar até o céu.

Persépolis
denominação grega, Parsa, residência real da Pérsia aquemênida, fundada por
Dario I, foi incendiada em 330 a.C. por Alexandre Magno.

Pierides
as nove filhas de Pieros, rei da Macedônia, transformadas em gralhas por
terem desafiado as Musas em uma competição de canto; designa também as
Musas cujo culto se originara na Pieria, distrito ao norte do monte Olimpo.

Pilades
amigo e conselheiro de Orestes, ele o acompanhou em sua fuga e converteu-se
em símbolo da amizade fiel.

Plutão
rei dos infernos e deus dos mortos, filho de Saturno e Reia, irmão de Júpiter e
Netuno, esposo de Proserpina, é identificado com o Hades grego.

Príamo
na mitologia grega, último rei de Troia, marido de Hécuba, pai de Heitor, de
Páris e de Cassandra, foi morto por Pirro após a tomada da cidade.

Prorex (lat.)
vice-rei.

Prosérpina
deusa romana assimilada a Perséfone dos gregos, filha de Júpiter e Ceres,
esposa de Plutão, que a raptou, rainha dos infernos.

Quimera
monstro fabuloso, com cabeça de leão, corpo de cabra e cauda de dragão, produto da união de Tifão, monstro de cem cabeças, e Equidna, metade mulher,
metade serpente.

346 DRAMATURGIA ELIZABETANA

Radamanto

rei sábio e reputado legislador, filho de Zeus e Europa. De notória integridade, tornou-se juiz no Hades, junto com seu irmão Minos e Éaco.

Rodópis

hetaira do séc. VI a.C., nascida na Trácia, companheira de escravidão de Esopo e posteriormente levada para Náucratis no Egito, onde uma sandália de seu pé levada por uma águia ao faraó teria despertado a paixão do monarca e dado origem a uma história de Cinderela no reino do Nilo, pois Psamético I a teria desposado, segundo Heródoto, que também registra uma segunda cortesã grega do mesmo nome.

Saturno

deidade itálica identificada ao Cronos grego. Expulso do céu por Júpiter, seu filho, foi cultuado como introdutor da agricultura no Lácio, dando início à idade de ouro.

Títius

na mitologia grega, gigante filho de Ge, morto por Apolo e Artêmis, por atentar contra a mãe de ambos, Leto.

Vésper

o planeta Vênus, quando aparece à tarde.

Xerxes

rei da Pérsia, 486-465 a.C., filho de Dario I, deu prosseguimento ao projeto de seu pai e tentou, com a segunda guerra médica, impor o domínio aquemênida à Grécia, mas foi derrotado, em 480 a.C., por Temístocles, na batalha naval de Salamina e, no ano seguinte, em terra, pelo exército grego capitaneado por Pausânias, em Plateia.

Zante

ilha grega no mar Jônio, na altura do Peloponeso, seu nome antigo era Zacinto, um árcade, seu herói epônimo, e foi cenário de muitos episódios da história grega, inclusive as lutas entre Atenas e Esparta, durante a guerra do Peloponeso.

James Faed a partir de pintura a óleo de John Faed. *Shakespeare and his Friends*. Gravura em metal. 1859.

BARBARA HELIODORA

A crítica, ensaísta, professora e tradutora Heliodora Carneiro de Mendonça nasceu no Rio de Janeiro em 1923. Graduou-se em Língua e Literatura Inglesas no Connecticut College e doutorou-se em Artes na Universidade de São Paulo. Entre 1944 e 1954 publicou artigos no *O Jornal* sobre vários assuntos de seu interesse. Como crítica teatral, ofício que a projetou nacionalmente, sua carreira iniciou-se em 1957 com uma coluna especializada na *Tribuna da Imprensa*. No ano seguinte, foi contratada pelo *Jornal do Brasil*, onde trabalhou até 1964. Nesse período, foi uma das fundadoras do Círculo Indepente de Críticos Teatrais, movimento pela modernização da crítica teatral carioca, que presidiu em duas ocasiões.

Entre 1964 e 1967, assumiu a direção do Serviço Nacional de Teatro (SNT). Em seguida, passou a lecionar História do Teatro no Conservatório Nacional de Teatro e depois no Centro de Letras e Artes da UniRio, da qual tornou-se professora-titular e decana até sua aposentadoria, em 1985. Em 1990, voltou à UniRio como professora do curso de pós-graduação. Ao longo de todos esses anos, entretanto, continuou a colaborar com artigos importantes sobre a cena teatral em periódicos nacionais e internacionais, entre eles o mítico *Shakespeare Survey*, da Inglaterra. Por isso, não surpreende sua carreira ter-se novamente voltado para o jornalismo, assinando a coluna teatral da revista *Visão*, até 1989, do jornal *Tribuna da Imprensa*, em 1990, e de *O Globo*, até 2015.

Pela relevância de seu trabalho na carreira e pela importância de sua presença na cena cultural, recebeu o título de oficial da Ordre des Arts et des Lettres, da França, a medalha Connecticut College, nos EUA, e a medalha João Ribeiro, da Academia Brasileira de Letras (ABL).

Barbara Heliodora traduziu obras teatrais importantes para o português, com destaque às de William Shakespeare – *A Comédia dos Erros, Sonho de uma Noite de Verão, O Mercador de Veneza, Noite de Reis, Romeu e Julieta, César e Cleópatra, Rei Lear*, e todas as outras –; Anton Tchékhov – *O Cerejal* e *A Gaivota* –; além de Beaumarchais – *Bodas de Fígaro* –; e Agatha Christie – *Testemunha de Acusação e Outras Peças*. No campo da teoria teatral, verteu para o português obras de Martin Esslin – *O Teatro do Absurdo, A Anatomia do Drama, Brecht: Dos Males o Menor* –; Robert Lewis – *Método ou Loucura* –; e Germaine Greer – *Shakespeare* e peças da dramaturgia elizabetana.

De sua própria lavra publicou *A Expressão Dramática do Homem Político em Shakespeare* (sua tese de doutoramento, Agir, 2005, [1. ed., 1978]); *Martins Pena, uma Introdução* (ABL, 2000);

Falando de Shakespeare (Perspectiva, 1998), além da participação em obras coletivas importantes, dentre as quais destacamos *A História da Cultura no Brasil* (MEC); *A Era do Barroco* (MNBA); *Theatre Companies of the World* (Kullman & Young) e *Escenarios de Dos Mundos* (Centro de Documentación Teatral). Em 2007, a Perspectiva editou *Barbara Heliodora: Escritos Sobre Teatro*, organizado por Claudia Braga, em volume que reúne uma extensa seleção de artigos da autora sobre o tema.

Barbara Heliodora faleceu em 10 de abril de 2015, no Rio de Janeiro.

Este livro foi impresso na cidade de São Paulo,
nas oficinas da MarkPress Brasil, em setembro de 2015,
para a Editora Perspectiva.